종교개혁 500주년을 맞아 출간되는 다양하고 유익한 책들 중에서 종교개혁의 핵심 교리와 사상을 일목요연하게 정리해 주는 작품이 없어 아쉬웠는데, 본서가 그런 아쉬움을 말끔하게 해소해 주었다. 종교개혁의 근본 사상과 교리가 무엇인지조차 모른 채 구시대의 산물로 평가절하하는 분위기가 팽배해 가는 상황에서, 종교개혁이 어떤 점에서 옳으며 왜 오늘날에도 여전히 그 교리가 유효하며 중요한지를 명쾌하게 밝혀 준다. 종교개혁의 중대한 교리와 논쟁을 간결하되 빠짐없이 다루며 그 요점을 짚어 줄 뿐만 아니라, 현대적 의미까지 제시하여 독자들에게 많은 유익을 얻게 하는 저술의 묘미가 깃든 수작이다.

박영돈 고려신학대학원 교의학 교수

루터가 종교개혁의 기치를 든 지 500년이 지났지만 개혁자들을 사로잡았던 진리는 지금도 여전히 교회가 서기도 하고 넘어지기도 하는 결정적 요소이며, 오늘을 사는 우리에게도 여전히 적실성을 가지고 있다. 눈에 보이는 물질과 세계의 덧없음에 함몰되어 살아가고 있는 우리에게 하나님의 다함이 없는 사랑으로부터 흘러나오는 은혜의 진리가 오늘날에도 얼마나 절실히 필요한지를 이 책은 잘 보여주고 있다. 이 책을 통해 조국 교회가 "Semper Reformanda!" 즉 하나님 말씀으로 "항상 개혁되고 있는" 교회로 드러나게 되기를 기대하는 마음으로 기쁘게 추천한다.

화종부 남서울교회 담임목사

이 책의 원제(*Why the Reformation Still Matters*)가 말해 주듯, 16세기 종교개혁은 500년이 지난 한국에서도 여전히 중요하다. 여러 개신교단들이 종교개혁에서부터 출발했기 때문만이 아니라, 종교개혁 시대에 전면적으로 다루어진 여러 주제들이 오늘날 교회에서 여전히 큰 의미를 가지기 때문이다. 이 책은 다소 논쟁적이며 사변적일 수 있는 종교개혁의 살아 있는 신학 주제들을 쉽고 친근하게 소개해 준다. 독자들은 이 책을 펼치는 순간, 각 장에서 이신칭의 교리부터 일상의 삶 속 개혁에 이르기까지 종교개혁이 주목했던 기독교 신앙의 가장 중요한 주제들을 가장 깊이 있는 문장으로 만날 수 있을 것이다.

김요섭 총신대학교 신학대학원 역사신학 교수

종교개혁 신앙의 선배들은 우리에게 매우 소중하고 고귀한 신앙 전통을 물려주었다. 마이클 리브스와 팀 체스터의 『종교개혁 핵심질문』은 종교개혁 500주년을 맞은 오늘 그 전통을 하나하나 다시금 확인할 수 있게 해준다. 그리고 그것은 곧 종교개혁 후예인 우리가 지금을 살기 위한 첫걸음이 된다. 종교개혁의 요청이 지금도 여전히 살아 있다면, 이 책은 그 요청에 부응하는 좋은 안내서가 될 것이다.

김재윤 아세아연합신학대학교 조직신학 교수

마이클 리브스는 조직신학과 역사신학에 정통하면서도, 매우 문학적이고 따뜻하고 위트 넘치는 필치로 글을 쓸 줄 아는 빼어난 신학자다. 팀 체스터는 남다른 목회적 감수성과 관찰력으로 우리의 신앙생활에서 어떤 필수적 요소가 결여되었는지를 찾아내고 그 처방을 이야기로써 제시할 줄 아는 탁월한 목회자다. 이 두 사람이 종교개혁의 역사와 그 현대적 의미라는 교차로에서 함께 만났다. 그들의 조합이 최고의 작품을 만들어 내었음을 독자들은 쉽게 확인할 수 있을 것이다. 이 책을 읽는 동안, 종교개혁 시대의 한 토막으로 시작한 이야기가 어느새 성경적이고 건실한 영적 진리로 변하여 내 안에 자리 잡고 있음이 느껴진다. 좋은 신앙서적이 영혼의 자양분이 된다는 것을 이처럼 잘 보여주는 책은 드물 것이다. 500년 전 종교개혁이 21세기를 살아가는 우리들에게 왜 여전히 중요한지 알고 싶은 모든 이에게 이 책을 적극 추천한다.

우병훈 고신대학교 교의학 교수

이 책의 저자 마이클 리브스와 팀 체스터는 종교개혁 정신이 지금도 여전히 중요함을 역설한다. 이는 로마 가톨릭과 개신교의 차이가 아직도 지속되고 있다는 이유와 더불어, 종교개혁 시대의 근원적 물음들과 그 답을 찾아가는 여정이 오늘 우리에게 절실히 필요하기 때문이다. 저자들의 목소리는 따뜻하고, 그들의 지성은 예리하며, 그들의 필체는 친절하다. 목회자적 배려와 학자적 신뢰와 작가적 감수성이 500년 전 종교개혁 정신을 소환하여 여전히 생동감 넘치는 개혁의 목소리를 교회의 귓가에 들려주는 담백한 작품이다.

한병수 전주대학교 교목

역사신학과 열정적 주해 논쟁이 이토록 풍성한 조합을 이룬 경우는 보기 드물다. 종교개혁의 핵심 주장을 따뜻하게 목회자의 마음으로, 그러나 엄밀하게 변론한 책이다. 주요 개혁자들의 중요 차이점을 인식하고 재세례파/침례교 특유의 관점에서 이 공통의 유산을 변호하기도 한다. 이와 같은 이유로, 이 책은 전 세계 교회에서 대화의 장을 넓혀 나가는 데 중요한 기여를 할 것이다.

마이클 호튼 웨스트민스터 신학교 조직신학 교수

마이클 리브스와 팀 체스터 두 저자는 주요 개혁자, 특히 마르틴 루터와 장 칼뱅이 예수·하나님의 은혜·성경·성례를 비롯해 그 외의 중요 주제들에 대해 뭐라고 가르쳤는지를 명쾌하게 설명하여 종교개혁을 기념하는 데 탄탄한 기여를 했다. 마르틴 루터가 95개조 논제를 게시한 지 500주년을 맞이하는 지금, 이 시기적절한 책은 루터를 비롯해 초기 프로테스탄트들이 전 생애를 바쳐 가르친 내용에 담긴 매우 중요한 의미들을 강조한다.

마크 놀 노트르담 대학교 명예교수

마이클 리브스와 팀 체스터는 종교개혁의 핵심과 중요성을 명쾌하고도 직설적으로 설명하고, 종교개혁의 메시지를 요약해 주며, 종교개혁이 이 시대에도 여전히 적실성을 갖고 있음을 생명력 있게 보여준다. 이 시대 두 교회 박사가 이루어 낸 찬란한 업적이요, 작고도 위대한 책이다.

싱클레어 B. 퍼거슨 리디머 신학교 조직신학 교수

종교개혁이 지금도 여전히 중요한지, 혹은 교회가 항상 개혁될 필요가 있는지에 대해 어떤 의심이 있는가? 그렇다면 리브스와 체스터가 그 의심을 몰아내 줄 것이다. 매력 있고 지혜로운 이 책은 우리가 개신교도여야 할 견실한 이유를 제공하고, 체계화된 핵심 교리를 성경적이면서도 역사에 충실하게 정확히 설명해 준다. 온 세상의 개신교도들이 종교개혁 500주년 기념일을 축하하고 있는 이때에, 우리는 이 책에서 강력한 격려를 받게 될 것이다.

션 루카스 리폼드 신학교 교회사 교수

곰돈된혜 뢰ㄷㄸ음

Michael Reeves and Tim Chester

Why the Reformation Still Matters

종교개혁 핵심질문

마이클 리브스 · 팀 체스터 지음

오현미 옮김

복 있는 사람

종교개혁 핵심질문

2017년 11월 3일 초판 1쇄 인쇄
2017년 11월 10일 초판 1쇄 발행

지은이 마이클 리브스, 팀 체스터
옮긴이 오현미
펴낸이 박종현

도서출판 복 있는 사람
주소 서울특별시 마포구 연남동 246-21(성미산로23길 26-6)
전화 02-723-7183, 7734(영업·마케팅)
팩스 02-723-7184
이메일 blesspjh@hanmail.net
등록 1998년 1월 19일 제1-2280호

ISBN 978-89-6360-235-6 03230

이 도서의 국립중앙도서관 출판예정도서목록(CIP)은
서지정보유통지원시스템 홈페이지(http://seoji.nl.go.kr)와 국가자료공동목록시스템
(http://www.nl.go.kr/kolisnet)에서 이용하실 수 있습니다. (CIP 제어번호: 2017027845)

Why the Reformation Still Matters
by Michael Reeves and Tim Chester

에드워드 쿰스 Edward Coombs 를 기리며.

그는 예수 그리스도를 사랑했고, 그분을 위해 살았으니

세상이 그를 감당치 못했다.

차례

들어가는 말

지금으로부터 500년 전, 한 젊은 독일인 수도사가 수도원 건물에서 나와 비텐베르크 시내를 가로질러 성채 교회당^{Castle Church}으로 향했다. 수도사는 일종의 공공게시판 역할을 하는 그 교회당 출입문에 95개 진술문 혹은 논제가 적힌 전단을 못으로 박아 걸었다. 그 수도사의 이름은 마르틴 루터^{Martin Luther, 1483-1546}였다.

95개조 논제는 공개토론을 청하는 초대장, 이를테면 온라인 토론에 초대하는 16세기판 도발적 블로그 포스팅이었다. 루터가 이 초대장을 내건 것은 도메니코회 수사 요한 테첼^{Johann Tetzel, 1465-1519}의 행동 때문이었다. 루터의 절친이자 동료인 필리프 멜란히톤^{Philip Melanchthon, 1497-1560}은 테첼을 가리켜 "아주 뻔뻔스러운 아첨꾼"이라고 했다.[1] 요즘 말로 하자면 '얼굴에 철판을 깐 자'라고 할 수 있겠다. 당시 사람들은 대부분 연옥의 존재를 믿었는데, 연옥은 사람들이 죽어서 가는 고통스러운 곳으로, 이곳에서 죄가 깨끗이 씻겨야만 천국으로 갈 수 있다고들 했다. 테첼은 면죄부를 판매하고 있었는데, 면죄부는 연옥에 머무는 시간을 면하게 해주겠다는 교황의 약속이었다. "돈 궤에 동전이 딸랑 떨어지는 순간, 돈을 넣은 사람의 영혼은 연옥에서 팔짝 뛰어오른다"는 게 면죄부 광고 문구였다. 루터의 95개조 논제는 이 면죄부에 대한, 그리고 교회가 돈에 몰두하는 행태에 대한 항의였다. 95개조 논제는 루터의 훗날 사상을 기준으로 봤을 때 특별히 과격하다 할 만한 진술이 분명 아니었다. 이 논제는 연옥의 존재를 문제 삼지 않았고, 심지어 면죄부의 제한적 가치에도 이의를 제기하지 않았다. 다만 이 논제는 교회의 가장 예민한 부분, 곧 돈주머니에 일격을 가했다.

이 일이 일어나자 그 지역 대주교는 교황에게 하소연을 했다. 하지만 그런 반대의 움직임은 루터를 더욱 단호하게 만들 뿐이었다. 루터는 교황무오설을 공격하기 시작했다. 또한 자신을 출교시키겠다고 위협하는 교황의 교서를 불태워 버렸다. 황제 카를 5세^{Charles V}는 보름스 시에 회의를 소집했다. 루터의 친구들이 루터를 훌륭하게 변호했지만, 황제는 루터의 안전을 보장하겠다는 약속과 함께 결국 루터를 직접 출석시켰다. 루터는 온 교회 조직이 다 자기를 대적해 도열해 있는 가운데 이렇게 말했다.

> 하나님의 자비로 말미암아 황제 폐하와 여러 쟁쟁한 제후, 주교 각하들 혹은 누구든 여기 계신 분들에게 요청하오니, 저의 오류를 입증하고 논박해 주시고 그것을 신구약성경에 비추어 반박해 주십시오. 더 좋은 가르침을 주신다면 어떤 오류든 다 철회할 각오가 되어 있으며,

제 자신이 앞장서서 제 글을 불 속에 던져 버릴 것입니다.

그러자 황제의 대변인이 꾸짖는 듯한 말투로 대답한다.

그대의 답변은 적절하지 않도다. 교회 회의가 이미 정죄한 것, 이미 결정이 내려진 것에 대해서는 어떤 의문도 제기해서는 안 된다.……이 질문에 간단히 답변하라. 그대는 철회할 준비가 되었는가, 안 되었는가?

이에 루터는 이렇게 답변한다.

황제 폐하와 제후, 주교 각하들은 단순한 답변을 요구하십니다. 간단하고 솔직한 답변이 여기 있습니다. 제 생각이 틀렸다는 걸 성경에 의해 깨닫지 않는 한……그리고 제 양심이 하나님의 말씀에 사로잡혀 있는 한 저는 그 무엇도 철회할 수 없으며 철회하지 않을 것이니, 양심에 반하는 행동은 안전하지도 않고 우리에게 열려 있지도 않기 때문입니다. 이것이 저의 입장입니다. 달리 어떻게 할 수가 없습니다. 하나님이여, 저를 도우소서, 아멘("이것이 저의 입장입니다"On this I take my stand는 "Hier stehe ich"라는 독일어 표현을 옮긴 것으로, 보통은 '제가 여기 섰나이다'Here I stand로 번역된다. 원래 루터가 한 말이 아니라 이 선언의 효과를 높이기 위해 후대에서 덧붙였다는 주장도 있다―옮긴이).[2]

루터의 견해는 유럽 전역으로 확산되었고, 그즈음 발명된 인쇄

기계 덕분에 확산 속도도 빨랐다. 여러 지역에서 루터의 사상은 준비된 청중들을 만났다. 가톨릭교회의 뚜렷한 부패상은 많은 이들에게 변화에 대한 갈망을 선사했고, 르네상스와 관련된 고대 학문에 대한 관심이 새로워지면서 사람들은 성경을 재발견하게 되었다.

스위스의 도시 취리히에서는 울리히 츠빙글리^{Huldrych Zwingli, 1484-1531}가 이미 성경을 읽고 그것을 기반으로 개혁을 소개하고 있었다. 이즈음 츠빙글리는 성경을 만사의 최고 권위로 여기고 있었다. 츠빙글리의 개혁은 처음에는 가톨릭 당국자들에게 환영받았다. 하지만 1523년 두 차례의 공개 논쟁 뒤 취리히 시는 츠빙글리의 입장을 지지하고 로마와 결별했다.

잉글랜드에서는 윌리엄 틴들^{William Tyndale, 1494-1536}이 루터의 사상에 영향을 받았다. 바스^{Bath} 근처 리틀 소드베리 메노^{Little Sodbury Manor}의 전속 사제로 있던 틴들은 그 지역 성직자들의 무지에 충격을 받았다. 그중 한 사제에게 틴들은 이런 유명한 말을 했다. "하나님께서 내 목숨을 살려 주신다면 몇 해 지나지 않아 내 당신보다도 밭 가는 청년이 성경을 더 많이 알게 만들 것이오."[3] 틴들은 성경을 영어로 번역할 계획을 세우고는 교회가 이 일에 지원해 줄 것으로 기대하며 런던으로 갔다. 그러나 런던 주교는 틴들의 계획에 관심이 없었다. 루터파의 사상이 잉글랜드에 확산되는 것을 원치 않았기 때문이었다. 적대가 심해지자 틴들은 결국 목숨을 부지하기 위해 잉글랜드를 떠나 독일과 지금의 벨기에 땅으로 도피해 다녔다. 틴들은 결국 1536년 밀고를 당해 순교한다. 다행히 신약성경 전권과 구약성경

상당 부분을 번역한 후였다.

1536년 장 칼뱅^{Jean Calvin, 1509–1564}은 제네바를 거쳐 스트라스부르로 향하고 있었다. 하지만 제네바 교회 지도자 기욤 파렐^{Guillaume Farel,} ^{1489–1565}은 칼뱅을 설득해 제네바에 머물게 했고, 제네바 시는 칼뱅에게 성경 교사 자리를 마련해 주었다. 파렐은 개혁자였지만 개혁 운동을 조직화할 수 있는 수완이 부족했다. 그래서 칼뱅이 리더 역할을 맡았다. 처음에 제네바 시민들은 기독교 도시에 대한 칼뱅의 포괄적 비전이 과연 자신들이 좋아할 만한 것인지 확신하지 못했고, 그 결과 칼뱅은 1538년 해고되고 만다. 그러나 3년 후 칼뱅은 재임명되고, 이후 평생을 바쳐 제네바를 개혁 사상에 동력을 제공하는 발전소로 만들어 유럽 전역에 목회자를 파송해 개혁 교회를 개척하게 한다.

잉글랜드의 경우, 종교개혁의 기원은 종교적이기도 했고 그에 못지않게 정치적이기도 했다. 헨리 8세^{Henry VIII, 1491–1547}는 첫 아내인 아라곤의 캐서린^{Catherine of Aragon, 1485–1536}과 이혼하고 싶어 했다. 캐서린이 헨리가 고대하는 아들 후계자를 낳아 주지 못했기 때문이다. 그러나 이혼을 허락해 달라는 헨리 8세의 요청을 이런저런 핑계로 여러 차례 얼버무리던 교황은 결국 이혼을 재가해 주기를 거부한다. 캐서린의 조카인 카를 5세가 교황을 주시하고 있다는 사실도 헨리 8세에게 불리하게 작용했다. 그래서 헨리는 1534년 마침내 로마와 결별하고 스스로 잉글랜드 국교회 수장이 된다. 헨리는 로마의 권한이 배제된 가톨릭 신학을 유지하고 싶어 했다.

잉글랜드 종교개혁이 이런 정치적 기원을 갖고 있었음에도 많은 잉글랜드인들이 루터의 사상에 동조했다. 헨리 8세 당시의 대주교 토머스 크랜머Thomas Cranmer, 1489-1556는 프로테스탄트 개혁을 열망했다. 그는 자신이 펴낸 『공동기도서』를 통해 잉글랜드 전역의 지역 교회에서 매주 사용하는 전례문에 종교개혁 신학을 뚜렷이 새겨 넣었다. 이후 잉글랜드는 개신교와 가톨릭 사이에서 널을 뛰다가 엘리자베스 1세Elizabeth I, 1533-1603 시대에 이르러 이 여왕 고유의 독특한 잉글랜드판 개신교 신앙(청교도에게는 다소 실망스러운)으로 정착되었다.

루터는 1517년 10월 31일에 95개조 논제를 게시했다. 종교개혁은 한 사람이나 한 가지 운동으로 이루어진 일이 아닌, 수많은 지류가 딸린 복잡한 움직임이었다. 그럼에도 1517년 10월 31일은 상징적 중요성을 지닌다. 다른 어떤 사건보다도 이날 일어난 일이야말로 다른 모든 일의 시발점이라고 정당히 주장할 만하다.

그러나 500년 세월이 지난 지금, 종교개혁은 여전히 중요한가? 중요하다. 왜냐하면 이것이 우리의 이야기이기 때문이다. 여러분이 성공회·침례교·형제회·회중교회·독립교회·루터교·메노나이트· 감리교·오순절교회·장로교·개혁파 중 어느 한 교파에 속해 있다면, 종교개혁이 바로 여러분의 뿌리다. 여러분의 역사는 500년 전의 바로 이 사건들로 거슬러 올라갈 수 있다.

그런데 개혁자들은 조금 곤혹스러운 조부모 같지 않은가? 이들은 그냥 버려두고픈, 혹은 무시해도 아무 지장 없는 우리 역사의 한 부분 아닌가? 아니 어쩌면 이들은 멀찍이 떨어져서 치켜세워 주기만 하면 되는 영웅들 아닌가?

종교개혁의 감수성은 현대인들에게는 확실히 낯설어 보일 것이다. 유럽이 정말 의義가 "전가된"imputed 것이냐, 아니면 "전이된"imparted 것이냐를 두고 소용돌이에 휩싸였는가? 우리가 하나님과 바른 관계에 있다는 선언이냐, 아니면 단순히 하나님의 인정을 얻을 수 있는 새로운 능력을 얻는 것뿐이냐를 두고? 사람들이 정말 우리가 오직 믿음만으로 구원받느냐, 아니면 믿음과 행위가 어우러짐으로써 구원받느냐를 두고 싸웠다는 것인가? 신학이 사람들에게 이토록 중요했던 때가 정말로 있었단 말인가?

종교개혁은 나쁜 소식인가?

필자(팀)가 최근 어떤 TV 다큐멘터리 프로그램을 보았는데 진행자가 이런 말을 했다. "종교개혁과 종교개혁이 나타내는 신랄함과 분열은 여러 면에서 인간의 종교적 본능의 가장 나쁜 면을 우리에게 상기시킵니다."[4]

그 프로그램은 다시 돌려 볼 수 있으므로 내가 그 진행자의 말을 정확히 기억하고 있는 것인지 확인해 볼 수도 있다. 이 말은 많은 이들의 태도를 전형적으로 보여준다. 사람들은 신앙이 신비에 속한 일이라고 생각한다. 그리고 이 가설과 함께 또 한 가지 가설이 등장한다. 자기가 진리를 안다고 주장하며 타인의 진리 인식에 이의를 제기하는 건 우스꽝스러운 오만의 행위라는 것이다. 신앙에 대해 이러쿵저러쿵 다투는 건 무자비한 일이요, 우리가 따르고 있다고 말하는 바로 그것을 부인하는 행위라는 것이다.

나와 의견이 다른 사람들을 향해 내가 고백하는 그 복음을 부인하는 방식으로 행동할 수 있는 게 사실이긴 하다. 종교개혁 지도자들도 때로 그런 죄를 지었다. 하지만 예의 그 진행자와 같은 태도 이면에는 종교개혁이 일으킨 분열이 무익한 분열이었고 진리는 사실상 중요하지 않다는 억측이 자리 잡고 있다.

하지만 여기에 어떤 문제가 걸려 있는지 생각해 보라. 깊게 들여다보면 종교개혁은 우리가 하나님을 어떤 분으로 알며 하나님과 어떻게 화목할 수 있는지에 관한 논쟁이었다. 여기에는 우리의 영원한 미래가, 천국이냐 지옥이냐 하는 선택이 걸려 있었다.

그리고 그것은 지금도 마찬가지다. 이 시대 사람들이 종교개혁을 낯설어한다는 사실은 개혁자들에 대해서뿐만 아니라 그에 못지않게 우리에 관해서도 많은 것을 말해 준다. 이는 우리가 이 물질 세상과 이 덧없는 삶에 몰두하고 있음을 드러낸다. 이 세상 저 너머에 또 다른 세상이 있고 이생 너머에 또 다른 삶이 있을진대, 눈에서 멀면 마음에서도 멀다는 말은 우리에게 그다지 중요하지 않을 듯하다. 그토록 많은 것이 걸린 문제에 대해 그런 입장을 취한다는 건 기괴한 일이다. 개혁자들의 입장에서 하나님의 심판 앞에서의 확신보다 더 급박한 문제는 없었고, 믿음으로 응답하는 자들에게 영생을 주는 은혜의 메시지를 선포하는 것보다 더한 사랑의 행위는 없었다.

종교개혁이 여전히 중요한 것은 영생이 여전히 중요하기 때문이다.

종교개혁은 과거의 소식인가?

종교개혁이 여전히 중요한 것은 가톨릭과 개신교 사이의 논쟁이 사라지지 않았기 때문이다. 오늘날 종교개혁이 끝났다고 주장하는 목소리들이 있다. 가톨릭과 개신교 사이에 어떤 본질적 차이점이 있다 해도 그 차이점은 사라졌거나 그보다 더 급박한 문제 때문에 그 의미가 무색해졌다고 주장들을 한다. 이런 노선의 사고방식에 따르면, 우리가 아직도 16세기에 갇혀 있는 듯 사는 건 이치에 맞지 않는다.

1994년, 일단의 주도적 복음주의자들과 로마 가톨릭교도들이 '함께하는 복음주의자와 가톨릭교도'Evangelicals and Catholics Together라는 문서에 서명을 했다. 논란의 여지가 있는 이 문서는 복음주의와 가톨릭 사이에 여전히 차이점이 있음을 주목하면서도 상호 용인과 공동 전도를 요청했다. 서명자들 중에는 복음주의 역사가 마크 놀Mark A. Noll도 있었다. 2005년 마크 놀은 (캐롤린 나이스트롬과 공저로)『종교개혁은 끝났는가?』Is the Reformation Over?라는 책을 펴냈다. 놀은 이 질문에 대한 답변이 복잡함을 인정한다. 하지만 놀은 칭의에 관해 "많은 가톨릭교도와 복음주의자들이 이제 거의 동일한 내용을 믿는다"고 주장한다.[5] 놀은 교회의 본질에 관한 한 여전히 차이점이 존재한다고 밝히면서도 이렇게 말한다.

자신이 마르틴 루터나 장 칼뱅에 닻을 내리고 있음을 인식하는 개신교도들이 한때 자주 되뇌였듯 칭의가 교회가 서기도 하고 넘어지기도 하는 조항*iustificatio articulus stantis vel cadentis ecclesiae*이라는 게 사실이라면, 종

교개혁은 끝났다.[6]

놀은 복음주의와 가톨릭 간 협력의 수많은 사례들을 강조하면서

둘 사이의 차이점은 자유주의 기독교와 세속 문화를 상대로 이 두

교파가 공유하는 차이점과 비교해 볼 때 "아주 미미하다"고 말한다.[7]

　물론 지난 500년 사이에 많은 것이 달라졌다. 낙태를 비롯해 여

러 가지 도덕적 이슈에 대해 가톨릭과 개신교는 공동 전선을 펴고

있다. 가톨릭과 개신교 내부에도 많은 변화가 있었다. 가톨릭과 개

신교 둘 모두 모더니즘과 포스트모더니즘에 충격을 받았다. 둘 사이

의 차이가 점점 좁아지고 있다면, 대개 이는 가톨릭교도 중 이제는

교황의 공식 가르침을 따르지 않는 이들이 많으며 개신교도 중에도

종교개혁에서 얻은 성경적 통찰을 잃어버리고 있는 이들이 많기 때

문이다. 하지만 우리에게 필요한 것은 종교개혁 신학에 초점을 맞추

는 더 강한 자이지 더 약한 자가 아니다.

　16세기의 가톨릭교도와 개신교도는 자신들에게 공통점이 많다

는 것을 인정했다. 그건 새로운 소식이 아니다. 하지만 이 둘은 가톨

릭과 개신교의 차이점이 근본적 차이점이라는 사실 또한 알고 있었

다. 그때도 그 차이점은 무시될 수 없었고, 지금도 역시 무시될 수

없다. 종교개혁의 단층선은 사라지지 않았다. 우리의 논점은, 칭의

와 성경 같은 핵심 이슈는 지금도 여전히 이슈로 남아 있고 결코 소

홀히 할 수 없다는 것이다.

하지만 종교개혁이 지금도 여전히 중요한 것은 단순히 가톨릭과의 논쟁 때문이 아니다. 종교개혁은 언제나 지속적인 프로젝트이고자 했다. 종교개혁 슬로건 중 하나인 셈페르 레포르만다*semper reformanda*는 대개 "항상 개혁하는"always reforming으로 번역된다. 하지만 이 말은 (하나님의 말씀으로) "항상 개혁되고 있는"always being reformed이라고 옮기는 게 더 낫다. 이 슬로건은 지도에도 없는 어떤 지평을 향해 나가는 운동을 말하는 게 아니라, 하나님의 말씀으로 돌아가는 끊임없는 움직임을 말한다.

이 책에서 우리는 종교개혁의 핵심 강조점 몇 가지를 살펴보고 그것이 우리 시대와 어떻게 연관되는지를 탐구하게 될 것이다. 그래서 다음과 같은 질문들을 다루게 될 것이다. 어떻게 하나님의 시인을 얻을 수 있는가? 우리 삶에서 어떻게 죄를 극복할 수 있는가? 하나님은 우리에게 어떻게 말씀하시는가? 무엇이 참인지 어떻게 알수 있는가? 우리는 왜 떡과 포도주를 받는가? 어떤 교회에 속해야 하는가? 하나님은 월요일 아침에 어떤 변화를 이루시는가? 죽음 앞에서 우리는 어떤 소망을 가질 수 있는가?

앞으로 다시 500년 세월이 지나도 복음주의 교회는 종교개혁 신학을 재발견함으로써 큰 도움을 받으리라는 것이 우리의 논점이다. 개혁자들의 사상은 가톨릭의 관행에만 이의를 제기하지 않는다. 그 사상은 복음주의 관행의 여러 측면에도 도전을 던진다. 개혁자들은 우리를 어리둥절하게 만드는 조상이 아니다. 이들은 우리 시대 교회를 새롭게 하고 다시 활기를 띠게 만들 잠재력을 지닌 중요 대화 상대다.

친일인

1

루터 스토리와 칭의

첫 번째 루터 전기는 친구인 필리프 멜란히톤이 1549년에 썼다. 멜란히톤은 루터가 학교를 졸업한 뒤에 법을 공부하기 시작했다고 말한다. 가족과 친구들은 영리한 청년 루터가 나라에 큰 공헌을 할 것으로 확신하며 기대했으나 루터는 이들의 기대를 저버리고 아우구스티누스 수도회에 들어간다.

> 수도회에 들어간 루터는 수도사로서 해야 할 공부에 더할 나위 없는 성실함으로 몰두했을 뿐만 아니라 지극히 엄격한 연단으로 자기 자신을 다스렸으며, 또한 다른 모든 이들을 훨씬 능가하는 태도로 금식과 기도 규례를 열심히 준수하면서 광범위하게 독서하고 토론했다.[1]

하지만 그 모든 신앙적 노력은 루터에게 아무런 확신을 주지 못했다. 친한 친구가 세상을 떠났을 때 루터는 하나님의 심판을 생각하며 공포에 질렸다. 그리고 당대의 신학은 루터의 이런 상태를 더 악화시키기만 했다.

중세 신학은 죄를 **치유**가 필요한 문제 **상태**로 봤다. 그리고 이 치유는 성사聖事를 통해 발생했다. 이생에서 그리스도인은 하나님의 은혜(성사를 통해 중보되는)와 심판 사이에 걸려 있다. 그리고 중세 신학은 여기에 **현행** 은총actual grace과 **상존** 은총habitual grace의 차이를 덧붙였다. 현행 은총은 죄를 고백하기만 하면 죄 사함을 준다. 상존 은총은 사람을 좀 더 깊이, 존재 자체를 변화시켜 원죄 문제를 극복한다.

루터의 문제는, 고백한 자범죄만 사함을 받으므로 혹 죄를 짓고도 그냥 지나치는 바람에 사함을 못 받는 일이 있지 않을까 지나치게 염려했다는 것이다. 루터는 아우구스티누스 수도회 원장에게 몇 시간씩 죄를 고백했고, 그리고 돌아서는 다른 자잘한 죄들이 또 생각나 다시 고해소로 뛰어 돌아가곤 했다. 한 번은 원장이 이렇게 말했다. "이거 보시오, 마르틴 형제. 그렇게 고백을 많이 하려거든 고백할 가치가 있는 짓을 해보는 게 어떤가. 어머니나 아버지를 죽이게! 간음을 저지르게! 그런 하찮은 짓거리와 가짜 죄를 고백하러 오는 짓은 그만두게나!"[2]

1512년, 스물여섯 살의 루터는 수도회의 파송을 받아 비텐베르크에 새로 생긴 대학교에서 성경 관련 과목을 가르치는 교수가 되었다. 이곳에서 아우구스티누스를 연구하고 시편과 로마서, 갈라디아서를 강의하면서 루터는 복음을 근본적으로 새롭게 이해하게 된다.

루터의 사상이 어떻게 발전했는지 정리하는 일은 까다롭기로 악명 높다. 루터가 새로운 확신을 형성하는 데는 시간이 걸렸다. 루터가 무엇을 믿었고 그것을 언제 믿었는지에 관해서는 학자들 사이에 의견이 분분하다. 그래서 이 책에서는 그것을 두 단계의 변화라는 단순화된 형식으로 제시해 보고자 한다. 사실 루터가 무엇을 언제 믿었는지는 이보다 훨씬 복잡하고, 의미 있게 중첩되는 부분도 있지만, 이 형식을 활용하면 신학 용어를 통해 표현되는 내용을 이해하는 데 도움이 된다.

루터의 첫 번째 단계: 선물로서의 의

한 가지 결정적 순간은 루터의 '탑 체험'tower experience으로 알려진 바로 그 순간이다. 이 체험의 정확한 날짜에 대해서는 이견이 있으며, 이 체험은 찰나의 '유레카' 순간이라기보다는 그보다 긴 하나의 과정이었을 것이다. 루터는 이 체험에 대해 다음과 같이 설명한다.

1519년 그해, 나는 시편을 다시 한 번 번역하기 시작했다. 이제는 좀 더 숙련되었다는 자신감이 있었다. 대학에서 강의할 때 바울의 로마서, 갈라디아서, 그리고 히브리서를 다뤄 봤기 때문이다. 바울이 로마서에서 한 말이 무슨 뜻인지 깨닫고 싶은 마음이 불같이 일었지만 그때까지는 길이 막혔었는데, 이는 내 심장에 찬 피가 돌아서가 아니라 로마서 1장에 나오는 한 마디 말 때문이었다. "하나님의 의가 나타나서"(17절). 나는 "하나님의 의"iustitia Dei라는 말이 싫었다. 내 스승님들이 그 말을 쓰는 용도나 관례를 보면서, 나는 그 말이 스승님들이 일컫듯 철학적으로 형식상의 혹은 능동적인 의를 가리키는 것으로 이해하게 되었었다. 즉 그 의에 의해 하나님이 의로우시고, 그 의로써 하나님께서 죄인과 불의한 자를 징계하신다고 말이다.

그러나 나무랄 데 없는 수도사였던 나는 하나님 앞에서 내가 극도로 불안정한 양심을 지닌 죄인이라고 느꼈다. 나의 고행으로 하나님께서 진노를 가라앉히셨을지 확신할 수 없었다. 나는 죄인을 징벌하시는 의로운 하나님을 사랑하지 않았고, 오히려 미워했다. 신성모독은 저지르지 않았을지라도 나는 침묵 속에서 격렬히 하나님께 투덜거리며 화를 냈던 것이 분명하다. 나는 이렇게 말했다. "우리 가련한 죄인들, 원죄 때문에 모든 걸 영원히 잃은 우리가 십계명을 통해 온갖 재난으로 억압을 당하는 것으로 충분하지 않은가? 하나님은 왜 복음을 통해 슬픔에 슬픔을 쌓으시고 복음을 통해 당신의 의와 진노로 우리를 위협하시는가?" 사납게 날뛰는 불안한 양심으로 나는 그렇게 화를 내고 있었다. 나는 로마서 1장의 그 부분에 대해 바울을 끈질기게 괴롭혔고, 바울의 그 말이 무슨 뜻인지 간절히 알고 싶었다.

밤낮으로 바울의 그 말을 묵상하던 나는 하나님의 자비로 마침내 그 말씀의 맥락에 관심을 갖게 되었다. "하나님의 의가 나타나서······ 기록된 바 오직 의인은 믿음으로 말미암아 살리라." 이 구절에서 하나님의 의란 의인이 하나님의 선물 곧 믿음으로써 살게 하는 것이라는 사실을 나는 이해하기 시작했다. 그리고 하나님의 의가 복음을 통해 나타나지만 이는 수동적인 의라는 것, 즉 "의인은 믿음으로 말미암아 살리라"고 기록된 것처럼 이 의로써 자비로운 하나님께서 믿음으로 말미암아 우리를 의롭다 하신다는 게 이 구절의 의미라는 것도 깨닫기 시작했다. 별안간 나는 거듭나는 느낌이었고, 열린 문을 통해 낙원으로 들어가는 기분이었다. 그 즉시 나는 성경 전체를 전과는 다른 조명 아래 보게 되었다. 나는 머릿속에 외우고 있던 성경구절들을 다 헤집고 다니며 비슷한 의미를 지닌 다른 표현들을 찾기 시작했다. 예를 들어 하나님의 역사, 즉 하나님께서 우리 안에 이루시는 일, 우리를 능력 있게 하시는 하나님의 권능, 우리를 지혜롭게 하시는 하나님의 지혜, 하나님의 능력, 하나님의 구원, 하나님의 영광 같은 표현 말이다. 나는 "하나님의 의"라는 이 달콤하기 그지없는 말을 전에 내가 그 말을 미워할 때의 그 미움만큼 큰 사랑으로 드높였다. 바울의 이 표현이 나에게는 낙원으로 들어가는 문이었다. 후에 아우구스티누스의 『영과 문자에 관하여』*On the Spirit and the Letter*를 읽으면서 나는 감히 바라지 못하던 것을 알게 되었다. 아우구스티누스도 "하나님의 의"를 나와 비슷한 식으로, 즉 우리를 의롭다 하실 때 하나님께서 그 의로 우리를 옷 입히신다는 뜻으로 해석했다는 걸 알게 된 것이다. 아우구스티누스는 좀 불완전하게 말했고 하나님께서 의를 우리에게 어떻게 전가하시는지 상세히 설명하지는 않았지만, 그래도 그가 이 하나님의 의로써 우리가 의롭다 여김받는다고 가르쳤다는 게 나는 기뻤다.[3]

로마서 1:17에서 바울은 이렇게 말한다. "복음에는 하나님의 의가 나타나서 믿음으로 믿음에 이르게 하나니 기록된 바 오직 의인은 믿음으로 말미암아 살리라 함과 같으니라." 루터는 하나님의 의

혹은 공의가 어떻게 복음 곧 좋은 소식일 수 있는지 이해할 수 없었다. 하나님의 의는 심판에 대한 위협만을 제시하는 것 같았다. 율법만 우리를 정죄하는 게 아니라 복음 또한 우리를 정죄한다! "**복음**에는 하나님의 의가 나타나" 있으니 말이다. 하지만 루터는 복음에 나타난 하나님의 의를 단순히 하나님의 **속성**으로만, 즉 죄인을 심판하시는 공명정대한 의로만 보지 않기 시작했다. 그보다 루터는 이 의를 하나님에게서 오는 **선물**로 보았다. 하나님의 의는 우리가 하나님 앞에 의로울 수 있도록 하기 위해 하나님께서 우리에게 주시는 의다. 하나님의 의는 인간을 감독하고 인간에게 맞서서 공로를 바탕으로 우리를 판단하는 하나님의 속성이 아니다. 하나님의 의는 하나님의 선물로, 우리 자체로는 의롭지 않음에도 하나님께서 이 선물로써 우리를 의롭다 선언하신다. 루터는 이렇게 말한다.

> [바울은] 말하기를, 그들이 모두 죄인이요 하나님을 기뻐할 능력이 없는 자들이라고 한다. 하지만 그들은 그리스도를 믿는 믿음으로 말미암아 의롭다 여김을 받을 것이니, 그리스도는 자기 피로써 우리를 위해 이 공로를 획득하시고 하나님 임재 안에서 우리를 위해 속죄소가 되셨고(출 25:17, 레 16:14-15, 비교. 요일 2:2), 하나님은 우리의 이전 죄를 다 사해 주신다. 그렇게 함으로써 하나님은 우리를 돕는 것은 오로지 하나님의 의요, **믿음으로 말미암아 우리에게 그 의를 주신다는 것**을, 그리고 그 의는 정한 때에 복음을 통해 나타났으며 그 전에는 율법과 선지자들이 증거한 의라는 사실을 입증하신다.[4]

루터 사상의 이 첫 단계는 중세 신학에 의해 루터의 혼란스러운 양심에서부터 조성되어, 아우구스티누스의 입장은 물론 아우구스티누스의 죄론을 재발견하는 데까지 이르렀다. 루터는 죄를 단순히 존재의 연약함이나 선의 결핍으로 보지 않고 하나님께 대한 반역으로 보았다. 죄는 **관계상의** 문제였다. 게다가 코람 데오(하나님 앞에서) 인간은 이 문제에 대해 아무 방책이 없었다. 루터는 말했다. "누구든 죄의 중대함을 느낀다면 감히 다음 순간을 계속 살아갈 수 없을 것이다. 죄의 권세는 그토록 크다."[5]

하지만 루터는 아우구스티누스를 넘어서고자 했다. 아우구스티누스는 죄인이 구원의 필요성을 인식하면 하나님께 대한 믿음으로 돌아선다고 말했다. 하나님은 그 죄인에게 성령을 주시고, 성령은 그 죄인을 변화시키기 시작한다. 이와 같은 아우구스티누스의 견해에서 하나님의 의는 **우리 안에서 변화를 일으키는 은혜의 선물**이다. 그리고 **칭의**는 성령께서 우리 안에서 일으키는 **치유의 과정**이다. 하나님께서는 우리를 변화시켜 이기적인 사람에서 자애로운 사람이 되게 하시며, 그래서 우리는 마음으로부터 하나님께 순종할 수 있다. 의로움은 선물이지만, 그에 대한 반응으로 우리에게 변화의 과정을 요구한다.

루터의 두 번째 단계: 외부에서 오는 의

루터 사상의 두 번째 단계는 루터를 아우구스티누스의 입장에서 명백히 복음주의적인 입장으로 이동시켰다. 루터 사상의 그 첫 번째 단계가 아우구스티누스의 재발견이었다면, 두 번째 움직임은 바울의 재발견이라고 볼 수 있다. 루터는 이제 "의롭게 하다"justify라는 말이 사람을 '의롭게 **만든다**'거나 '변화시킨다'는 뜻이 아니라 '의롭다고 **간주하다**', '의롭다고 선언하다', '방면하다'라는 의미임을 알고 있다. 칭의는 하나님 앞에서의 내 **상태**를 말하는 것이지 하나님께서 내 **안에서** 하시는 일을 말하는 게 아니다.

중세 신학은 은혜를 우리 **안에서** 작용하는 어떤 속성으로 생각했다. 의로움은 우리가 의롭다 여김받을 수 있도록 우리에게 주어지며, 우리는 하나님의 은혜로 치유받아야 하나님 앞에 의로울 수 있다는 맥락이다.

하지만 루터는 말하기를, 은혜는 우리 안에서 작용하는 어떤 "것"thing이 아니라 아무 자격 없는 우리를 향한 하나님의 과분한 호의라고 했다. 칭의의 원인은 이질적인 그리스도의 의義다. "이질적"alien이라고 한 것은 이 의가 외계에서(!) 오기 때문이 아니라 이 의가 우리 외부에 있기 때문이다. 이 의는 사람이 자기 안에 본래부터 가지고 있다거나 어떤 의미에서든 사람에게 속했다고 말할 수 없는 의다. 이 의는 내재된 의가 아니라 외부에서 오는 의다. 루터는 그리스도의 의가 비록 우리 본성에 이질적일지라도 하나님께서 그 의를 우리의 의로 받아들여 주시는 것에 대해 말했다. 우리는 장차 점진적으로 치유되는 과정을 토대로 해서가 아니라 이미 완성된 그리스도의 사역을 토대로 의롭다 선언된다.

특히 멜란히톤은 외부에서 오는 의라는 개념을 '전가' 개념으로 발전시켰다(루터 역시 탑 체험을 설명할 때 그 표현을 쓰기는 하지만). 중세 신학은(그리고 초기의 루터는) 우리에게 의가 전이되거나 주입되고 그것이 결과적으로 우리의 칭의를 낳는다고 말했다. 하지만 멜란히톤은 그리스도의 의가 우리에게 전가되는 것으로 말했다. 그리스도의 의가 하나님에 의해 우리의 의로 인정된다는 것이다. 우리 죄가 제거되는 게 아니라, 그 죄가 우리에게 불리하게 여겨지지 않는다는 것이다. 그러므로 칭의는 하나님께서 우리를 의롭게 **만드신다는** 이야기가 아니라, 우리를 의롭다 **선언하시는** 것을 말한다. 칭의란 병원에서 쓰는 말이라기보다 법정 용어. 칭의는 치유 과정이 아니라, 우리가 하나님 앞에서 의롭고 긍정적인 신분을 갖는다는 선언이다.

오직 믿음으로

우리는 **오직 믿음으로** 이렇게 의롭다 선언된다. 루터는 사람이 칭의 과정에서 수동적 상태에 있는 것으로 보았다. 우리가 이 과정을 주도할 수는 없다. 우리는 무력하고 예속된 상태다. 우리에게는 우리 구원에 기여할 만한 게 아무것도 없다. 그래서 칭의는 오직 믿음으로써만 이루어지며 오로지 그렇게만 이루어질 수 있다. 여기서 믿음은 피두치아fiducia, 곧 인격적 신뢰 혹은 의지를 말한다. 중세 시대에 믿음은 흔히 하나의 덕목('신실함' 혹은 '충실함'이라는 의미의)으로 여겨졌다. 루터에게 믿음은 단순히 그리스도를 붙잡는 것이며, 그리스도께서 하신 일을 받아들이는 것이었다. 이런 개념이 미묘한 구별일 뿐이라거나 가톨릭과의 차이가 과장된 것이라고 생각하는 사람이 있다면, 트리엔트 공의회[1545-1563]에서 나온 진술을 생각해 보라. 트리엔트 공의회는 종교개혁에 대한 가톨릭 측의 답변이었으며, 한 번도 철회된 적이 없는 답변이다. 이 답변은 오직 믿음에 의한 칭의를 아주 명시적으로 정죄했다.

> 누가 말하기를, 오직 믿음으로써 경건치 못한 자가 의롭다 여김받되 칭의의 은혜를 받기 위해 다른 어떤 것의 협력도 요구되지 않으며 사람이 자기 고유의 의지를 작동시켜 준비하고 각오할 필요가 없다는 뜻으로 그렇게 말한다면, 그 사람은 저주받은 자가 될지라(제6차 공의회, 법령 9조).

> 누가 말하기를, 의롭다 칭함받는 믿음이 다름 아니라 그리스도로 인해 죄를 사해 주시는 하나님의 자비에 대한 확신이라고 한다면, 또는 우리가 오직 이 확신으로써만 의롭다 여김받는다고 한다면, 그 사람은 저주받은 자가 될지라(제6차 공의회, 법령 12조).

루터와의 대조가 두드러진다. 루터는 "믿음이 그 모든, 아주 작디작은 공로마저도 배제하지 않는다면 이 믿음은 우리를 의롭다 하지 못한다. 사실 그건 믿음도 아니다"라고 말한다.[6] 이제부터 보게 되겠지만, 루터는 한 개인의 삶에서 믿음이 계속 역사하여 선한 일을 이룬다는 점에 아무 의심이 없었다. 설령 부분적인 소망일지라도 선행에 근거해 구원받을 것이라는 소망은 우리의 유일한 참 소망이신 예수 그리스도의 적절성을 부인한다.

가톨릭에서 구원은 믿음에 더하여 공로에 달려 있기에, 트리엔트 공의회에서는 구원을 확신할 수 있는 가능성을 부인한다. 개혁자들의 입장에서 확신을 표현한다는 것은 곧 그리스도와 그리스도께서 완성하신 사역을 자랑하는 것이었다. 하지만 가톨릭 신앙에서 확신을 표현한다는 것은 자기 선행을 교만하고 주제넘게 자랑하는 것이었다.

누가 말하기를, 거듭나서 의롭다 여김받은 사람은 자기가 예정된 사람 중에 있다고 자신 있게 믿을 수 있는 믿음에 매인다고 한다면……그리고 끝까지 견인하는 은사를 받는다고 말한다면(특별계시로써 이 사실을 깨닫지 않는 한), 그 사람은 저주받은 자가 될지라(제6차 공의회, 법령 15-16조).

최근 몇 년 사이 가톨릭 측 인사들이 에큐메니컬 논의에 글을 기고하여 이신칭의에 관해 진술했는데, 일부 복음주의자들은 이 진술을 지지할 만하다고 여겼다. 그러나 이 진술은 종교개혁의 핵심 이슈에 관한 정밀한 언급이 없는 게 특징이다. 이 진술들은 트리엔트 공의회에서 종교개혁 신학을 대적해 저주를 내린 것을 부인하는 글로 보기에는 아주 미흡하다.

의인인 동시에 죄인

처음에 루터는 그리스도인을 부분적으로 죄인이고 부분적으로 의로운 사람으로 생각했다. 라틴어로는 '시물 이우스투스 에트 페 카토르'*simul iustus et peccator*로, 의인인 동시에 죄인이라는 뜻이다. 루터는 이 표현을 계속 썼지만 뜻은 달리 이해했다. 루터는 이 말에 '셈페르'*semper* 곧 '언제나'를 덧붙여 쓰곤 했다. 그리스도인은 **언제나** 의롭 고(신분상) **언제나** 죄인이다(삶의 양식상). 우리는 죄인에서 의인으로 점차 변해가는 과정 중에 있는 게 아니다. 우리가 죄인인 것은 죄악 된 옛 습관을 지속하기 때문이다. 하지만 우리는 이미 하나님의 심 판대 앞에 출두했고 의롭다 선언되었다.

우리 자신과 우리의 첫 출생으로 말하자면, 우리는 사실상 완전히 죄 인이다. 이에 반해 그리스도가 우리를 위해 주어진 한, 우리는 완전 히 거룩하고 의롭다. 그러므로 서로 다른 관점에서 우리는 의로운 동 시에 죄인이라고 말할 수 있다.[7]

요약

루터의 칭의 신학은 다음과 같이 요약할 수 있다.

1. 칭의는 법정적 행위로, 이 행위에 의해 신자는 의롭다 **선언**된다. 칭의는 어떤 사람이 의롭게 되는 과정이 아니다. "법정적"이라는 의 미는 법적으로 그렇다는 뜻으로, 법정 이미지를 떠올리게 한다. 이는

신분의 변화를 말하는 것이지 본질이 변한다는 뜻이 아니다.

2. 칭의의 원인은 그리스도의 이질적 의다. 이 의는 어떤 사람 안에 내재해 있다거나 어떤 의미에서든 우리에게 속한 의라고 말할 수 없다. 이 의는 우리에게 "전가"되거나 혹은 우리의 의로 간주된다.

3. 칭의는 오직 믿음으로써만 이루어진다. 우리는 아무것도 기여할 수 없다. 그리스도께서 우리를 위해 이미 모든 것을 다 이루셨다.

4. 칭의는 하나님의 행위이기에, 그리고 그리스도의 완성된 사역에 근거를 두고 있기에 우리는 확신을 가질 수 있다. 칭의는 미래를 지향한다. 칭의는 심판 날 이루어지는 방면放免이다. 그러나 칭의는 최종 판결이 우리 편일 것이라는 현재의 확신이다.

루터교의 칭의	가톨릭의 칭의
법정적 행위	치유 행위
법정 이미지	병원 이미지
이질적 의(그리스도의)	내재적 의(신자의 내면에 있는)
전가된	전이된
오직 믿음으로	믿음으로 시작되어 성사와 선행을 통해 계속됨
그리스도의 완성된 사역을 바탕으로 지금 의롭다 여김받음	앞으로 우리가 어떤 사람이 될지에 근거하여 지금 의롭다 여김받음
확신할 수 있는 미래	불확실한 미래

칭의와 성화

위대한 인문주의 학자 에라스뮈스^{Desiderius Erasmus}는 루터의 이 모든 주장에 반대하면서 "루터파는 부^富와 아내 오직 두 가지만 추구한다.……이들에게 복음이란 자기 원하는 대로 살 권리를 뜻한다"고 말했다.[8] 다시 말해, 오직 믿음에 의한 칭의에 관한 이 모든 이야기는 다 퇴폐적 삶을 살기 위한 변명일 뿐이라는 것이다. 하지만 루터는 우리가 행위로 의롭다 여김받는 건 아니지만, 그래도 행위는 믿음의 열매로서 **반드시 뒤따를 것**이라고 강력하게 주장하곤 했다. 구원에 이르는 믿음은 언제나 능동적으로 사랑을 실천할 것이고, 이 사랑은 하나님 앞에 공로를 얻기 위해 신앙의 의무를 행하는 것으로 표현되는 게 아니라 이웃을 실제적으로 섬기는 데서 드러난다는 것이다. 우리는 사랑으로 서로를 섬기기 위해 스스로 의롭게 되어야 하는 부담에서 벗어났다. 중세의 체계에서는 세상에서 물러나 수도원으로 들어가 시간을 들여 죄를 고백하고 갖가지 종교적 고행을 행함으로써 의화^{義化}되기를 추구했다. 그런데 믿음에 의한 칭의는 아무 거리낌 없이 세상으로 나가, 하나님이 나를 어떻게 생각하실지 궁금해 어깨 너머를 돌아볼 필요 없이 남을 섬기는 시간을 가질 수 있다는 뜻이다. 개혁자들 사이에도 약간 견해차가 있었다. 멜란히톤을 비롯한 후대의 루터교는 칭의와 성화를 엄밀하게 구별했다(여기서 '성화'란 우리의 거룩함이 자라가는 것, 점차 그리스도의 형상으로 변화하는 것을 뜻하는 신학 용어다). 이들은 칭의가 중생에서 시작되고 성화를 통해 완결된다는 가톨릭의 개념을 경계하고자 했다. 루터 자신은 칭의와 성화를 그렇게 명확하게 구별하지 않는다. 스위스의 신학자이자 개혁주의 신학 형성자 중 한 사람인 마르틴 부처Martin Bucer, 1491-1551는 '이중 칭의'를 생각했다. 첫째, '일차적 칭의'에서 우리가 그리스도의 전가된 의를 통해 의롭다 선언되고declared righteous, 둘째, '이차적 칭의'를 통해 의롭게 되는데made righteous 이는 인간의 노력을 포함하는 활동이다.

장 칼뱅은 개혁주의 신학을 형성한 중심인물로, 법정적 혹은 법적 칭의에 대해 명쾌한 개념을 갖고 있었다. 하지만 칼뱅은 칭의와 성화(혹은 이차적 칭의) 두 가지 모두를 신자가 믿음을 통해 그리스도와 연합한다는 우선적으로 중요한 개념 아래 둠으로써 이 둘을 엄격하게 구별하는 것을 피했다. 그래서 칼뱅은 칭의를 "신앙을 좌우하는 가장 중요한 경첩"이요, "모든 경건의 총합"이라고 하면서도[9] 『기독교 강요』에서 칭의를 성령이라는 주제 아래서 다룬다. 칭의와 성화는 둘 다 그리스도와의 연합에서 나오는 열매이며, 이 연합을 우리는 성령을 통해 경험한다. 이리하여 칼뱅은 루터가 말하는 관계 차원을 회복하는 한편, 멜란히톤에게서 명시적으로 정리된 칭의의 법적 성질을 보호한다.

칭의는 여전히 중요한가?

그렇다면 칭의는 여전히 중요한가? 대답은 철저히 '그렇다'일 것이다. 오직 믿음을 통해 오직 그리스도에 의한 칭의보다 더 중요한 건 없다. 이신칭의가 더 말할 필요 없이 명백해 보인다면, 이는 루터

덕분이다. 하지만 루터의 유산을 너무 뻔하게 다루어서는 안 된다.

그동안 기독교의 핵심 기반을 다른 곳으로 옮겨가려는 많은 시도들이 있어 왔다. 그러나 인류가 직면한 가장 큰 문제가 하나님의 공의라는 사실에는 변함이 없다. 하나님은 죄를 심판하는 일에 전념하신다. 그리고 이는 하나님이 내 죄를 심판하는 일에 몰두하신다는 뜻이다. 이것이 우리에게 가장 큰 문제인 것은, 죄를 심판당한다는 것은 하나님의 영광에서 배제된 채 영원히 살아야 한다는 뜻이기 때문이다.

이것이 바울이 로마서 1:18-3:20에서 펼치는 주장이다. 바울은 한 걸음 한 걸음씩 사람이 다 죄인이라는 논지를 펼쳐간다. 로마서 2:5에서 "다만 네 고집과 회개하지 아니한 마음을 따라 진노의 날 곧 하나님의 의로우신 심판이 나타나는 그날에 임할 진노를 네게 쌓는도다"라고 말하고, 로마서 3:20에서 "그러므로 율법의 행위로 그의 앞에 의롭다 하심을 얻을 육체가 없나니 율법으로는 죄를 깨달음이니라"는 결론에 이른다. 기독교는 많은 복을 안겨 준다. 그리스도인은 이웃을 새롭게 하는 일, 사회 정의를 세우는 일에 참여하는 게 옳다. 그러나 어느 날 하나님의 의로운 심판이 드러난다면, 그리고 그 사이 우리가 우리에게 불리한 하나님의 진노를 쌓고 있는 것이라면, 자기 의로는 의롭다 선언될 수 있는 사람이 아무도 없다면, 그렇다면 지상의 모든 인간이 다 엄청난 문제에 봉착하게 된다. 바로 하나님의 심판 말이다. 그리고 이 문제 앞에서는 우리가 직면한 다른 모든 문제들이 다 난장이가 되어 버린다. 칭의보다 더 중요한 건 없다.

이것이 바로 루터가 칭의를 "기독교 교리의 요약"이요 "교회가
서기도 하고 넘어지기도 하는 조항"이라고 한 이유다.[10]

하지만 칭의는 단지 교리 혹은 교회 차원에서만 중요한 게 아니
다. 칭의는 지극히 개인적인 교리다. 죄를 지을 때마다 나는 내가 과
연 하나님께 받아들여졌는지 의심할 이유를 만든다. 그러고는 하나
님과 관련하여 내 미래를 의심한다. 그런데 칭의 교리는 내 영혼을
향해 날마다 화평을 말한다.

이는 특히 전가된 의에 해당하는 말이다. 칭의가 가톨릭에서 가
르치는 것처럼 변화의 과정을 말하는 것이라면, 죄를 저지르고 퇴보
할 때마다 내 미래는 불확실함에 잠기고 만다. 그러나 내가 그리스
도의 완성된 사역을 통해 하나님과 화평하다면, 그 무엇도 그 사실
을 무위로 돌리지 못한다. 나는 확신을 가질 수 있다. 내 죄 앞에서
도 말이다.

로마서 1-4장에서 펼쳐지던 바울의 이신칭의 논증은 4:25에서
절정에 이른다. "예수는 우리가 범죄한 것 때문에 내줌이 되고 또한
우리를 의롭다 하시기 위하여 살아나셨느니라." 이어서 바울은 뭐
라고 말하는가? 우리 칭의의 결과는 무엇인가? 바울은 계속해서 말
한다. "그러므로 우리가 믿음으로 의롭다 하심을 받았으니 우리 주
예수 그리스도로 말미암아 하나님과 화평을 누리자. 또한 그로 말미
암아 우리가 믿음으로 서 있는 이 은혜에 들어감을 얻었으며 하나
님의 영광을 바라고 즐거워하느니라"(롬 5:1-2). 칭의는 우리가 하

나님과 화평하다는 사실, 그리고 영광의 소망을 일깨워 준다. 우리는 단지 회심하는 날뿐만 아니라 날마다 그 일깨움을 필요로 한다.

이 세상 사람들에게는 한 가지 사명이 있다. 자기 자신을 입증해야 할 사명이다. 자기 자신을 입증하려 애쓰고 있다는 게 아마 사람들이 지나치리만큼 분주하게 살고 있는 가장 큰 이유일 것이다. 분주함은 우리 시대 문화에서 하나의 자랑거리가 되어 가고 있다. 예를 들어 "나 아주 바쁜 사람이야"라는 말을 생각해 보자. 우리 시대 문화에서 이 말은 무슨 의미인가? 이는 "내가 내 삶을 제어할 수 없다"는 뜻이 아니라, "나 아주 중요한 사람이야. 그러니까 나를 좀 존경하도록 해"라는 말이다. 이런 말을 할 수 있기 위해 우리는 늘 과로를 하고, 그래서 건강도 손상되고 가정생활에도 균열이 생긴다.

사람들에게 칭의에 대해 말하기 위해 종교개혁 500주년 기념일이 필요하지는 않다. 자기 자신을 입증하려 애쓰는 사람들은 날마다 일상 속에서 얼마든지 만날 수 있다. 어떤 이들은 하나님께 자기 자신을 증명하려고 한다. 타인에게 자기 자신을 입증해서 자기 정체성을 확정하려 하는 사람도 많다. 자기 정당화self-justification를 향한 이 모든 무익한 시도는 사람들을 극한상황으로 몰고 간다.

이 광포한 현상에 대고 예수는 말씀한다. "내게로 오라. 내가 너희를 쉬게 하리라"(마 11:28). 우리에게는 이 시대의 분주한 문화를 위한 좋은 소식이 있다. 자기 자신 증명하기는 자기 자신을 옳다 하기justifying yourself의 또 다른 이름이다. 그리고 우리에게는 은혜에 의해 옳다 함을 얻을 수 있다^{justification by grace}는 좋은 소식이 있다.

자기 자신을 증명하려 분주히 애쓰고 있다면 그 사람은 언제나 분주할 것이다. 그 일은 절대 끝나지 않을 것이다. 왜냐하면 자기 자신은 절대 증명할 수 없을 테니 말이다. 그 사람은 마치 개가 자기 꼬리를 잡으려 애쓰는 형상일 것이다. 예수께서는 십자가에서 말씀하셨다. "다 이루었다"(요 19:30). 예수의 일은 다 이루어졌다. 임무 완수다. 완전한 속죄가 이루어졌다. 나에게 남겨진 일은 없다.

복음주의 찬송가에 나타난 칭의

칭의가 복음주의 그리스도인에게 엄청난 중요성을 지녔다는 사실은 복음주의 기독교의 예배와 찬송에 칭의 개념이 현저히 두드러진다는 점에서도 볼 수 있다. 복음주의자들이 오직 믿음만을 통해 그리스도에 의해 의롭다 여김받는다는 종교개혁의 교리를 예배를 통해 표현했다는 사실을 우리는 역사에서 거듭거듭 확인할 수 있다. 각 경우마다 칭의는 단순히 참 교회를 구별하는 하나의 교리가 아니라는 점이 아주 명쾌히 드러난다. 또한 칭의는 그저 불신자들에게 설교되어야 할 하나의 교리도 아니다. 칭의는 삶의 몸부림 한가운데 있는 우리에게 위로와 소망의 원천이다.

이 땅에서 우리의 선택지는 무궁무진하다. 하지만, 예를 들어 니콜라스 폰 친첸도르프^{Nicholas Von Zinzendorf, 1700-1760}가 지은 「예수, 주님의 보혈과 의」^{Jesus, Your Blood and Righteousness}라는 찬송을 보자. 존 웨슬리^{John Wesley, 1703-1791}는 이 찬송을 아래와 같이 번역했다.

예수여, 주님의 보혈과 의는

나의 아름다움, 내 영광스러운 옷입니다.

온갖 것으로 치장한 이 현란한 세상 한가운데서

나, 기쁨으로 머리를 듭니다.

사망의 진토에서 나 일어나

하늘 저편 내 본향을 바랄 때,

그때 내가 기댈 것은 단 하나

예수가 나를 위해 사시고 죽으신 것.

그 큰 날 나 담대히 서리니

누구도 나를 정죄치 못하리, 아무리 애써도.

주님으로 나 완전히 벗어납니다.

죄와 두려움에서, 죄책과 수치에서.

오, 죽은 자들이 이제 주님 음성 듣게 하소서.

죄 가운데 한때 길 잃었던 자들 기뻐하게 하소서!

이것으로 그들의 아름다움 삼게 하시고,

이것으로 영광스러운 옷 삼게 하소서.

예수여, 주님의 보혈과 의로.

존 웨슬리의 동생 찰스 웨슬리Charles Wesley, 1707-1788도 유명한 찬송

「어찌 날 위함이온지」 ^{And Can It Be}에서 우리의 칭의에 대해 동일한 기쁨을 표현했다.

> 이제 나 그 어떤 정죄도 두려워하지 않네.
> 예수와 그분 안에 있는 것 다 내 것이니!
> 살아 계신 나의 머리, 예수 안에 살아
> 그 거룩한 의로 옷 입고
> 나 담대히 영원한 보좌로 나아가
> 나의 주 그리스도로 말미암아 면류관 쓰네.

마지막으로 에드워드 모트 ^{Edward Mote, 1797-1874}의 「이 몸의 소망 무언가」 ^{My Hope Is Built on Nothing Less}를 보자. 위의 찬송들과 마찬가지로 이 노래도 우리 자신의 공로와 대비되는 확신, 그리스도 안에서 우리가 하나님 앞에서 가질 수 있는 확신을 아름답게 포착하고 있다.

> 내 소망은 다른 무엇도 아닌
> 예수의 보혈과 의에 있도다.
> 이 땅의 것들 아무리 달고 달아도, 나 감히 신뢰치 않고
> 오로지 예수 이름만 의지하리.
> 반석이신 그리스도 위에 나 서리.
> 다른 곳은 다 무너져 내리는 모래라.……

보이지 않는 세상으로 나설 때

그때 나 주님께서 찾으신바 되기를!

오직 주님의 의로 옷 입고

흠 없이 보좌 앞에 서기를.

반석이신 그리스도 위에 나 서리.

다른 곳은 다 무너져 내리는 모래라.

장경

2

1519년 6월, 마르틴 루터는 라이프치히로 향했다. 점차 모습을 드러내는 자신의 사상을 당대의 주도적 가톨릭 신학자 요한 에크 Johann Eck와 더불어 논쟁하기 위해서였다. 이는 심리審理라기보다 공개 토론에 가까웠다. 그럼에도 루터는 전투용 도끼로 무장한 200명의 학생들을 대동하고 갔다. 무슨 일이 생길 경우 그 도끼로 무얼 할 계획이었는지는 확실하지 않다!

루터를 만난 에크는 루터가 얀 후스Jan Hus의 견해를 옹호하고 있다고 비난했다. 후스는 100여 년 전 콘스탄츠 공의회에서 정죄되어 화형당한 사람이었다. 루터는 자신은 후스와 다르다고 계속 항변했고, 에크는 계속 루터를 압박했다. 얼마 후 점심 식사를 위해 잠시 토론이 중단되었다.

점심시간에 루터는 대학 도서관으로 가서 후스에 관한 자료를 얼른 훑었다. 콘스탄츠 공의회 기록을 검토하던 루터는 놀랍게도 에크의 말이 맞다는 사실을 발견했다. 자신이 후스와 똑같은 입장을 옹호하고 있었던 것이다.

오후 토론 서두에 루터는 이렇게 선언하여 좌중을 놀라게 했다. "얀 후스에 관한 기사들을 보다가 저는 보편 교회가 정죄하지 못할 명백히 기독교적이고 복음적인 내용들을 다수 발견했습니다."[1] 토론을 주재하던 게오르크 공^{Duke Georg}이 무심결에 불쑥 말했다. "재앙이로고." 후스 지지자 일부가 후스를 처형한 데 대한 보복으로 게오르크의 영지를 돌아다니며 난동을 일으킨 적이 있는데, 게오르크는 그런 일이 되풀이되는 것을 원치 않았다.

드라마틱한 순간이었고, 확실히 루터의 상황은 멜로드라마보다 나을 게 없었다. 하지만 이 순간은 루터가 점차 뚜렷하게 당면해 가고 있던 문제의 한 좋은 예였다. 에크는 영리했다. 그는 신약성경의 의미에 관한 토론으로 루터를 몰아가지 않았다. 아마도 에크는 자기가 이 토론에서 질지도 모른다고 생각했던 것 같다. 그래서 에크는 루터가 교회에서 이단으로 정죄한 누군가와 같은 입장을 취하고 있다고 주장했다. 에크는 교회의 권위 문제를 이슈로 삼았다. 이렇게 되자 루터의 딜레마가 드러났다. 루터의 출발은 가톨릭교회를 개혁하고 싶다는 것이었다. 하지만 에크는 교회가 정죄한 내용을 루터가 변호하고 있음을 보여주었다. 이렇게 되자 루터의 입장에서는 교회의 권위와 성경의 권위가 정면충돌하는 양상이 되었다. 루터는 둘 중 하나를 선택해야 했다. 그는 성경을 선택했다.

토론이 속개되자 에크는 후스가 이단이었다고 말했고, 루터는 후스의 모든 주장이 다 이단으로 정죄받은 건 아니라고 맞받았다.

루터는 마침내 본론으로 들어갔다. "독일어로 말씀드리겠습니다. 사람들은 저를 오해하고 있습니다. 제 입장은 교회 회의가 때로는 오류를 저질렀고 또 가끔은 오류를 저지를 수 있다는 것입니다. 교회 회의는 새로운 신앙 조항을 만들 권한이 없습니다." 에크가 이렇게 응수했다. "당신만 그렇게 잘 압니까? 당신 빼 놓고 모든 교회가 다 틀렸다는 말입니까?" 루터는 대답했다.

> 답변하자면, 하나님께서 한 번은 나귀의 입을 통해서도 말씀하셨습니다. 제 생각을 솔직하게 말씀드리겠습니다. 저는 기독교 신학자이고, 그래서 제 피와 죽음을 걸고 진리를 주장할 뿐만 아니라 진리를 방어해야 할 의무가 있습니다. 저는 자유롭게 믿는 가운데, 교회 회의든, 대학이든, 교황이든, 누구의 권위에도 예속되지 않을 것입니다.[2]

18일 후 게오르크 공은 논쟁을 마감했다. 아무 진전도 없었지만, 회의장으로 쓰이고 있는 홀에서 곧 연회가 벌어질 예정이었고 초대를 받은 유명 인사들이 곧 도착할 터였기 때문이다. 논쟁은 소책자 형식으로 계속 이어졌다. 1520년 2월경, 루터는 후스에 대해 더 면밀한 연구를 마쳤다. 그리고 이렇게 결론 내렸다. "우리가 모르고 있지만 우리는 다 후스파다."[3] 이 선언으로 교회 전통의 권위는 산산조각 났다. 제도 교회가 후스를 정죄하는 원인이 되었던 그 견해를 이제 루터는 성경에서 가르치고 있는 것으로 보았다.

이것이 바로 솔라 스크립투라^{sola Scriptura} 곧 '오직 성경'이라는 말의 의미로, 이 말은 종교개혁의 핵심 슬로건 중 하나다. '오직 성경'이란 성경 아닌 다른 것들은 우리의 신학을 형성하지 못한다는 말이 아니다. 개혁자들은 과거 신학자들을 권위 있는 안내자로 여겨 거리낌 없이 인용했다. 이들은 과거 신학자들의 경험을 깊이 고려했고 그들의 이성을 활용했다. '오직 성경'이란 뭔가를 골라야 할 때 우리가 할 수 있는 선택은 한 가지뿐이라는 뜻이다. 즉 성경만이 우리의 궁극적 권위라는 말이다. 특히 성경은 교회와 교회의 전통에 대조되는 최고의 권위다. 가톨릭교회는 성경을 해석할 권리를 주장했다. 성경과 더불어 교회의 해석이 함께 권위를 지닌다는 것이다.

가톨릭교회에서는 지금도 그런 주장을 한다. 『가톨릭교회 교리서』^{The Catechism of the Catholic Church}는 이 시대 가톨릭 신앙의 공식 선언문으로, 1992년 교황 요한 바오로 2세^{John Paul II}의 승인으로 공표되었다.⁴ 이 교리서에서는 하나님의 계시가 "두 가지 전달 양식"으로 온다고 명시적으로 말하는데, 하나는 성경이고 하나는 거룩한 전통이다(제81항).

> 그러므로 계시의 전달과 해석을 위임받은 교회는 계시된 모든 진리에 대한 확실성을 오로지 성경에서만 이끌어 내지 않는다. 성경과 전통을 동일한 경건과 존경의 정서로 받아들이고 높여야 한다(제82항).

교리서는 계속해서 이렇게 말한다. "하느님의 말씀을 권위 있게 해석하는 책무는 오직 교회의 교도권, 곧 교황과 그와 일치하는 주교들에게만 주어졌다"(제100항).

개혁자들은 바로 이 주장에 대해 '오직 성경'이라는 이의를 제기했다. 흔히 말하기를, 오직 믿음에 의한 칭의가 종교개혁의 **실질 원리**였다고 한다. 즉 종교개혁 **내용**의 핵심에는 오직 믿음만 있다는 것이다. 그런데 성경의 재발견은 종교개혁의 **형식 원리**였다. 다시 말해, 종교개혁 **방식**의 핵심에는 오직 성경이 자리 잡고 있었다. 알리스터 맥그래스^{Alister McGrath}는 이렇게 말한다. "개혁자들이 교황을 폐위시켰다면, 이들은 곧 성경을 즉위시킨 것이다."[5]

우리는 흔히 이보 전진을 위해 일보 후퇴를 하기도 한다. 종교개혁 때가 바로 그런 상황이었다. 개혁자들은 뭔가를 새로 만들어 내려고 하지 않았다. 개혁자들은 세상을 바꾸는 일에 나서지 않았다. 개혁자들이 원한 건 성경으로 돌아가는 것뿐이었다. 그런데 성경으로 돌아간 것이 세상을 바꾸었다. 루터는 종교개혁을 그런 식으로 설명했다.

나는 면죄부를 비롯해 교황절대주의자들 모두에게 반대했지만, 완력으로 그렇게 하지는 않았다. 나는 그저 하나님의 말씀을 가르치고, 설교하고, 기록했다. 그것 말고는 아무것도 한 게 없다. 내가 잠을 자거나 혹은 필리프와 암스도르프(루터의 친구들)와 함께 비텐베르크 맥주를 마시는 동안에도 그 말씀은 교황의 지위를 크게 약화시켜 그 어떤 군주나 황제도 끼칠 수 없는 손실을 입혔다. 나는 아무것도 한

게 없다. 말씀이 다 했다.[6]

원천으로 돌아가라

중세 초에 대부분 신학자와 교회 지도자는 성경만을 기독교 진리의 신뢰할 만한 원천으로 보았다. 성경이 말하지 않는 부분에 대해서는 성경의 함축적 의미를 이끌어 내려 시도할 수 있었다. 하지만 그런 판단도 성경 자체에 비하면 늘 부차적이었다. 그런데 14-15세기에 전통에 대한 또 다른 이해가 생겨나기 시작했는데, 여기서의 전통Tradition은 대문자 T로 시작된다. 이는 첫 사도들에게로 거슬러 올라가는 기록되지 않은 전승으로, 성경이 침묵하는 문제들에 관해 성경을 보충하고 신뢰할 만한 진리를 제공한다는 입장이었다. 로마 가톨릭이 소집한 트리엔트 공의회는 종교개혁에 대응해 1546년 이렇게 선언했다. "구원에 이르는 모든 진리와 행동 법칙은……기록된 책들과 **기록되지 않은 전승**에 담겨 있으며……(이 전승은) 사도들이 그리스도의 입에서 직접 전해 받거나 혹은 사도들 자신의 입에서 나왔다."[7] 이 전승이 교회 회의의 책임 아래 있는지 교황의 책임 아래 있는지 늘 명확하지는 않았지만, 시간이 흐르면서 교황이 이 진리의 핵심 조정자로 부각되었다.

중세 교회가 성경에 대해 말할 때 이는 '텍스투스 불가투스'textus vulgatus 곧 '대중 라틴어 성경'the common text을 뜻했다. 이는 4-5세기에 히에로니무스Eusebius Sophronius Hieronymus가 라틴어로 번역한 성경이었다. 오늘날에는 이것을 '불가타 성경'the Vulgate이라고 하지만 이는 16세기까지는 쓰이지 않던 용어다.

　문제는 불가타 역본이 여러 가지였다는 점이다. 인쇄기가 발명되기까지 책은 손으로 써서 부본을 만들었고, 그래서 원본과 일치하지 않는 부분이 생겼다. 1226년 "파리판"^{Paris Version} 불가타 성경이 제작되었는데, 이는 교회의 개입이 전혀 없이 출판된 상용^{商用} 성경이었다. 이 성경에는 눈에 띄는 오류가 많았다. 그럼에도 이 성경은 곧 표준적 텍스트가 되었다. 맥그래스는 말하기를 "중세 신학자들이 성경책을 기반으로 자기 신학을 구축하려 하다 보니, 이미 오류가 있는 라틴어역 성경을 다소 조악한 상업용으로 펴낸 것도 성경 취급을 하지 않을 수 없었다"고 한다.[8] 잉글랜드에서는 존 위클리프^{John Wycliffe, 1330?-1384}가 영어 성경을 만들어 일반인들도 성경을 접할 수 있었다. 하지만 이 성경도 라틴어 불가타를 번역한 성경이었다.

　인문주의 운동이 일어나지 않았다면, 이런 모든 일이 그다지 많은 차이를 만들지 않았을지도 모른다. 르네상스 인문주의^{Renaissance humanism}는 근대 인본주의^{modern humanism}와 많이 다르다. 근대 인본주의는 인간이 자기 문제를 스스로 해결할 수 있고, 이를테면 하나님 같은 외부의 도움 없이도 자기 나름의 윤리를 개발할 수 있다는 믿음이다. 하지만 르네상스 인문주의는 그리스와 로마의 사상을 회복하는 것이었다. 르네상스 인문주의의 슬로건은 '아드 폰테스'^{ad fontes} 곧 "원천으로 돌아가자"였다. 원어로 기록된 고전 텍스트의 정확한 판본을 읽고자 하는 열정이 이 운동의 추동력이었으며, 그 고전 텍스트에는 성경도 포함되었다.

1516년, 당대 최고의 인문주의 학자로 인정되던 에라스뮈스가 헬라어판 신약성경을 펴냈다. 이것은 앞으로 종교개혁으로 불릴 일련의 일들을 위한 가장 중요한 사건이었음이 입증될 터였다. 이 구절을 생각해 보자. "그때로부터 예수는 '참회하라'^{do penance}, 천국이 가까웠다'고 설교하기 시작했다." 마태복음 1:17을 이런 식으로 옮긴 것에는 아마 익숙하지 않을 것이다. 그럴 만도 하다. 마태는 그렇게 기록하지 않았다. 그런데 불가타 성경은 그렇게 말한다(라틴어이긴 해도). 에라스뮈스는 예수가 고백성사^{sacrament of penance}를 언급한 게 아니라 근본적 방향 전환에 대해 말했다는 사실을 보여줄 수 있었다. "참회하라"는 "회개하라"고 번역되어야 했다.

불가타 성경은 또 마리아가 "은혜가 충만한"^{full of grace} 상태였다고 묘사한다. 이는 마리아가 마치 신심 깊은 그리스도인들이 다가갈 수 있는 은혜의 저수지와 같다는 뜻을 함축하고 있다. 앞으로 살펴보겠지만, 중세 가톨릭에서 말하는 은혜는 에너지 음료 레드불^{Red Bull} 한 캔처럼 영적으로 우리의 기운을 북돋아 준다. 이 비유를 확장시키자면 마리아는 에너지 음료를 나눠 주는 사람이다. 하지만 에라스뮈스는 누가복음 1:28이 사실은 "은혜를 받은 자여"라고 번역되어야 한다고 말했다. 마리아는 은혜를 **나눠 주는 사람**이 아니라 은혜의 **수혜자**였다. 우리와 똑같이 말이다.

인문주의가 활동을 시작하면서 중세 가톨릭 신학의 구멍이 드러났고, 그 구멍 사이로 빛이 비취기 시작했다. 장 칼뱅은 이렇게 결론 내렸다.

이것을 단호한 원리로 삼자. 먼저 율법과 선지자, 그리고 이어서 사도들의 글에 담긴 것 외에는 다른 어떤 말도 하나님의 말씀으로 여기지 말고 교회에서 하나님 말씀의 자리를 내어주지 말아야 한다. 교회에서 유일하게 공인된 가르침 방식은 하나님 말씀의 규범과 기준에 의한 방식이다.[9]

칼뱅의 말은 종교개혁의 또 다른 독특성을 강조한다. 불가타 성경이나 현대 가톨릭 영어 성경(예루살렘 성경 같은)을 NIV나 ESV와 비교해 보면, 가톨릭 성경에는 구약과 신약 사이에 다른 책들이 있다는 것을 금세 알 수 있다. 이 책들은 '외경'으로 알려져 있다.

가톨릭의 관행 중 개혁자들이 도무지 참아 넘길 수 없었던 것 하나는 죽은 자를 위한 기도였다. 이는 인격적 신앙이 필요하다는 가톨릭의 그 모든 가르침에 반하는 관행이었다. 가톨릭은 마카베오하 12:40-46에 죽은 자를 위한 기도가 언급되어 있으므로 이 관행이 성경의 지지를 받는다고 주장했다. 마카베오서가 혹시 소선지서 중에 있는데 어쩌다 보니 내가 이를 모르고 있는 건 아닐까 생각이 든다 해도 겁내지 말라. 마카베오서는 외경이다.

외경은 헬라어와 라틴어역 구약성경에는 있고 히브리어역에는 없는데, 이는 외경이 후대에 첨부되었기 때문이다. 개혁자들은 외경도 (여느 기독교 서적처럼) 경건서로서의 가치가 어느 정도 있다고 인식은 했다. 하지만 하나님께서 처음에 자기 백성에게 주신 하나님 말씀은 아니라고 확신했다.

말씀에 나타난 그리스도의 법칙

개혁자들은 역사적 교회의 권위를 믿었다. 그들은 어떤 해석이든 모든 성경 해석은 다 똑같이 가치 있다고 하는 마구잡이식 개인주의를 원하지 않았다. 그보다 개혁자들은 성경 해석의 역사를 중하게 여겼다. 예를 들어, 칼뱅은 자기 입장을 지지해 주는 권위 있는 안내자로서 초대 교회의 핵심 인물들을 자주 인용한다. 개혁자들은 초기 교회 회의와 신조를 받아들였다.

그러나 교회와 교회 지도자들 그리고 교회 회의의 권위는 성경에서 나왔고, 그러므로 성경에 종속되었다. 결정적인 순간에는 매번 성경이 이기곤 했다. 개혁자들은 교회에게 여전히 권위가 있다고 믿었지만, 이 권위 역시 하나님 말씀에 매여 있었다. 목회자라는 직분이 목회자에게 권위를 주는 건 아니다. 목회자의 권위는 하나님의 말씀에서 나온다. 다시 말해, 설교를 할 때나 성도를 돌볼 때 하나님의 말씀을 가르침으로써 권위를 갖게 된다.

앞으로 살펴보겠지만, 이렇게 되면 참 교회를 재정의할 수밖에 없게 된다. 가톨릭교회는 교회를 **제도의 계속성**이라는 관점에서 정의한다. 한 주교는 다른 주교에게 임명받았고, 그 다른 주교는 또 다른 주교에게 임명받았으며, 그 주교 역시 또 다른 주교에게 임명받은 걸로 계속 이어진다. 교회란 결국 로마의 베드로에게까지 계보를 거슬러 올라갈 수 있느냐의 문제로 귀결되었다. 하지만 개혁자들은 **복음의 연속성**이 참 교회를 정의한다고 말했다. 교회가 성경과 일치되는 내용을 설교하는가? 참 교회의 표지는 말씀과 성례다. 교회가 복음의 진정성을 확증하는 것이 아니라 복음이 교회의 진정성을 확증한다. 칼뱅은 디모데전서 3:15를 주해하면서 이렇게 말한다.

> 우리와 교황주의자들의 다른 점은, 저들은 교회가 하나님의 말씀을 지배하지 않는 한 교회는 진리의 기둥일 수 없다고 믿는다는 것이다. 반면 우리는 진리가 교회에 의해 보존되며 교회의 손으로 다른 이들에게 전해지는 건 교회가 스스로 하나님 말씀에 겸손히 순복하기 때문이라고 주장한다.[10]

프라하 의회와 시민들에게 보내는 편지에서 루터는 이들이 교회의 오랜 관습을 뒤집어엎는 일에 매우 긴장하고 있는 것에 공감을 표시한다. 그러면서도 루터는 이렇게 말한다.

> 여러분이 참으로 하나님의 교회에 속해 있는지의 여부에 대해 고민이 되고 불안하다면, 제가 말씀드리거니와 교회는 관습으로 알 수 있는 게 아니라 하나님의 말씀으로 알 수 있습니다. 고린도전서 14장 [24-25절]에서 바울은 말하기를, 불신자가 교회에 왔다가 교회가 자기 마음의 비밀을 들춰내는 것을 본다면 그 불신자는 엎드려 여기 정말로 하나님이 계시다고 말할 것이라 합니다. 이것을 여러분이 확신할 수 있으니, 하나님 말씀과 그리스도를 아는 지식이 여러분 중에 풍성히 있습니다. 어디든 하나님의 말씀과 그리스도를 아는 지식이 있는 곳이라면, 그 말씀과 지식이 결코 헛되이 있지 않습니다. 그 말

씀을 가진 이들이 외적 관습 면에서 아무리 부족해도 말입니다.[11]

취리히에서는 소시지가 성경의 권위를 시험했다. 때는 1522년 사순절이었다. 전통적으로 사순절 기간에는 채소와 생선만 먹을 수 있었다. 하지만 이 해에는 서로 친구 사이인 취리히 시민 열두 명이 모여 소시지를 테마로 파티를 벌였다. 시 의회는 늘 그랬듯 조치를 취했다. 비록 명목상이긴 했지만 파티 주최자인 프로샤우어^{Froschauer}에게 벌금형을 내린 것이다. 그로부터 7일 후 츠빙글리는 (프로샤우어의 인쇄기로) 소책자 하나를 펴내어 성경은 사순절에 소시지 먹는 것에 관해 아무 말도 하지 않는다고 주장했다.

물론 이슈는 사실 소시지에 관한 게 아니었다. 성경의 권위와 개혁의 타당성이 이 소책자의 이슈였다. 그 이듬해, "제1차 취리히 논쟁"으로 알려진 토론이 벌어져 다양한 개혁 논제를 다루었다. 결국 츠빙글리가 토론에서 승리를 거뒀는데, 이것은 어떤 면에서 토론이 시작되기도 전에 결정되었다고 할 수 있다. 츠빙글리의 생각이 과연 성경과 일치하느냐가 토론의 주요 이슈였기 때문이다. 다른 어떤 내용을 확정하든, 성경이야말로 뭐가 옳은지를 결정하는 권위라는 사실이 이미 분명했다. 그리스도께서 자신의 말씀을 통해 다스리신다고 말이다.

1522년 여름, 츠빙글리는 외텐바흐^{Oetenbach} 수녀원을 방문할 기회가 생겼다. 이 수녀원은 취리히 시민들의 신앙생활에 상당한 영향을 끼치는 물줄기와 같은 곳이었다. 츠빙글리의 이 방문으로 몇몇 수녀가 설득을 당한 듯하며, 수녀원은 2년 후 시 의회에 의해 해산되었다. 그리고 츠빙글리가 수녀들에게 했던 설교 중 한 편이 『하나님 말씀의 명료성과 확실성에 대하여』*Of the Clarity and Certainty of the Word of God*라는 제목으로 출판되었다.[12]

츠빙글리는 인간이 하나님의 형상으로 창조되었다는 사실로 설교를 시작한다. 우리는 하나님과 교제하기 위해 창조되었기에 "우리의 영혼에 그 창조주이자 조물주의 말씀보다 더 큰 기쁨이나 확신을 주는 건 없다"(68). 이것이 바로 말씀의 명료성과 무오성이 그토록 중요한 논제인 이유다.

츠빙글리는 먼저 하나님 말씀의 확실성 혹은 능력을 단언한다.

> 하나님의 말씀은 지극히 확실하고 힘이 있어, 하나님이 하고자 하시기만 한다면 말씀을 하시는 바로 그 순간에 만사가 이루어진다. 하나님의 말씀은 지극히 생생하고 능력 있기에……합리적인 일과 비합리적인 일 모두 그 말씀의 목적에 부합하게 만들어지고 처리된다(68).

이에 대한 증거는 성경을 여는 서두 몇 구절에서 찾아볼 수 있다. 그 구절을 보면 하나님께서 자기 말씀을 통해 만물을 무無에서 창조하신다. 츠빙글리는 계속해서 창세기 처음 몇 장에서 하나님의 능력 있는 말씀의 사례를 몇 가지 더 나열한다. 우리는 신약성경에서도 똑같은 패턴을 볼 수 있다. 츠빙글리는 동정녀 탄생을 다

루면서 "하나님의 말씀이 여전히 하나님 말씀으로 남아 성취되지 않느니 차라리 자연의 경로 전체가 변경되어야 했다"(70)고 말한다. 그러고 나서 츠빙글리는 "하나님 말씀이 지극히 생명력 있고 강하고 능력 있어 만물이 반드시 순종해야 한다는 것을 보여주기 위해"(71) 예수와 사도들의 말에 어떤 능력이 있었는지 하나하나 예를 든다.

처음부터 끝까지 복음의 가르침은 하나님께서 약속하신 건 분명히 이행된다는 점을 확실히 입증해 보인다. 복음은 이제 완전히 성취된 사실이기 때문이다. 족장들에게, 그리고 전 인류에게 약속되었던 분이 이제 우리에게 주어졌고, 그분 안에서 우리는 모든 소망의 확신을 지닌다(72).

한마디로, 우리가 읽거나 듣는 말씀은 성경과 그 중심 스토리인 복음에서 보다시피 그토록 큰 능력으로 역사하는 바로 그 말씀이라는 것이다.

하지만 츠빙글리의 주된 관심사는 하나님 말씀의 명료성이다. 그것이 바로 교회가 성경을 해석해야 한다는 가톨릭교회의 주장을 츠빙글리가 논박하는 이유다. 성경이 잘 이해 안 되는 때가 있을 수 있지만, 이는 성경이 일종의 신령한 암호로 기록되었기 때문이 아니다. 잘 이해 안 되는 그 말씀을 우리에게 해석해 줄 어떤 특별한 내부자들, 이를테면 사제 같은 이들이 필요하지도 않다.

츠빙글리는 하나님께서 자기 말씀이 명료하기를 바라셨다면 비유나 수수께끼로 가르치지는 않으셨을 것이라는 반론을 단도직입적으로 논박한다. 츠빙글리는 이사야 6:9-10과 마태복음 13:10-16 같은 구절을 염두에 두고 있는데, 이 구절을 보면 예수가 비유를 사용하셨고, 그래서 "그들이 보아도 보지 못하며 들어도 듣지 못하"였다고 말한다. 츠빙글리는 잠언과 비유는 진리를 감추려는 시도가 아니라고 답변한다. 오히려 하나님께서 "친절하고 관심 가는 방식으로" 우리를 가르치고 계신다는 것이다. 잠언과 비유는 그 의미를 찾아 알려는 마음을 우리에게 불러일으키며, 그래서 "그 의미가 평범하게 제시되었을 때보다 이를 훨씬 더 소중히 여기게 된다." "애써서 발견한 진리는 더 단호히 받아들이게 되고 더 가치 있게 여기게 되며, 거기서 깨달은 거룩한 교훈은 우리의 지각 속에서 그만큼 더 오래 분주하고 능동적으로 작용하고, 그 뿌리는 우리 마음속에 더 깊이 파고든다"(73). 그래서 하나님께서는 비유와 잠언을 활용해 "하나님 말씀에서 배우려는 마음을 가진" 사람들에게 영적 통찰력을 주신다. 비유와 잠언은 "자기 나름의 의견과 해석을 가지고 성경에 접근하여 우격다짐으로 성경을 거기에 끼워 맞추는 사람"에게만 진리를 덮어 감춘다(74).

츠빙글리는 좋은 포도주를 한번 생각해 보라고 권한다. 좋은 포도주는 건강한 사람에게는 맛 좋게 느껴지고 마음을 따뜻하게 해준다. 하지만 아무리 좋은 포도주일지라도 열이 있는 사람이 마시면 맛이 없게 느껴지며, 이 사람은 다른 건강한 이들이 이 포도주를 맛 있게 마시는 것을 보면서 이걸 어떻게 참고 마실까 의아해한다. 이는 포도주의 잘못이 아니라 그 사람의 열 때문이다. 마찬가지로, 하나님 말씀이 선포하는 내용은 언제나 선하다. 사람들이 이를 감당치 못하거나 이해하지 못한다면, 잘못은 그 사람 영혼의 병에 있다.

츠빙글리의 핵심 관심사는 하나님 말씀의 명료성을 찬미하는 것이다. "하나님 말씀이 인간의 오성悟性을 밝힐 때, 이 말씀은 이 오성을 깨우치사 말씀을 이해하고 고백하며 그 확실성을 알게 하는 방식으로 그렇게 하신다"(75). 츠빙글리는 시편 119:130을 인용한다.

> 주의 말씀을 열면 빛이 비치어
> 우둔한 사람들을 깨닫게 하나이다.

말씀의 "단순성"에 대한 이 언급은 츠빙글리에게 아주 중요하다. 츠빙글리는 누가 어떤 주장을 하든 주교회의의 성경 해석에 따라야 한다는 암시만 있어도 가차 없이 이를 논박했다. 하나님은 권력이나 명성에 굶주린 자들이 아니라 겸손한 자기 자녀들에게 자기를 계시하신다. 우리가 성경을 해석할 수 있다고 하는 건 교만한 주장인가? 츠빙글리는 전혀 그렇지 않다고 말한다. 우리는 우리 자신을 의지하여 하나님 말씀에 대한 이해를 얻으려는 게 아니라, 겸손히 하나님 말씀에 순복하려는 것이기 때문이다.

츠빙글리는 "하나님의 말씀은 그 말씀을 조명하고 영감을 주

는 하나님의 빛과 성령" 덕분에 "인간의 어떤 지침 없이도 이해될
수 있음을 결정적으로 보여주는"(78) 사례를 성경에서 찾아 보여줌
으로써 이 주장을 마무리한다. 다시 말해, 사람에게는 하나님 말씀
을 이해시켜 줄 인간 해석자가 필요하지 않다는 것이다. 실제로 츠
빙글리가 가장 먼저 언급하는 사례인 노아는 인간 해석자들이 자기
를 가리켜 미망에 빠졌다고 주장했음에도 하나님의 말씀에 순종했
다. 이어서 츠빙글리는 인간의 묵상을 필요로 하지 않고 사람들에게
직접 임한 하나님의 가르침에 대해 말하는 성경구절을 인용한다(요
6:45, 고전 2:12 – 13, 히 8:10; 10:16, 요일 2:27).

하지만 말씀에 대한 우리의 이해를 교회가 확인해 주지 않는 한
그 이해가 하나님에게서 왔음을 어떻게 알 수 있는가? 츠빙글리는
이렇게 답변한다.

> 여러분은 인간이 확신을 줄 수 있다고 믿으면서(사실 그건 확신이 아니
> 다) 그 확신을 하나님께서 줄 수 있음은 믿지 않는다. 모든 인간의 생
> 각과 지식은 인간이 아니라 하나님께 대한 순종과 섬김에 사로잡혀
> 야 한다는 사실을 모르는가?(83)

다시 말해, 우리는 사람보다는 하나님께 순종해야 한다. "성경과
거룩한 진리를 판단하는 건 우리가 할 일이 아니며, 그 판단에서 그
리고 그 판단을 통해 하나님이 일하시게 해야 한다. 이는 우리가 오
로지 하나님에게서만 배울 수 있는 내용이기 때문이다"(92).

하나님의 말씀을 해석하는 일에 교회의 지도가 필요하다고 말할 때 또 한 가지 문제는, 교회가 어떤 통일된 목소리를 내지 못한다는 점이다.

진리를 찾는 영혼은 외친다. '아! 내가 누구를 따를꼬? 저들은 모두 내가 어찌할 바를 모르고 있다고 아주 설득력 있게 주장하고 있으니.' 그러나 이 영혼은 결국 하나님께 달려가 간절히 기도할 수 있을 뿐이다. '하나님이여, 저들은 자기들끼리도 다 의견이 다릅니다. 하지만 하나님은 감춰지지 않은 유일한 선이시니 구원의 길을 내게 보여주옵소서.' 그리고 복음은 우리에게 확실한 메시지나 답변 혹은 확신을 준다. 그리스도는 여러분 앞에 두 팔을 벌리고 서서 여러분을 부르며 말씀하신다[마 11:28] "수고하고 무거운 짐 진 자들아, 다 내게로 오라. 내가 너희를 쉬게 하리라." 오 기쁜 소식이여, 고유의 빛을 가지고 임하니 우리가 이것이 참인 줄 알고 믿노라(84).

하지만 그리스도인들끼리도 의견이 다를 때는 어떻게 해야 하는가? 그럴 때는 서로 경쟁하는 해석들 사이에서 누군가가 결정을 해야 한다. 츠빙글리는 이번에도 역시 "하나님의 교리를 인간의 판단에 복속시키려는" 이런 시도들에 주로 불만을 터뜨린다. 츠빙글리는 복음의 중심 메시지에 관한 한 하나님의 말씀은 명쾌하다고 다시 한 번 주장한다. 하나님의 "말씀에는 언제나 참되고 자연스런 의미가 있다. 우리가 그 말씀을 아무리 이런저런 식으로 왜곡하더라도 부디 하나님께서 그 의미를 허락하시기를"(86). 문제가 생기는 건 "악당들이……맥락도 생각하지 않고 몇 구절만 뽑아내서 [자기] 나름의 욕구에 따라 왜곡"하기 때문이다(87).

> 아! 여기 우리 인간의 모든 가설의 핵심에 있는 병폐에 이르렀도다. 그 병폐란 우리가 성경에서 자기 견해를 뒷받침해 주는 증거를 찾으려 하며, 그래서 그 견해를 성경에 들이대고는, 아무리 억지일지라도 그 견해에 끌어다 붙일 수 있는 본문을 하나라도 찾으면 곧 끌어 붙이며, 내가 하고 싶은 말을 성경이 말하게 만들려고 그런 식으로 성경과 씨름한다는 점이다(88).

츠빙글리는 말하기를, 성경구절을 그 맥락에서 뽑아내 해석하는 건 "꽃을 뿌리에서 잘라내 꽃밭에 심으려 하는 것과 똑같다"고 한다. 그 꽃은 심어 봤자 소용없다. "꽃은 뿌리와 그 뿌리가 박혀 있던 흙과 함께 심어야 한다"(87). 다시 말해, 해석상 의견 불일치는 성경으로 돌아가 본문을 그 구절의 앞뒤 맥락상 자연스러운 의미로 읽어야만 해결될 수 있다.

하지만 한 가지 해석 도구에게 의지하기보다는 여러 가지 도구에 의지하는 게 더 낫지 않은가? 츠빙글리는 이런 지혜를 하나의 관행으로 받아들였을 것이 분명하다. 그는 주석을 참고하는 것을 반대하지 않는다. 하지만 주석 참고를 하나의 법칙으로 삼는 건 거부한다. 츠빙글리는 이렇게 주장한다.

그렇게 본다면, 하나님께서 금하시는 경우이긴 하지만 그리스도의 입장도 오류였다. 당시 대다수 제사장들은 그리스도와 전혀 다른 견해를 갖고 있었고 그리스도는 사면초가였기 때문이다. 사도들도 잘못이었다. 사도들의 입장에 온 나라와 도성이 다 반대했으니 말이다.……진리가 반드시 다수 입장이지는 않다(87).

츠빙글리는 설교자와 교사의 역할을 멸시하지 않는다. 사실 츠빙글리는 이렇게 말한다. "그 사람이 하나님의 말씀에 일치하게 가르친다면, 그 사람이 여러분을 가르치는 게 아니라 하나님께서 그 사람을 가르치는 것이다." 그런 한편 츠빙글리는 또 이렇게 경고한다. "그 사람이 자기 생각과 마음에 따라 가르친다면 그 가르침은 거짓이다"(90).

성경을 읽어도 깨닫는 게 없을 때는 어떻게 해야 할까? 첫째, 츠빙글리는 "들어도 듣지 못하는 자들"처럼 되지 않도록 자기를 낮추라고 말한다. 그러고는 하나님의 말씀을 읽을 때 성령의 깨우치심이 있기를 기도하라고 말한다. 그렇다면 우리는 성경에 어떻게 접근해야 할까?

뭔가를 말하거나 혹은 사람의 가르침에 귀를 기울이기 전 먼저 나는 성령의 생각이 어떤지를 찾아볼 것이다. "내가 하나님 여호와께서 하실 말씀을 들으리니"(시 85:8). 그리고 나서 하나님께 공손히 은혜를 구해야 한다. 하나님의 마음과 영을 주셔서 나 자신의 의견이 아니라 하나님의 의견을 깨달아 알고 굳게 잡을 수 있도록 해주시기를 구해야 한다. 그런 다음 하나님께서 나를 가르치셔서 바로 이해하게 해주실 것을 굳게 믿으라. 모든 지혜는 다 주 하나님의 지혜이니 말이다. 그런 다음 기록된 복음의 말씀을 펼치라(88-89).

츠빙글리는 이렇게 결론 내린다.

하나님의 말씀은 확실하여 절대 잘못이 있을 수 없다. 하나님의 말씀은 명확하며, 절대 우리를 어둠 속에 버려 두지 않을 것이다. 하나님의 말씀은 고유의 진리를 가르친다. 이 말씀이 일어나 사람의 영혼을 완전한 구원과 은혜로 밝힌다. 하나님의 말씀은 하나님 안에서 그 영혼에 확실한 위로를 준다. 그 말씀은 사람의 영혼을 겸손하게 하며, 그래서 그 영혼은 자기를 잊고 게다가 자기를 정죄하며 하나님을 굳게 잡는다(93).

말씀 속에서의 그리스도의 임재

하나님의 말씀이란 무엇인가? 대답은 여러 가지다. 첫 번째 대답은, 예수가 하나님의 말씀이라는 것이다(원한다면 대문자 W[Word]를 써도 좋다). 두 번째는, 성경이 하나님 말씀이다. 성경이 하나님 말씀인 데에는 세 가지 이유가 있다. 첫째, 성경은 **성부 하나님에게서** 나왔으며 성부 하나님의 계시다. 둘째, 성경은 **성자 하나님에 관한** 책이다. 예수의 위격으로 나타난 하나님 말씀의 기록으로, 이 예수는 구약성경에서 약속되고 신약성경에서 증명되었다. 셋째, 성경은 **성령 하나님에 의한** 책이다. 예수의 위격으로 나타난 하나님 말씀을 **성령의 영감으로** 기록한 책이다. 성경이 하나님 말씀을 정확하고 믿을 만하게 기술한다는 것을 성령께서 보증하신다. 그러므로 성경은 하나님에게서 온, 하나님에 관한, 하나님에 의한 책이다.

개혁자들에게는 성경과 그리스도가 항상 병행되었다. 우리는 그리스도로써만 구원받는다. 하지만 우리는 그 그리스도를 성경에서 만난다. 실제로 성경과 그리스도는 서로 연결되어 있다. 그리스도는 성육신한 말씀이고 성경은 글로 기록된 말씀이다. 성경이 하나님의 말씀임은 성령을 통해 성경이 성육신한 말씀을 증거하기 때문이다. 그래서 그리스도는 성경의 중심이다. 또한 그리스도는 성경 해석의 중심이다. 성경을 올바로 해석하면 그 해석은 모두 그리스도에게 이른다.

하지만 종교개혁 시대의 신학자들은 한 걸음 더 나아갔다. 『제2 스위스 신앙고백서』 제1장에는 '하나님의 말씀 설교는 하나님의 말씀이다'라는 부제가 붙어 있다. 이 고백서는 하인리히 불링거Heinrich Bullinger가 스위스 개혁교회를 위해 작성했으며, 개혁파 교회들 사이에서 기본적인 신앙 선언문으로 손꼽게 되었다. 이 고백서가 위의 부제 아래 어떤 내용을 말하고 있는지 살펴보자.

그러므로 이제 교회에서 하나님의 말씀이 합법적으로 부름받은 설교자들에 의해 설교될 때, 우리는 **실제 하나님의 말씀이 선포되어 신실한 자들이 이를 받아들인다**는 사실을 믿는다. 또한 다른 어떤 하나님의 말씀이 날조되어서도, 하늘에서 임할 것을 기대해서도 안 된다는 사실을 믿는다. 또한 이제 설교된 말씀 자체가 중시되어야지 그 말씀을 설교한 설교자를 주시해서는 안 된다는 것을 믿는다. 설교자가 설령 악한 사람이거나 죄인일지라도 하나님의 말씀은 여전히 참되고 선하기 때문이다(필자 강조).

설교가 하나님의 말씀이라는 개념은 개혁자들의 선교 이해에 바탕을 두고 있었다. 개혁자들은 선교를 하나님의 구원 계획에서 빼놓을 수 없는 요소로 보았다. 루터는 이렇게 말한다. "그리스도가 수백 번 우리를 위해 주어져 십자가에 못 박힌다 해도, 하나님의 말씀이 부재하여 골고루 베풀어지지 않고 '이 말씀은 너를 위한 말씀이니 네 것을 취하라'는 명령과 함께 나에게 주어지지 않는다면 모든 게 다 허사다."[13] 구원은 십자가와 부활을 통해 성취된다. 하지만 구원은 말씀을 통해, 성령에 의해 **널리 베풀어진다.** 이렇게 말씀이 베풀어지지 않으면 누구도 구원받지 못한다. 칼뱅도 말하기를, 하나님께서는 "당신의 말씀이 예수 그리스도가 그 모든 은혜와 함께 나에게 베풀어지는 도구가 되게 하셨다"고 한다.[14] 그러므로 설교는 구속적 행위다.

칼뱅은 하나님이 "하늘에서 천둥을 내리실 수도 있었다"고 말한다. 만약 그랬다가는 "우리는 어찌할 바를 모르고 허둥거릴 것이다." 실제로 하나님께서 하늘에서 천둥을 내리신 적이 있었다. 시내에서 이스라엘 백성들은 하나님의 음성을 들었다. 그래서 어떻게 되었는가? 이들은 두려움에 떨면서 하나님을 대신해 말해 달라고 모세에게 간청했다(출 19-20장). 그래서 칼뱅은 "우리와 똑같은 사람들의 입을 빌려 친밀하게 우리를 가르치기로" 하신 데서 하나님께서 "아버지로서 보여주시는 넘치는 선하심"이 나타난다고 말한다.[15]

— 그리스도의 음성

이는 하나님의 말씀이 설교될 때 우리가 하나님의 음성을 듣는다는 뜻이다. 루터는 말한다.

> 바라건대 설교자의 말이 하나님의 말씀인 줄 믿도록 우리가 우리 마음을 점점 훈련시킬 수 있기를……한 천사도 십만 천사도 아닌 오직 엄위로운 하나님께서 친히 거기서 설교하고 계시니. 확신컨대 나는 이것을 내 귀로 듣거나 내 눈으로 보지 않는다. 내가 듣는 것은 오로지 설교자의 음성뿐이요……내가 보는 것은 내 앞에 있는 한 사람뿐이다. 하지만 설교자의 음성과 말이 그 자신의 말과 교리가 아니라 우리 주님과 하나님의 말이요 교리라는 사실만 덧붙인다면, 그 광경을 제대로 보는 것이다. 내가 듣는 음성은 방백이나 왕이나 천사장의 음성이 아니다. 영생의 물을 나눠 줄 수 있다고 선포하는 바로 그분의 음성이다.[16]

칼뱅은 말한다. "그리스도는 [설교자]로써 행하시되 설교자의 **입**이 당신의 **입**으로, 설교자의 **입술**이 당신의 **입술**로 여겨지를 바라시는 그런 방식으로 행하신다. 설교자가 그리스도의 입으로 말하고 신실하게 그리스도의 말씀을 선포할 때가 바로 그런 때다."[17] 그러고 나서 칼뱅은 누가복음 10:16을 인용한다. "너희 말을 듣는 자는 곧 내 말을 듣는 것이요 너희를 저버리는 자는 곧 나를 저버리는 것이요 나를 저버리는 자는 나 보내신 이를 저버리는 것이라." 예수께서는 자기 자신을 선한 목자로 묘사하시는데, 이는 곧 "양들이 그의 음성을 아는 고로 따라"온다(요 10:4)는 말이다. 칼뱅은 이를 주해하기를 "그리스도는 여기서 설교자들에 대해 말하고 있긴 하지만, 설교자 이야기보다는 하나님께서 설교자들을 통해 하시는 말씀이 사람들에게 들리기를 바라고 계시다"고 한다.[18]

— 그리스도의 임재

개혁자들은 여기서 한 걸음 더 나아갔다. 어린 여자아이가 한밤중에 잠이 깨었다고 해보자. 아이는 아버지를 찾으며 운다. 사방이 캄캄하다. 아이는 혼란스럽다. 아이는 겁에 질려 있다. 그때 아버지의 목소리가 들린다. "괜찮다, 아가. 아무 일 없어. 어서 다시 자려무나." 아버지의 목소리는 아버지가 옆에 있다고 아이를 안심시켜 준다.

마찬가지로, 개혁자들은 하나님의 말씀에서 들을 수 있는 하나님의 음성은 하나님 임재의 증표라고 말했다. 우리는 하나님의 말씀에서 하나님의 음성만 듣는 게 아니라 하나님의 임재를 체험한다. 아래와 같은 칼뱅의 말을 생각해 보라.

우리 주님이 우리에게 얼마나 선하신지 당신의 교리가 여전히 우리에게 설교되게 하실 정도라면, 그로써 우리는 **주님이 바로 우리 옆에 계시며** 우리를 구원하고자 하시고 **마치 입을 크게 벌려 말씀하시는 듯** 우리를 당신께로 부르고 계시며 **우리가 주님을 눈앞에서 직접 보고 있다는 확실하고도 오류 없는 증표**를 갖는다.……복음이 우리에게 설교될 때만큼 자주 [예수 그리스도께서] **팔을 내밀어 우리를 받으신다**.……하나님께서 우리에게 설교자와 교사를 보내 주실 때, 이는 **유일한 아들의 위격을 통해 하나님 자신을 우리에게 주고 계신 것이라는 사실**을 확신하도록 하자.[19]

우리는 그분의 이름으로 가르침받는 게 합당하며, 비록 우리에게 설교되는 말씀이 사람의 입에서 나올지라도 그 말씀은 마치 **하늘이 십만 번 열려 하나님의 영광을 보여주기라도 하는 것처럼** 하나님의 권위에 의한 말씀이며, 우리의 구원은 그 말씀에 바탕을 두어야 함을 깨닫는 게 합당하다.[20]

우리에게는 하나님의 말씀이 있는가? 적어도 그 말씀이 순전하게 설교되게 하고 있는가? **그렇다면 예수 그리스도가 말하자면 우리 가운데 있는 것이며, 말하자면 십자가에 달리신 모습으로 자기를 보이셔서** 우리를 아버지 하나님과 화해시키려고 죽음을 당하셨을 때 우리를 위해 하신 일을 증거하시는 것이다.[21]

칼뱅은 여기서 "…것처럼", "말하자면"이라는 표현을 쓰는데, 이는 하나님이 사실은 임재하시지 않는다는 말이 아니다. 칼뱅은 우리가 **물리적으로** 하나님의 음성을 듣거나 하나님을 볼 수 있는 건 아니라는 점을 인정하고 있다. 비록 하나님을 직접 보는 건 아니지만 "마치……우리 눈앞에서 직접 보는……것처럼" 본다고 말한다. 하나님이 물리적으로 임재하시지는 않지만, 대신 말씀을 통해 **영적으로** 임재하신다는 말이다. 칼뱅은 말씀을 통해 그리스도와 교통하는 것을 가리켜 "신비하다", "불가해하다", "영적이다"라고 묘사한다.[22]

> 형식상의 설교자는 소리 나는 말씀을 전한다.……하지만 내면의 설교자, 곧 성령께서는 내면적으로 거침없이 역사하셔서, 그 은밀한 효력으로 누구든 뜻하시는 사람의 마음속에 한 믿음을 통한 그리스도와의 연합이라는 결과를 낳는다. 이 연합은 내면적이고 천상적이며 불멸의 성격을 지닌다.[23]

설교와 성찬 사이에는 병행되는 점이 있다. 성찬 때 우리는 먹고 마심을 통해 그리스도의 임재를 경험한다. 설교에서는 말하고 듣기를 통해 그리스도의 임재를 경험한다. 그러므로 설교는 단순히 그리스도에 관한 말이 아니다. 설교는 "그리스도를 [우리에게] 제공하고 제시"한다.[24]

성경, 성령, 믿음

성찬과 마찬가지로 하나님의 말씀은 "엑스 오페레 오페라토"^{ex} $^{opere\ operato}$로 작용하지 않는다. 이 라틴어 문구는 성례의 효과에 대한 가톨릭의 입장을 요약해서 보여주었다. 이 문구는 "사효적事效的으로"라는 뜻이다. 로마 가톨릭은 성례가 거기 참여하는 사람들의 믿음과 상관없이 그 자체로 효과가 있다고 믿었다. 앞으로 살펴보겠지만, 개혁자들은 성례가 우리 믿음을 고무시키려는 약속 혹은 보증이라고 믿었다. 마찬가지로 칼뱅은 성경에 대해 이렇게 말한다.

> 우리는 이 효력이 말씀 자체에 담겨 있는 게 아니라 성령의 은밀한 충동^{instinct}에서 나온다고 주장해야 한다.……그러므로 우리는 하나님께서 말씀하실 때 성령의 효력을 덧붙이신다고 주장하니, 그 효력이 없으면 말씀은 무익하기 때문이다.[25]

다시 말해, 성경은 우리가 믿음으로 반응할 때 그리스도의 임재와 위로를 전달해 준다는 점에서 우리에게 가치를 지닌다. 그래서 하나님은 성경이 설교될 때 성령을 보내셔서 믿음을 일깨우고 강화해 주신다. 사람들이 믿음으로 반응하지 않아도 말씀은 여전히 효력이 있지만, 그 효력은 심판을 앞두고 사람들의 마음을 더 완악하게 만드는 효력이다.

칼뱅은 지식의 두 가지 대상은 하나님과 사람이라는 말로 『기독교 강요』를 시작한다. 자기를 아는 지식이 없으면 하나님을 아는 지식도 없다. 칼뱅이 하는 말의 요점은, 하나님에 대한 참 지식은 상대적이라는 것이다. 우리는 하나님과의 관계 면에서 자기 자신을 아는 만큼 하나님을 안다. 하나님의 완전하심을 알면 알수록 우리의 연약함을 그만큼 더 인식하게 된다. 어떤 면에서 칼뱅은 주관적 체험과 객관적 현실의 관계에 대한 현대인들의 관심을 미리 내다보고 있다. 이 둘이 서로 연결되어 있음은 하나님이 우리를 만드셨고, 그다음 우리가 하나님을 알도록 다시 만드셨기 때문이다.

하지만 칼뱅은 우리가 타락했다는 사실을 심각하게 다룬다. 타락은 우리가 하나님께 **순종할 수 있는** 능력에만 영향을 끼치지 않는다. 타락은 우리가 하나님을 **알 수 있는** 능력에도 영향을 끼친다. 자연 계시는 자연 신학으로 연결되지 않는다. 왜냐하면 우리가 하나님에 관한 진리를 거부하기 때문이다(롬 1:18-25). 하나님을 아는 우리의 지식은 죄로 왜곡되고 부패되어 있다. 그 결과 우리에게는 성경이 필요하다. 하지만 성경으로도 충분치 않음은 우리가 죄 가운데서 진리를 배격하기 때문이다. 그래서 우리에게는 거듭나게 하시는 성령의 역사도 필요하다. 이는 우리가 성경을 이성적 논증으로써 옹호할 수 없다는 의미다. 불신자는 그 논증의 위력을 능수능란하게 회피하기 때문이다. 사람에게는 성령의 내적 증거 또한 필요하다. 우리는 타고난 능력을 써서 성경을 이해한다. 성경의 의미는 암호화되어 있지 않고 명쾌하기 때문이다. 하지만 성령께서는 성경이 진짜 하나님의 말씀임을 우리에게 입증한다. 그 결과가 바로 은혜 중심의 삼위일체적 해석이다. 이 해석이 은혜 중심이라 함은 우리가 스스로는 이런 해석을 해낼 수 없기 때문이다. 우리에게는 하나님의 도움이 필요하다. 이 해석이 삼위일체적이라 함은 성부께서 성령을 통해 성자를 증거하시기 때문이다. 그리고 삼위일체 하나님처럼 이 셋은 서로 분리될 수 없다. 말씀과 성령은 "일종의 상호적 띠로 서로 결합되어 있다."

> 주님께서는 일종의 상호적 띠로 말씀의 확실성과 성령의 확실성을 결합시키셔서, 우리로 하여금 하나님의 얼굴을 바라보게 하시는 성령께서 빛을 비추실 때에 우리 마음에 말씀에 대한 완전한 신앙이 머물 수 있게 하신다.……[하나님께서] 동일한 성령을 보내어 그 성령의 능력으로 말씀을 나눠 주심은 그 말씀을 우리에게 효과적으로 확증해 주심으로써 자신의 일을 완성하시기 위해서였다.[26]

이는 우리에게 말씀이라는 외적 은사와 성령을 통한 믿음이라는 내적 은사 두 가지가 필요하다는 뜻이다. 칼뱅은 설교와 믿음의 관계는 어머니와 아기의 관계 같다고 말한다. "설교는 잉태하고 낳는 어머니이고, 믿음은 자기가 어디에서 생겨났는지를 기억해야 하는 딸이다."[27] "복음 설교를 없애 보라. 그러면 어떤 믿음도 남아 있지 않을 것이다"라고 칼뱅은 말한다.[28]

설교와 설교자

성경을 읽을 때 하나님이 그렇게 임재하신다. 더 나아가 하나님은 교회 회집에서 하나님의 말씀이 설교될 때도 임재하신다. 루터는 단순히 읽기만 하는 말씀은 "이 말씀을 이야기하고 설교할 사람으로 하나님께서 정하신 공적 설교자를 통해서 전해질 때만큼 효과적이고 강력하지 못하다"고 말한다.[29] 그리고 칼뱅도 이렇게 말한다.

> 이 수단을 무시하면서도 그리스도 안에서 완전해지기를 바라는 사람은 미친 사람이다. 그런 사람은 자기 스스로 성령의 은밀한 계시를 창안해 내는 광신자요, 자신은 성경을 개인적으로 읽는 것만으로도 충분해서 교회의 일반 사역이 필요치 않다고 생각하는 교만한 사람이다.[30]

우리는 경험을 통해서 이 사실을 알고 있다. 하나님께서는 우리 스스로 성경을 읽을 때 우리에게 말씀하신다. 하지만 교회가 말씀 아래 모였을 때 하나님의 말씀이 설교되는 것을 통해 우리에게 훨씬 자주, 훨씬 강력하게 말씀하신다.

말씀 설교는 그리스도의 음성과 임재를 전달한다. 이는 **설교**를 매우 높이 평가하는 견해임이 분명하다. 하지만 루터는 설교를 귀하게 여기는 입장이 자칫 **설교자**를 높이는 일이 되지 않도록 경계한다.

> 사도 바울이나 나의 설교를 들을 때 여러분은 아버지 하나님께서 친히 하시는 말씀을 듣는다. 더욱이 여러분은 나의 학생이 되는 게 아니라 아버지의 학생이 된다. 말하는 분은 내가 아니라 아버지이시기

때문이다. 나 또한 여러분의 선생이 아니다. 여러분과 나, 우리에게는 한 분 선생님이자 교사요 아버지가 계시니 그분께서 우리를 가르치신다. 설교자와 듣는 자는 모두 학생일 뿐이다. 다른 점은 이것 한 가지이니, 하나님께서 나를 통해 여러분에게 말씀하신다는 점이다. 그것이 거룩한 말씀의 영광스러운 능력으로서, 이 능력을 통해 하나님께서 친히 우리를 상대해 주시고 우리에게 말씀하시며, 이 능력 안에서 우리는 하나님께서 친히 하시는 말씀을 듣는다.[31]

루터는 발람의 나귀 이야기를 사람들에게 즐겨 했다. 이 이야기에서 하나님께서는 나귀의 입을 열어 발람에게 말하게 하신다(민 22장). 루터의 주장은, 하나님께서 나귀를 통해서 발람에게 말씀하실 수 있다면 인간 설교자를 통해서도 여러분에게 말씀하실 수 있다는 것이다.[32]

설교를 이렇게 귀하게 여기는 입장은 분명 설교자에게 막중한 책임을 지운다. 루터는 이렇게 말한다.

그러므로 누구든 복음을 모르거나 복음을 설교하지 않는 자는 사제나 주교가 아닐 뿐만 아니라 교회에 일종의 해충과 같은 자이니, 사제나 주교라는 허울 좋은 칭호를 지닌 채, 혹은 양의 옷을 입은 채 교회 안에서 사실상 복음을 손상시키며 이리 역할을 한다[마 7:15].[33]

설교는 인간의 행위다. 그러므로 설교는 오류가 있을 수밖에 없는 행위다. 설교는 성경이 하나님의 말씀이라는 말과 똑같은 의미에서 하나님의 말씀은 아니다. 설교는 하나님의 말씀을 **베푸는 것**이다. 설교는 성경에서 증거된 예수에 대한 하나님의 계시를 부연 설명 혹은 적용하는 것이지, 계시의 이차적 혹은 경쟁적 원천이 아니다. 그러므로 모든 설교는 성경에 있는 하나님의 무오한 말씀의 기준에 따라 평가되어야 한다.

그럼에도 하나님께서는 인간의 설교를 이용해 자신의 임재를 전하기를 좋아하셨다.

— 그리스도의 음성을 들으러 하나님의 말씀이 설교되는 곳에 오다

이 견해가 매번 교회에 회집하여 설교를 듣는 나의 태도를 어떻게 변화시킬지 생각해 보라. 설교는 대부분 아주 평범한 일상으로 느껴진다. 루터가 말하다시피 설교 때 우리가 듣는 건 설교자의 음성뿐이고 우리가 보는 건 한 인간뿐이다. 하지만 설교 때 하나님께서 친히 우리에게 말씀하신다. 하나님께서는 영생의 말씀을 우리에게 베푸신다.

모든 측면에서 교회는 말씀을 통해 임재하시는 그리스도를 재발견할 필요가 있다. 많은 그리스도인들이 설교를 주로 하나의 교육 과정으로 생각한다. 우리는 성경이 무엇을 가르치는지 배우려고 모인다. 물론 맞는 말이다. 좋은 설교에는 성경을 가르치는 내용이 담겨 있어야 한다. 우리의 권위는 하나님의 말씀에서 오며, 그래서 우리는 말씀을 듣고 알 필요가 있다.

하지만 개혁자들에게 설교는 단순히 정보를 제공하는 일에 그치지 않았다. 사실 대다수 회중은 설교문에 담긴 진리를 대개 다 알고 있다. 설교를 단지 하나의 교육과정으로만 생각한다면 설교를 들을 때마다 뭔가 새로운 것을 추구하게 될 텐데, 이는 우리가 가기에는 위험한 길이다. 그보다 우리는 그리스도의 음성을 듣고 그리스도의 임재를 접할 필요가 있는 사람들로서 말씀이 설교되는 곳으로 나아간다. 우리는 재다짐의 말 혹은 도전을 주는 말을 그리스도에게서 들을 필요가 있다. 때로 설교에서 새로운 내용을 배우기도 할 것이다. 하지만 새로운 내용이 좋은 설교의 도구는 아니다. 결혼기념일에 아내가 원하는 건 새로운 정보가 아니다. 아내는 남편의 사랑이 여전히 지속되고 있음을 재다짐받고 싶어 한다. 사랑을 재다짐하는 것, 이것이 바로 그리스도께서 말씀 설교를 통해 매주 자기 신부에게 해주시는 일이다.

— 피 흘리는 발로 하나님의 말씀이 설교되는 곳으로 가다

칼뱅이 아래와 같이 하는 말을 생각해 보라.

탁월한 예배, 좋은 향기가 나는 제사란 하나님께서 인간의 입을 통해 하시는 말씀을 듣고 하나님의 말씀에 순복하는 것이다. 무엇보다도 바로 이 사실이 우리로 하여금 복음의 가르침을 기꺼이 받아들이게 만든다. **이때 이 말씀은 하나님께서 친히 하늘에서 내려오시거나 혹은 천사들을 시켜 당신의 목적을 계시하시는 경우 못지않게 인간이**

전달하는 말씀이다. 둘째로, 하나님께서 보내신 인간이 하나님의 음성이 하늘에서 들릴 때와 다름없이 우리 구원의 증거를 선포하는 소리를 들으면 우리 믿음이 단단해지고 의심이 사라진다. 한편, 복음을 멸시하지 않도록 우리를 경계시키려고 하나님께서는 이런 강력한 위협을 덧붙이신다. 아무리 변변찮은 설교자일지라도 설교자의 말에 귀 기울이려 하지 않는 자는 사람을 모욕하는 게 아니라 하나님 자신, 아버지 하나님을 모욕하는 것이라고 말이다.[34]

여기에 역설이 있다. 오늘날 많은 이들이 간절히 하나님의 음성을 듣고 싶어 한다. 그래서 이들은 예언, 꿈, 지식의 말에 집착하게 된다. 예언의 역할이 지금도 계속되느냐에 대해서는 사람들마다 의견이 다르다. 어떤 이는 정경正經이 예언의 역할을 대신해 왔다고 믿는다. 또 어떤 이는 성령께서 어떤 구체적 상황, 예를 들어 목양을 할 때 발생하기도 하고 설교 중에 흔히 발생하기도 하는 그런 상황에 성경을 어떻게 적용할지 알려 주신다고 믿는다.

하지만 성령께서 성경을 적용할 수 있게 해주신다는 것에 만족하지 못하는 이들이 많다. 이들은 그 이상의 뭔가를 원한다. 이들은 하나님에게서 직접 뭔가가 전달되기를 원한다. 이들은 간절히 하나님의 음성을 듣고 싶어 한다. 하지만 하나님은 이미 교회의 설교를 통해 이들에게 매주 말씀하고 계시다. 우리가 해야 할 일은, 루터의 표현을 빌리자면 "설교자의 말이 하나님의 말씀인 줄 믿을 수 있게 우리 마음을 점차 훈련시키는" 일이다.[35] 루터는 계속해서 말한다.

"사람들은 보통 이렇게 생각한다. '하나님께서 말씀하시는 걸 직접 들을 기회가 있다면 발에 피를 흘리면서라도 달려갈 텐데.' 하지만 교회에 가면 하나님의 말씀이 있다.……그리고 이 말씀은 마치 하나님께서 친히 여러분에게 이야기하시는 것처럼 확실한 하나님의 말씀이다."[36]

필자가 생각하기에 진짜 문제는, 사람들이 하나님의 말씀을 통해 듣는 내용, 그 말씀에서 읽거나 설교되는 내용을 좋아하지 않는 경우가 많다는 점이다. 이들은 날마다 자기 십자가를 지라고 부르는 소리를 피해갈 수 있게 해주는 말을 원한다. 이들은 자기실현에 대한 욕구, 혹은 자기가 꽤 중요한 인물이라고 하는 인식을 정당화해 줄 말을 듣고 싶어 한다.

성경이 왜 여전히 중요한가

그리스도의 말씀에 나타난 그리스도의 규칙이 던져 주는 도전은 종교개혁 때 직면했던 도전과 다르기도 하고 비슷하기도 하다. 종교개혁 당시 계시에 대한 주된 대안은 전승傳承이었다. 오늘날의 우리는 어쩌면 전승 과다보다는 전승 결핍을 겪고 있다! 계시의 경쟁 상대로서 전승을 대체한 것은 체험이다.

현대 세계에서 우리는 권위란 것이 완전히 사라진 현장을 본다. 이제는 기호嗜好와 체험이 전부다. 윤리적 이슈는 사람들의 공감을 최대한 유도해 내는 개인 스토리를 근거로 옳고 그름이 결정된다. 어떤 일이 그 사람에게 딜레마인지 아닌지는 그 사람의 기분을 근거로 결정된다. 옳고 그름이 형이상학(사물이 존재하는 방식)이나 신의 계시에 뿌리를 두고 있다는 인식은 사라지고 주관적 판단이 그 자리를 대신 차지했다.

교회 안에 있는 우리도 이런 문화적 추세에서 예외가 아니다. 많은 그리스도인들이 성경을 참되다고 믿는다. 하지만 개혁자들은 단순히 성경이 참되다고만 믿지 않았다. 우리는 **오직** 성경이라는 종교개혁의 도전에 새롭게 귀 기울일 필요가 있다. 오직 성경만이 우리의 최고 권위다. 성경은 그냥 참된 책이 아니다. 성경은 **다른 무엇보다도 참되다.** 그래서 성경은 언제나 체험을 이긴다. 그렇다고 해서 체험을 무시해야 한다는 말은 아니다. 체험은 흔히 의문을 불러일으키고, 그러면 우리는 그 의문을 안고 성경을 찾는다. 하지만 우리가 말씀을 읽든 설교를 통해 말씀을 듣든 여전히 그리스도께서 그 말씀을 통해 우리를 다스리신다. 그러므로 우리는 우리의 삶과 우리의 생명이 전승이나 체험의 지배를 받는 게 아니라 말씀을 통해 확실히 그리스도의 다스림을 받을 수 있도록 애쓸 필요가 있다.

3

죄

우리에게 뭐가 잘못되었는가

마르틴 루터는 죄에 대해 별다른 생각 없이 자랐다. 이는 루터가 죄를 심각하게 받아들이려 하지 않았다는 말이 아니다. 오히려 그 반대였다. 죄는 마귀의 관심을 끄는 더러운 냄새라고 그는 배웠다. 죄는 우리를 지옥으로 끌고 가는 무거운 짐이다. 죄는 모든 불행의 원인이며, 죄의 삯은 사망이다. 그런데 루터는 죄가 **심각한** 문제임을 알긴 했지만 그 심각함이 아주 **깊다고는** 생각하지 않았다.

이것이 바로 오늘날 우리가 우리 자신에 대해 품고 있는 기분 좋은 낙관주의와 함께 단조롭게 반복되는 견해다. 우리는 자기가 어떤 잘못된 짓을 한다는 것을 다 알고 있다. 하지만 자신이 뿌리 깊이 썩었을 수도 있다는 암시는 아주 혐오스런 허튼 말로 우리에게 다가온다. 저기 밖에는 눈에 핏발 선 나쁜 놈들이 좀 있지만, 우리들 대부분은 하루하루 지지고 볶으며 살아가는 선량한 사람들이라고 우리는 쉽게 인정한다. 물론 가끔씩 발을 헛디딜 때도 있지만 말이다. 그러나 놀랍게도 루터는 우리가 근본적으로 얼마나 선량한 사람들인가 하는 그런 밝은 이야기, 듣기 좋아서 구미가 당기는 그 이야기가 사실은 우리를 속박하는 끔찍한 거짓말이라는 사실을 깨닫게 되었다.

"거짓말이라고요?" 세상 사람들이 비명 지르는 소리가 들린다. "도대체 그게 어떻게 거짓말일 수 있어요?" 글쎄, 쟁점을 간단히 말하자면 이렇다. 우리의 문제가 그렇게 사소한 문제라면 사실상 해결책도 아주 간단할 것이다. 예를 들어 자기의 이기적 성향, 내 목적을 위해 (하나님을 포함해) 남을 이용하는 성향을 쉽게 분별해 낼 수 있을 것이다. 제대로 된 프로그램만 있으면 내 모든 부족함을 다 뿌리뽑을 수 있을 것이다. 시간만 충분히 주어진다면 나 자신조차도 완벽히 바로잡을 수 있을 것이다. 이것이 오늘날의 자기계발 프로그램이 전하는 낯익은 메시지이며, 마르틴 루터는 바로 이 메시지를 듣고 배우며 자랐다.

루터 당시에 이런 시대 상황을 요약 표현한 사람은 고대 그리스 철학자 아리스토텔레스로서, 그의 메시지는 아주 널리 퍼져 있었다. "우리는 의로운 행동을 해서 의롭게 된다"(혹은 "우리는 올바른 행위를 함으로써 올바른 사람이 된다")고 아리스토텔레스는 주장했다.[1] 이는 자조自助의 메시지, "목표가 있으면 그 목표를 이미 이룬 것처럼 행동하라"는 메시지다. 겉으로 드러나는 의로운 행위에 힘쓰고 계속 그렇게 행동해 나가면 실제로 의로운 사람이 되리라는 것이다.

내가 설명해 보겠다. 나에게 팀이라는 친구가 있다고 가정해 보자. 그리고 완전히 허구의 인물인 팀에게 심각한 인격적 결함이 있고, 나는 친구라는 이유로 그 결함을 끈기 있게 참아 주고 있다고 해

보자. 그 결함이란 이 친구가 할머니들을 **싫어한다**는 것이다. 팀은 길거리에서 할머니를 볼 때마다 가까이 지나가는 대형 트럭 바퀴 밑으로 그 할머니를 밀치고 싶은 기이한 열망이 마구 샘솟는다. 물론 친구로서 나는 팀을 돕고 싶다. 아리스토텔레스의 방식을 활용해야 한다면 팀에게 아마 이런 충고를 해야 할 것이다. "이봐 팀, 할머니를 좋아하는 행동을 하면 할머니를 좋아하는 사람이 될 거야. 그러니까 할머니들이 안전하게 길을 건널 수 있도록 하루에 열 분만 도와 드려 봐. 그렇게 한 달만 실천하면 너는 사회생활에 도움 안 되는 그 이상한 공포증을 다 털어 낼 수 있을 거야." 물론 이는 팀이라는 친구에게 주기에는 위험한 조언일 수 있다. 싫증나는 노인들과 그렇게 많이 접촉하다 보면 팀의 상태가 오히려 더 악화될지도 모른다.

실제로 루터가 바로 그런 식이었다(할머니들은 없었지만). 오랜 세월 동안 루터는 "우리는 의로운 행동을 함으로써 의롭게 된다"는 금언에 따라 살았다. 수도사로서 루터는 머리로 생각해 낼 수 있는 모든 의로운 행위들을 필사적으로 행했다. 금식, 기도, 순례, 수도원 생활 등. 이를 통해 루터가 서서히 깨달은 사실은, 그런 단순한 행실 변화만으로 정말 의롭게 되려고 하는 꿈은 말 그대로 꿈, 이루기 어려운 꿈일 뿐이라는 것이었다. 이 꿈은 결코 손이 닿지 않는 곳에 상급을 두고는, 의로움은 넘겨주지도 않은 채 의로움을 자꾸 약속했다. 갈수록 더 힘들고 과중한 행실을 늘 요구하면서.

다시 말해, 그 꿈은 의롭게 되리라는 소망을 루터 앞에 흔들어 보이며 더 많은 행위를 거듭 요구함으로써 루터를 점차 노예로 만

들어 갔다. 겉으로 드러나는 모든 의로운 행위들을 다 했지만 이는
루터의 마음을 고결하게 만들어 주지 못했을 뿐만 아니라 상황을
더 악화시키기까지 했다. 루터는 그렇게 많은 행위를 요구하시는 하
나님을 향해 자기 마음에 분노가 눈덩이처럼 불어나는 것을 알아차
렸다. 자기 자신의 노력으로 자기를 바르게 만들고 의롭게 되려 했
지만, 이는 루터를 노예와 같은 속박과 절망과 하나님께 대한 증오
로 더 깊이 몰고 들어가고 있었다. 루터는 죄가 그렇게 쉽게 털어내
버릴 수 있는 호락호락한 문제가 아니라는 사실을 깨닫기 시작했다.
죄는 점점 더 깊은 곳으로, 루터 자신의 힘으로는 손을 쓸 수 없을
만큼 깊은 곳으로 파고 들어갔다.

절정

1517년, 상황이 이러했으므로 루터는 아리스토텔레스에게 이의
를 제기하기로 마음먹었다. 저 유명한 95개조 논제를 게시하기 몇 주
전 루터는 97개조 논제를 집필했고, 그중에는 이런 내용도 있었다.

> 우리는 의로운 행위를 해서 의로워지는 게 아니라 **의롭게 되어서** 의
> 로운 행위를 한다.……
>
> 아리스토텔레스 없이는 누구도 신학자가 되지 못한다는 말은 틀
> 린 말이다.……
>
> 사실은 아리스토텔레스 없이 신학자가 되지 않는 한 누구도 신학
> 자가 될 수 없다.……

3
—
죄

간단히 말해, 아리스토텔레스와 신학의 관계는 어둠과 빛의 관계와 같다.[2]

즉 우리의 죄는 행위를 조정함으로써 우리 스스로 해결할 수 있는 어떤 문제가 아니다. 의롭고자 한다면 의롭게 **되어야** 한다. 그런데 어떻게 그렇게 되는가? 루터는 계속해서 말한다.

> 하지만 하나님의 은혜가 예수 그리스도로 말미암아 의가 풍성하게 함은, 이렇게 해서 사람이 율법을 기뻐하게 되기 때문이다.
> 하나님의 은혜 없는 모든 율법 행위는 겉으로 보기에는 좋아 보여도 본질적으로는 죄다.……
> 선한 율법, 사람이 그 안에 거하는 선한 율법은 하나님의 사랑으로, 이 사랑은 성령으로 말미암아 우리 마음에 부은 바 되었다.[3]

우리는 할 수 없는 일을 하나님의 은혜는 한다. 하나님께서 그 친절하심으로 우리가 닿을 수 없는 곳까지 내려가 우리 행실의 피상적 층위뿐만 아니라 우리의 마음 자체까지 변화시켜 우리로 하여금 의로운 것을 **소원하게**("기뻐하게") 만들기 때문이다. 마음의 그 고결함이야말로 유일한 참 고결함이다.

모든 것의 요체가 되는 질문

종교개혁과 관련해 많은 이들의 의견이 갈리는 부분이 바로 여기일 것이다. 즉 하나님께서 순전히 자신의 인자에 근거해 사람을 구원한다는 말은 정말 놀랍게 들리지만, 사람들에게 구원이 **필요**한 게 만약 구원받지 못할 경우 죄 가운데서 달리 어쩌할 도리가 없기 때문이라는 말은 다소 불쾌하게 들린다는 점이다. 우리는 기분 나쁜 소식은 듣고 싶어 하지 않는다.

루터 시대에도 마찬가지였다. 종교개혁 초기에는 막연하게나마 종교개혁에 폭넓게 공감하는 이들이 많았다. 특히 르네상스에 매력을 느낀 이들 중에 그런 이들이 많았다. 이들은 교회에 모종의 개혁이 필요하다고 보았고, 교회 안에 만연한 부패와 실책이 일소되기를 바랐으며, 그래서 이들이 보기에는 루터 같은 사람이 바로 그 과업을 위해 나서고 있는 것으로 보였다. 그렇게 개혁을 찬미하는 사람 중의 하나가 에라스뮈스로, 당대 가장 유명한 학자요 루터를 회심시킨 『그리스어 신약성경』을 펴낸 사람이기도 했다. 하지만 에라스뮈스가 개혁에 대해 가진 개념은 그가 기독교를 보는 시각과 비슷했다. 에라스뮈스는 이 시대 로마 가톨릭교회에 필요한 건 개혁이 아니라 몇 가지 개량이라고 믿었다. 로마 가톨릭교회는 더러웠고, 그래서 씻어야 했을 뿐 근본적이거나 본질적인 부분에서 변화가 필요한 건 전혀 아니라고 봤다. 마찬가지로 에라스뮈스는 우리가 다 더 나은 사람이 될 수 있고 당연히 그렇게 되어야 하지만, 그렇다고 해서 우리가 죄에 **예속되어 있다**는 뜻은 전혀 아니라고 여겼다.

그래서 1524년 에라스뮈스는 『자유의지론』*On the Freedom of the Will*을 집필해, 죄는 우리를 노예로 만들 만큼 그렇게 깊이 혹은 강력하게 영향을 끼치지 **않는다**고 주장했다. 에라스뮈스는 우리가 하나님 앞에서 절대 **참** 공덕을 획득할 수는 없지만, 하나님은 언제라도 우리의 선한 의도를 받아들이사 우리의 시도를 실제보다 더 좋게 공로가 될 만한 것으로 대해 주신다고 말했다. 작은 흙 둔덕에 불과한 우리의 의를 하나님께서는 마치 커다란 산처럼 여겨 주신다는 것이다. 그런데 우리 스스로는 구원에 값할 만한 의를 전혀 생산해 낼 수 **없다**고 한 루터의 말이 맞다면, 과연 뉘라서 하나님께 신용을 얻을 수 있는가? 이 논쟁과 관련해 에라스뮈스는 루터의 답변, 즉 고유의 의를 갖지 못한 우리는 우리 소유로 여겨진 그리스도의 의를 가질 수 있다는 말을 전혀 이해하지 못한 듯하다.

에라스뮈스는 『자유의지론』을 성미 급한 젊은 개혁자의 과장어린 발언을 학자답게 친절히 교정해 주는 책으로 봤다. 루터는 자신의 신학을 대적하는 주장들(한마디로 이런 주장들이 너무 많았다)에 보통은 신경 쓰지 않았지만, 『자유의지론』만큼은 종교개혁의 핵심 자체를 공격하는 것으로 봤고, 그래서 『노예의지론』이라는 통렬한 반박문으로 이에 응수했다.

자, 훌륭하신 나의 에라스뮈스여, 귀하만이 진짜 쟁점, 논제의 본질을 공격했으며, 교황 제도와 연옥과 면죄부를 비롯해 그런 하찮은 것들(이런 것들은 기본 쟁점이라기보다 사소한 일들이므로)에 관한 얼토당토않은 말로 나를 싫증나게 하지 않았으니, 이 하찮은 일들을 가지고 지금까지 거의 모든 사람들이 다 나를 추궁하다가 실패했습니

다. 귀하는, 그리고 귀하만이 다른 모든 일의 요체가 되는 질문을 아
셨고, 핵심 지점을 겨냥하셨습니다. 그 점에 대해 진심으로 감사드
립니다.[4]

루터가 자기 글에 붙인 제목 『노예의지론』*On the Bondage of the Will*을 보
고 사람들은 대개 어리둥절해한다. "나는 자유롭게 선택하지 않나?
나는 내가 원하는 걸 할 수 없다는 말인가?" 사람들은 그렇게 묻는
다. "이건 정말 말도 안 돼. 나는 날마다 내가 하고 싶은 대로 한다
고! 내 의지는 아주 자유로워." 사실 루터도 그 말에 동의할 것이다.
우리는 언제나 자기가 원하는 대로 행동한다. 지금 내가 하고 있는
일은 내가 자유롭게 선택한 일이며, 그런 의미에서 우리의 의지는
전적으로 자유롭다. 그러나 나는 내가 무엇을 **원해야** 할지는 선택하
지 않는다. 우리 의지의 저변, 우리의 선택을 지시하고 지배하는 그
의지의 저변에는 온갖 성향과 욕구를 지닌 우리의 마음이 있다. "사
람이 **마음**으로 자기의 길을 계획할지라"(잠 16:9). 가장 기본적인 선
택, 이를테면 베이컨 치즈버거를 먹을 것이냐 아니면 샐러리 한 접
시를 먹을 것이냐 같은 선택 앞에서도 우리는 한 가지를 원하고 다
른 한 가지는 원하지 않는다. 내 선택은 내 욕구에 따라 결정된다.
그리고 어떤 사람이 치즈버거를 버리고 샐러리를 선택한다는 건 자
기 규칙을 지키기 위해서다. 즉 이 사람이 샐러리를 선택하는 건 채
식주의자로 살기를 바라기 때문이거나, 버거류에 심각한 과민반응
이 있어서 혹시라도 먹고 병이 나는 상황을 바라지 않기 때문이거

3
—
죄

나, 혹은 건강하고픈 욕구가 당장 입맛을 만족시키고픈 욕구를 이기기 때문이다.

그것이 바로 우리가 죄 짓기로 선택하는 이유다. 우리가 죄를 짓는 건 누가 강요했기 때문이 아니다. "사람에게 성령이 없을 경우, 그 사람은 마치 목덜미를 잡혀 강요당하는 것처럼 자기 의지에 반해 악을 행하지는 않는다."**5** 또한 우리가 죄를 짓는 건 중립적 태도로 각 결정의 우열을 따져 본 다음 가장 분별 있어 보이는 쪽을 선택하기 때문도 아니다. 우리가 죄는 짓는 건 "육체……의 **원하는 것**을 하"기 때문이다(엡 2:3). 우리가 죄를 선택하는 건 바로 그걸 우리가 원하기 때문이다. 우리는 본성적으로 어둠을 **사랑한다**(요 3:19). 그래서 "각 사람이 시험을 받는 것은 **자기 욕심에 끌려** 미혹됨이니 욕심이 잉태한즉 죄를 낳고 죄가 장성한즉 사망을 낳"는다(약 1:14-15).

우리가 지닌 문제의 근본성

루터가 파악한 것은, 우리의 죄 문제가 우리 안에 더할 수 없이 깊게 파고들어가 있다는 사실이었다. 죄가 우리 마음속 도처에 파고들어가, 우리가 무얼 원하고 무얼 좋아할지를 구체화한다는 것이었다. 그 결과 우리는 본성적으로는 절대 하나님을 원하지 않는다. 우리는 거침없이 자기가 원하는 것을 하는 쪽을 택한다. 그 선택에는 겉으로 보기에 도덕적이고 존경받을 만한 삶을 사는 것도 포함될 수 있다. 하지만 본성 그대로 놔두면 우리는 절대 하나님을 선택하지 않는다. 왜냐하면 본성적으로 우리는 하나님을 원하지 않기 때문이다.

에라스뮈스는 죄인으로서 우리의 근본 문제는 나태라고 봤다. 우리는 영적으로 게으르고 꾸벅꾸벅 조는 상태이며, 따라서 의로운 사람이고자 할 때 우리에게 필요한 건 정신을 차리고 스스로 노력하는 일이라고 말이다. 하지만 루터가 자신의 경험으로 봤을 때 그건 거짓말이었다. 신앙적으로 모든 비상한 노력을 다 쏟았어도 루터에게 남는 건 이런 탄식뿐이었다. "맞다. 나는 죄인을 징벌하시는 하나님을 사랑하지 않았고, 오히려 미워했다. 그리고 신성모독까지 가지는 않았을지라도 하나님께 화가 난다고 속으로 몹시 투덜댔던 게 확실하다."[6] 그런 생각을 마음에 품은 채 루터는 자기 마음이 원하는 한 최대한 애를 썼다. 하지만 애를 쓰면 쓸수록 주 하나님을 사랑함으로써 실제로 율법을 성취하는 것과는 점점 더 거리가 멀어질 뿐이었다. 의의 **겉모양**은 성취할 수 있었을지 모르나, 그건 자기 신뢰·자기 숭배·자기 의로 이루어진 속 빈 강정에 지나지 않았다.

루터는 썩은 열매를 맺는 썩은 나무 같았고, 루터의 신앙적 노력은 플라스틱으로 된 가짜 열매를 가지에 붙여 문제를 덮어 가리는 것에 지나지 않았다. 죄는 그의 뿌리에까지, 가장 심원한 자아의 결 그 자체에까지 스며 있었다. 죄로 손상되지 않은 부분, 중립인 부분은 단 한 군데도 없었다. 루터에게 필요한 것, 그리고 루터가 깨닫게 되다시피 모든 죄인에게 다 필요한 것은 **근본적** 갱신이었다. 거리낌 없이 하나님을 사랑하고 하나님을 즐거워하는 새로운 마음이었다(겔 36:26 –27, 막 7:14-23, 요 3:3). 그리고 그 새 마음은 오직 "성령으로 말미암아 하나님의 사랑이 우리 마음에 부은 바"(롬 5:5) 되어

3
죄

야만 생겨날 터였다.[7] 루터가 나중에 말한 것처럼 "마음은 기뻐하게 되어야 한다.……마음은 하나님 사랑으로 따뜻해지고 누그러져야 한다. **그러면** 순전한 마음으로 찬양하고 감사하게 될 것이다."[8] 사람들의 눈이 열리고 마음이 돌아서는 건 복음을 통해 하나님의 사랑과 은혜와 영광을 맛볼 때다. 오직 그때에라야 사람들은 순전한 마음으로 다시 하나님을 사랑하게 될 것이다.

두 가지 서로 다른 시각

죄가 얼마나 깊이 파고드느냐를 두고 루터와 에라스뮈스가 논쟁할 때, 이 두 사람의 견해차는 다소 전문적이고 모호해 보일 수 있다. 사실 에라스뮈스도 당시 상황을 바로 그렇게 봤다. 그러나 이 시점에서 루터와 에라스뮈스의 의견차는 결국 이 두 사람이 기독교에 대해 아주 다른 시각을 갖고 있음을 의미했다.

에라스뮈스의 입장에서 교회는 군대와 아주 흡사했다(에라스뮈스의 유명한 저작 중에는 『그리스도인 군사 매뉴얼』*The Manual of the Christian*이라는 책도 있다). 그래서 그리스도인에게 중요한 일은 수칙을 지키고 의무를 다하는 것이었다. 그렇다고 해서 에라스뮈스가 신앙의 외면에만 관심이 있었다는 뜻은 아니다. 전혀 그렇지 않았다. 『그리스도인 군사 매뉴얼』에서 인용한 다음과 같은 충고를 보라.

속이 더러운데 겉에만 성수를 뿌리는 게 무슨 소용인가?……그 어떤 경건도 마리아의 겸손을 본받는 것만큼 마리아를 기쁘게 하지는 못한다.……베드로와 바울을 기쁘게 하고자 하는가? 그렇다면 베드로의 믿음을 열심히 본받고 바울의 사랑을 열심히 본받으라. 그게 로마를 열 번 순례하는 것보다 더 낫다. 성 프란치스코를 본받고 싶은가? 지금 상태로 보건대 그대는 교만하고, 탐욕스러우며, 다투기 좋아한다. 기분을 잘 다스리고, 이득을 경멸하라. 선으로 악을 이기라.[9]

더 겸손해지고, 사랑을 더 많이 베풀고, 자기를 잘 제어하라고 에라스뮈스는 독자들에게 강력히 권면한다. 하지만 겸손하고 자비롭고 자기를 잘 제어하는 게 하나님을 알고 사랑하는 것과 반드시 똑같지는 않다. 에라스뮈스에게 중요한 건 행실과 성품이었다. 하나님과의 관계는 그가 작성한 '그리스도인 군사를 위한 스물두 가지 수칙'에서 중요하게 다뤄지지 않는다.

반면 루터가 보는 교회는 군대가 아니라 가정을 더 많이 닮았다. 그래서 루터에게는 아버지 **하나님을 아는 일**이 다른 무엇보다 중요하다. 죄는 단순히 올바른 행실 기준에 미치지 못하고 의무 이행을 태만히 하는 게 아니다. **죄를 짓는다는 건 하나님을 멸시하는 것**이다. 죄 짓는 행위는 마음에 뿌리를 두고 있고, 하나님 아닌 다른 무언가가 그 사람 마음의 소원과 찬미의 대상이 되었음을 드러낸다. 그리스도인의 삶 또한 겸손하게 혹은 자비롭게 행동하며 사는 것을 말하지 않는다. 겸손이나 자비는 진정으로 살아 있는 삶을 사는 데 따른 **결과**일 뿐이다. 예수의 말씀에 따르면 "영생은 곧 유일하신 참 하나님과 그가 보내신 자 예수 그리스도를 아는 것"이다(요 17:3).

이 두 가지 시각이 실생활에서 전개되면 차이가 더욱 확연해진다. 올바른 행동이 목표라면, 그리고 그것이 올바로 노력함으로써 모든 이들이 다 이룰 수 있는 목표라면, 교회는 마치 군대처럼 운영될 **수 있다.** 목회자는 특무상사로 복무하면서 대오가 딱딱 맞게 사람들을 훈련시킬 수 있다. 결국 에라스뮈스가 보기에 사람은 누구나 다 그렇게 항오를 맞출 **능력**이 있다.

하지만 우리가 그보다는 좀 더 심오한 목적, 예를 들어 하나님을 사랑하고, 하나님을 영화롭게 하며, 하나님을 즐거워한다는[10] 목적을 위해 창조되었다면, 그런데 본성적으로 하나님을 사랑**할 수 없어** 죄의 노예 상태가 되어 있다면, 할 수 없는 일을 하라고 그 사람들에게 지시하는 건 잔인한 일일 것이다. 다시 말해, 누구든 루터의 심오한 죄 인식을 수용하는 사람은 자기를 불쌍히 여기는 마음이 풍선처럼 부풀어 오르는 것을 보게 될 것이다. 사람은 단지 천성적으로 게으르기만 한 게 아니라 무력하기도 하기 때문이다. 사람은 단순히 행위만이 아니라 마음 자체에 어떤 조치를 취해야 한다. 무엇보다도 사람은 자기 마음을 돌이켜 주고 해방시켜 줄 능력이 있는 어떤 것을 필요로 한다. 바로 복음 말이다(롬 1:16). "내키지 않아 하고 저항하는 마음에서 나오는 행위가 어떻게 하나님을 기쁘시게 하겠느냐?"고 루터는 물었다.

> 하지만 율법을 성취한다는 건 즐거움과 사랑으로 율법의 일을 행하는 것이다.……율법에 대한 이 즐거움과 사랑은 성령께서 우리 마

음에 심어 주신다.……하지만 성령은 예수 그리스도를 믿는 믿음으로, 그 믿음과 함께, 그리고 그 믿음으로써가 아니면 주어지지 않는다.……더 나아가 믿음은 그리스도를 설교하는 하나님의 말씀 혹은 복음을 통해서만 온다.[11]

죄의 매력적 거짓말에 노예가 된 마음이 하나님 편이 되려면, 그리스도의 얼굴에 나타난 하나님의 영광이 그 사람에게 알려져야 한다. 죄보다 하나님이 더 매력적이고, 죄보다 하나님이야말로 우리가 더 소원할 만한 분임이 드러나야 한다. 루터는 바로 그런 식으로 사람들을 섬길 터였다. 에라스뮈스의 근엄한 충고를 아래와 같은 루터의 말과 비교해 보라.

하나님께서 나에게 호의를 보이려 하시고 나에게 친절을 베풀기 원하신다고 생각하지 않았다면, 나는 하나님을 믿는 믿음을 갖지 못했을 것이다. 하나님께서 나에게 호의와 친절을 보이고자 하셨기에 나는 순순히 하나님을 향할 마음이 생기고, 온 마음을 다해 하나님을 신뢰하며 모든 선한 일들을 위해 하나님을 바라보게 된다.……여기를 보라! 이런 식으로 여러분은 자기 안에서 그리스도와의 교제를 구해야 한다.……믿음은 그리스도의 죽음의 피와 상처에서 솟아 흘러나와야 한다. 하나님이 나를 얼마나 애정으로 대하시는지 나를 위해 자기 아들을 주실 정도라는 사실을 여기서 깨닫는다면, 이에 여러분의 마음도 점점 더 하나님을 향하게 될 것이고 하나님을 향해 점점 더 상냥한 마음을 품게 될 것이다.……사람이 어떤 행위를 했기 때문에 그 사람에게 성령이 주어진다는 말은 성경 어디에서도 읽을 수 없다. 성령은 언제나 사람이 그리스도의 복음과 하나님의 자비에 대한 말씀을 들었을 때 주어졌다.[12]

죄는 노예 상태 혹은 중독이기 때문에 사람을 으르거나 명령해서 그 상태에서 빠져나오게 할 수는 없다는 사실을 루터는 깨달았다. 으르거나 명령하면 행실이 달라질지는 몰라도 결국 이는 더 깊이 자기를 의존하는 상태를 강화하기만 할 터였다. 십자가에 달리신 그리스도의 메시지에 귀를 열 필요가 있고, 그리하여 눈 또한 열려서 살아 계신 하나님의 헤아릴 수 없는 인자와 영광을 볼 수 있어야 한다. 그 복음의 빛 안에서만 참 겸손과 선함과 사랑이 자랄 수 있다.

핵심을 역설하기

죄는 표면적 문제일 뿐이라고 하는 개념을 사람들은 쉽게 버리지 않는다. 그래서 루터는 우리를 설득시키려고 또 한 가지 논리를 전개했다. 루터는 죄가 우리 안에 **얼마나 깊이** 뿌리내리고 있는지를 입증할 뿐만 아니라 죄가 과연 무엇인지를 규명하고자 한다. 루터는 죄가 **무엇**인지 우리가 사실상 모르고 있는 게 우리의 문제라고 생각했다. 왜일까? 우리가 하나님을, 죄가 거스르고 있는 하나님을 모르기 때문이다. 우리가 죄에 무지한 건 우리 죄 때문이다. 자기 안에 웅크리고 있는 우리는 자기 자신을, 혹은 자기 문제를 올바로 보지 못한다. 자기를 개선하려고 자기에 집착한 채 몸부림치는 그 모든 노력에도 불구하고 우리는 자기의 가장 기본적 잘못이 무엇인지 인식하지 못한다. 그 잘못은 바로 하나님을 사랑하고 신뢰하지 않는 것이다(롬 14:23). 우리는 하나님께 등을 돌리고 자기 자신에게만 몰두해 있다.

결국 루터는 죄를 정의하되 에라스뮈스의 '그리스도인 군사들을 위한 스물두 가지 수칙'을 스스로 잘 지키고 있다고 여기는 사람들에게까지 저주를 쏟아붓는 그런 정의를 내릴 수밖에 없었다. 마리아의 겸손을 흉내낼 수 있고 성 프란치스코의 절제력을 열심히 배울 수도 있지만, 그래도 여전히 가장 흉악한 죄책을 지고 있을 수 있다는 것이다. "가장 흉악한 죄는 말씀을 받아들이지 않는 죄다."[13] 자기 성품이나 행실을 개선하려고 제아무리 애를 써도 제1계명을 거스르는 근본적인 죄는 해결할 수 없다. 사실 그런 모든 시도는, 하나님처럼 내가 나 자신을 위해 의와 영생을 산출해 낼 수 있다는 교만한 전제로 오히려 죄를 더 복잡하게 만들 뿐이다.

하나님을 멸시하는 행위로 하나님의 약속을 믿지 않는 것보다 더 심각한 게 어디 있는가? 하나님의 약속을 믿지 않는 건 하나님을 거짓 말쟁이로 여기거나 하나님이 진실하신 분임을 의심하는 것 아니고 무언가? 다시 말해, 진실함은 자기 것으로 삼고 거짓과 헛됨은 하나님께로 돌리는 것 아닌가? 이런 사람은 하나님을 부인하고 마음속에 자기 자신을 우상으로 세우는 것 아닌가?[14]

종교개혁 편에 섰던 사람이라고 해서 이 문제와 관련해 다 루터처럼 명확한 입장이었던 것은 아니다. 취리히의 개혁자 울리히 츠빙글리는 당대의 문제점으로 우상숭배에 초점을 맞추었다. 사람들은 하나님이 아니라 성물과 성인을 믿었다. 그러나 루터가 보기에 우상숭배는 사람들이 제1계명을 지키지 못하고 그 결과 제2계명까지 지키지 못한 데 따른 논리적 귀결이었다. 사람들이 우상으로 향하는 이유는 이미 하나님에게서 돌아선 그들 마음속에서 찾을 수 있었다. 우상숭배 죄를 저지르기 전에 이미 사람들은 하나님을 멸시하는 죄를 짓고 있었다. 우상숭배, 이웃을 멸시하는 행위, 하나님의 은혜를 잊는 것은 근원적 질환의 증상일 뿐이었다.

미운 오리 새끼

종교개혁이 죄에 대해 "심원한" 인식을 보이는 모습은 미운 오리 새끼 이야기를 닮았다. 처음에는 밉고 성가시지만, 여기에는 은밀한 희망이 담겨 있다. 종교개혁의 죄 인식이 희망의 교리인 것은, 이 인식이 없으면 그리스도는 구원에 이르게 하는 영광을 강탈당하고 복음도 그 경이를 잃기 때문이다. 죄가 그다지 큰 문제가 아니라면, 그리스도께서 구주이실 필요도 없고 우리가 그렇게 큰 은혜를 필요로 할 이유도 없다.

내가 너무 심각한 곤경에 빠져 있어 내 스스로 이 곤경을 해결하고 그리스도 안에 있는 참 자유를 찾을 수 없다는 사실을 깨달을 때, 오직 그때에라야 나는 나 자신을 의지하지 않고 그리스도를 믿고 의지하게 된다. 오직 그때에라야 나는 나 자신의 노력에 절망하고 나의 외부에서 소망을 찾게 된다. 이것이 바로 우리가 복음서에서 보는 내용이다. 해묵은 빚쟁이를 가장 사랑하는 사람은 큰 빚을 탕감받은 사람이다(눅 7:40-43). 크게 기뻐 눈물 흘리며 자기 가진 것을 다 내놓고 예수를 사랑하는 사람은 죄 사함 받은 창기와 세리다. 그러나 바리새인, 자기 자신 안에 뭔가 믿고 의지할 만한 게 있다고 여기는 사람들은 그런 자유와 변화를 도무지 알지 못한다.

역사적으로 볼 때도 교회 개혁과 부흥 시대에는 늘 죄에 대한 철저한 인식이 있었다는 게 특징이다. 개혁자들의 입에서 항상 죄 이야기가 나왔던 것처럼 대각성 시대 설교자들, 예를 들어 조지 윗필드나 조나단 에드워즈 같은 사람들의 입에도 늘 죄 이야기가 오르내렸다. 이들은 사회 개량이나 더 높은 도덕성에 대한 요구가 비록 바람직하기는 해도 인간 조건의 심연을 건드릴 수는 없다는 것을 알고 있었다. 속속들이 부패한 우리는 스스로의 힘으로는 자기 문제를 해결할 수 없다. 우리 마음이 새로워져야 하는데, 이 일은 오로지 복음이 설교되고 하나님의 영광이 밝히 드러나야만 이루어질 수 있다.

종교개혁의 철저한 죄 인식은 우리 죄인들이 **왜** 오로지 하나님의 은혜에만 우리 자신을 던져야 하는지 그 이유를 설명해 준다.

3 ―
죄

돌베개

4

종교개혁 몇 년 전, 당시 수도사 신분이었던 마르틴 루터는 비텐베르크 대학에서 성경을 강의하기 시작했다. 강의 때 루터는 구원이 은혜로 이루어진다고 학생들에게 가르쳤다. "우리의 공로 덕분이 아닙니다." 루터는 구원이 "믿을 만한 분이신 하나님의 순전한 자비에서 주어진다"고 설명했다.[1] 하지만 아무런 경보도 울리지 않았다. 로마의 종교재판관들도 눈썹 하나 까닥하지 않았다. 왜일까? 수도사 마르틴 루터가 당시만 해도 로마 고유의 신학을 지지하고 있었기 때문이다. 루터는 중세 로마 가톨릭의 표준 교리, 즉 구원은 **은혜**로 말미암는다는 교리를 충실하게 가르치고 있었다.

로마 사람들은 눈썹 하나 까닥하지 않았을지 모르지만, 여러분이 그때 그곳에 있었다면 아마 고개를 갸우뚱했을 것이다. 중세 로마 가톨릭이 구원은 행위로 이루어진다고 잘못 가르쳤다는 것이 종교개혁의 요점 아니었나? 많은 사람들이 분명 그렇게 보고 있다. 하지만 이는 사실 당시 실제 상황을 파악하지 못한 개념이다. 더 중요한 사실은, 이 개념이 개혁자들이 전하는 메시지가 어떤 면에서 진짜 경이롭고 빈틈없는지를 파악하지 못하고 있다는 점이다.

중세 로마 가톨릭과 은혜

그렇다면 (종교개혁 전에) 수도사 루터는 은혜에 의한 구원을 어떤 의미로 가르친 것인가? 루터는 구원이 "우리의 공로가 아니라 자비로운 하나님의 순전한 약속에 토대를 두고 있다"고 말할 수 있었을 것이다. 이는 정말 종교개혁에 부합되는 말로 들린다. 루터가 아래와 같이 설명하기 전까지는 말이다.

> 성경 교사들은 **자기 안에 있는 걸 행하는 사람에게** 하나님께서 틀림없이 은혜를 주신다고 올바로 가르친다.……[하나님께서는] 모든 것을 거저 주시되 자신의 자비에 대한 약속에 근거해서만 주신다. 우리가 우리 안에 이 약속을 품고 있을 뿐만 아니라 이 약속에 대해 마음의 준비를 하고 있기를 바라시긴 하지만 말이다.[2]

그리고 이에 따라 하나님께서는 은혜로써 구원하시지만, 그 은혜는 "준비를 하고 있는" 사람, "자기 안에 있는 걸" 행하여 은혜 받기에 합당한 상태가 된 사람에게 주어진다. 당대의 다른 사람들("교사들")이 즐겨 썼던 표현을 빌리자면, "하나님은 최선을 다하는 사람에게는 은혜를 안 주실 리가 없다."

로마서 5:5이 아마 이런 식의 '은혜에 의한 구원' 개념을 이해하는 데 가장 도움이 되는 유일한 성경구절일 것이다. "우리에게 주신 성령으로 말미암아 하나님의 사랑이 우리 마음에 부은 바 됨이니"라고 바울은 말한다. 로마서 5:5은 "믿음으로 의롭다 하심을 받"은 사람 안에서 성령께서 행하시는 변화의 사역에 관한 말씀으로 읽히기보다, 위의 정황이 입증하다시피 구원을 설명하는 말, 하나님께서 우리 마음에 자기 사랑과 은혜를 부어 주사 우리를 변화시키고 우리를 거룩하게, 궁극적으로 천국에 이를 수 있을 만큼 거룩하게 만드신다는 의미로 읽히고 있다.

이 신학에 따를 때 우리의 문제는, 하나님은 거룩하신 반면 우리는 영적으로 게으르다는 점이다. 거룩한 사람만이 천국에서 거룩하신 하나님과 함께 있을 수 있는데, 우리는 자신의 문제가 뭔지 깨달을 수는 있지만 사실은 그 문제 때문에 골치를 썩을 형편도 못 된다. 우리는 참으로 거룩해지는 데 필요한 에너지를 불러 모을 능력이 없는 것 같다. 그래서 하나님께서 친절하게도 우리에게 **은혜**를 주신다. 앞에서 살펴봤다시피, 그래서 은혜는 영적 의미의 에너지 음료와 비슷하다. 나는 스스로의 힘으로는 정신을 차리고 거룩해질 수가 없음을 깨닫는다. 그러자 하나님께서 나에게 은혜를 주시고, 이에 나는 돌연 훨씬 더 열렬해지고 유능해지는 것이다.

당시에는 **이것이** 은혜에 의한 구원 신학이었다. 이 은혜가 없으면 우리는 천국에 속해 있다고 하는 그런 부류의 거룩한 사람이 결코 될 수 없었다. 하지만 이는 절대적 의미에서 '**오직** 은혜에 의한 구원' 신학이 **아니었다.** 여기서 은혜는 사람이 영생을 획득하는 데 필요하다고 이 신학이 상정하는 필수 추진동력을 제공했다. 하지만 이 은혜는 사실 영생 자체를 주거나 보장하지 않았다. 은혜라는 에너지 음료는 그 음료를 원하고 추구하는 사람에게 주어질 터였고, 이 음료를 마시고 사람들이 힘을 얻어 거룩하게 되고 그리하여 구원을 얻을 수 있는 한에서만 사람을 구원할 터였다.

이는 전적으로 16세기 로마 가톨릭의 신학일지 모르나, 21세기 개신교도와 복음주의자들에게도 그리 낯설게 느껴지지 않는다. 통상 '은혜'는 오늘날에도 여전히 하나님께서 베풀어 주시는 복의 보따리로 여겨진다. 사소한 세부 사항들은 예외로 하고 '은혜' 하면 떠오르는 이 그림은 구원에 대한 일반적이고 본능적인 견해를 아주 잘 포착하고 있다. 즉 우리는 하나님께서 은혜로써 구원하신다고 알고는 있지만, 그러면서도 여전히 자기 자신과 자기 행위에 기대어 하나님 앞에 서는 법을 알려고 한다. 우리의 기도 생활이 흔히 이 사실을 고통스럽게 드러내 보인다. 그리스도인이 날마다 전능자 앞에 나아가 "우리 아버지여"라고 담대하게 외칠 수 있음은 **다 예수 덕분**이다. 히브리서에서도 볼 수 있다시피 "그러므로 우리에게 큰 대제사장이 계시니 승천하신 이 곧 하나님의 아들 예수시라.……그러므로 우리는……은혜의 보좌 앞에 담대히 나아갈 것"이다(히 4:14-16). 하지만 실제의 우리는 자기 죄와 실책 때문에 자꾸 몸을 움츠리며 뒷걸음질 친다. 예수의 구원을 도외시한 채 **내 행동 태도 때문에** 나는 거룩하신 분 앞에 나아갈 수 없다고 여긴다.

이런 자기 의존 신학의 쓸쓸한 찌끼를 맛본 루터는 이렇게 말했다.

맞다. 나는 훌륭한 수도사였고, 수도원 계율을 통해 천국에 갈 수 있는 수도사가 있다면 내가 바로 그 사람이라고 말할 수 있을 정도로 모든 규칙을 엄격하게 지켰다. 나를 아는 수도원 동료들이라면 누구나 다 이 사실을 입증해 줄 것이다. 철야, 기도, 독서, 기타 일들을 얼마나 열심히 했던지 수도원 생활이 좀 더 길었더라면 나는 아마 순교하고 말았을 것이다.……그런데도 내 양심은 좀처럼 나에게 확신을 주려 하지 않았고, 나는 늘 의심하며 나 자신에게 말했다. "그거 제대로 못했잖아. 넌 충분히 통회하지 않았어. 고해할 때 그건 빼먹었잖아." 확신 없고 연약하며 번민에 휩싸인 양심을 수습하려고 애를 쓰면 쓸수록, 날마다 나는 양심이 더 확신도 없고 더 연약하며 더 번민에 휩싸인다는 사실을 깨달았다.[3]

종교개혁과 은혜

'오직 은혜로만 구원'이라는 루터의 종교개혁 메시지는 종교개혁 전에 은혜에 의한 구원에 관해 그가 가르친 내용과 비교해 볼 때 크게 다른 점이 없어 보일 수도 있다. 루터는 다음과 같은 식으로 이야기를 시작했었다. "많이 행하는 자가 의로운 게 아니라 행함이 없이 그리스도를 많이 믿는 자가 의롭다."[4] 여기서 은혜는 하나님께서 우리의 의로운 행동에 근거해 뭔가를 이루신다는 말도 아니고 도우신다는 말도 아니다. 하나님은 **"경건하지 아니한 자를 의롭다 하시는"**(롬 4:5) 분이지 자기 힘으로 경건하게 되려고 이러저러하게 애쓰는 자를 그저 알아보시고 상 주시는 분이 아니라는 것을 루터는 깨닫기 시작했다. 하나님은 우리가 터를 쌓아야 그 위에 무엇을 세우시는 분이 아니다. 하나님은 **무**에서 생명을 창조하신다. 이는 루터가 하나님께서 도우실 것을 기대하고 궁극적으로 자기 자신을 의지한 게 아니라 그리스도, 곧 자신 안에서 모든 의를 이루신 분께 **전적으로** 의지하는 쪽으로 돌아서고 있었다는 뜻이다. "율법은 '이 일을 행하라'고 하지만 이 일은 절대 이루어지지 않는다. 은혜는 '이것을 믿으라'고 하며, **모든 것이 이미 이루어져 있다.**"[5]

여기서 루터는 도저히 사실로 믿을 수 없을 만큼 반가운 메시지를 발견했다. 실패를 거듭한 사람에게는 정말 좋은 소식, 곧 의로운 자가 아니라 죄인을 부르러 오신 하나님에 관한 소식이었다(마 9:13). 오늘날에는 하나님의 은총을 얻으려 얼어붙을 듯한 추위에 거친 마모직 셔츠 바람으로 밤새워 기도하는 사람이 많지 않다. 그러나 우리 영혼 깊은 곳에는 하나님과 사람들에게 더 매력적으로 보이면(매력적으로 보일 때만) 더 많이 사랑받게 **될 것**이라는 가정이 자리 잡고 있다. 루터는 그 가정에 들이대고 말한다. 어둑어둑한 곳 한가운데 전혀 예기지 않았던 햇살처럼 찬란히 내리꽂히는 말을.

> 하나님의 사랑은 그 사랑이 좋아하는 것을 찾아내는 게 아니라 창조해 낸다.……하나님의 사랑은 그 사랑에게 좋은 것을 구하기보다 좋은 것을 흘러넘치게 하여 쏟아붓는다. 그러므로 죄인은 사랑받기 때문에 매력적이지 매력적이기 때문에 사랑받는 게 아니다.[6]

종교개혁 사상에서 은혜는 이제 영적 의미의 에너지 음료 한 캔으로 취급받지 않았다. 은혜는 에너지 음료보다 결혼하고 더 비슷했다. 실제로 루터가 종교개혁에서 자신이 발견한 내용을 세상에 자세히 설명하고자 했을 때, 그가 했던 말의 얼개를 이룬 게 바로 결혼식 스토리였다. 루터는 아가서에서 두 연인의 로맨스(특히 2:16, "내 사랑하는 자는 내게 속하였고 나는 그에게 속하였도다")를 끌어와, 복음을 "부유하고 거룩한 신랑 그리스도가 이 가난하고 악한 창기와 결혼하여, 그 여인을 그 모든 악에서 구속해 내고, 자기가 가진 온갖 좋은 것으로 치장해 주는" 이야기로 전달했다.[7] 결혼식에서는 왕이 자기 신부의 온갖 수치와 빚을 다 취하고, 창기는 자기 신랑의 모든 부와 왕족의 신분을 얻는 기적적 상호 교환이 벌어진다. 예수에게, 그리고 믿음으로 예수와 연합한 영혼에게 이 연합은 다음과 같이 작용한다.

> 그리스도는 은혜와 생명과 구원으로 충만하다. 그 영혼은 죄와 죽음과 저주로 충만하다. 이제 그리스도와 이 영혼 사이에 믿음이 들어오면, 죄와 죽음과 저주는 그리스도의 것이 되고 은혜와 생명과 구원은 그 영혼의 것이 된다. 그리스도가 신랑이실진대, 신부의 것은 자기가 취하고 자기 것은 신부에게 주어야 하기 때문이다. 자기 몸과 자기 존재 자체를 신부에게 준다면, 어떻게 자기 모든 소유까지 다 주지 않을 수 있겠는가? 그리고 신부의 몸을 취한다면, 어떻게 신부의 것이었던 모든 것을 다 취하지 않을 수 있겠는가?[8]

이 이야기에서 창기는 자기가 왕후가 되었다는 사실을 알게 된다. 이는 이 여인이 언제나 왕가의 여인답게 **처신한다**는 뜻이 아니라, 처신을 어떻게 하든 **신분**은 언제나 왕족이라는 의미다. 이 여인은 이제 왕후다. 신자도 마찬가지다. 신자는 여전히 죄인이고 그래서 계속 넘어지고 방황하지만, 그래도 신자는 왕가의 완벽한 신랑에게 속해 있다는 합법적 지위를 지닌다. 신자는 (하나님 앞에서의 신분상) 지극히 의로운 동시에 (행실상) 죄인이기도 하며, 죽을 때까지 그러할 것이다.

이는 신자가 하나님 앞에서 자기 행실이 의의 정밀한 척도가 되기를 바라는 건 한마디로 잘못된 생각이라는 뜻이다. 신자의 행실과 신자의 신분은 구별된다. 창기는 왕과 함께 살면서 왕의 사랑에 안도감을 느낌에 따라 점점 더 왕후답게 되어 갈 테지만, 왕후 그 이상의 존재는 될 수 없다. 마찬가지로, 신자는 시간이 흐르면서 점점 더 그리스도를 닮아 가겠지만, 절대 더 의로울 수는 없다. 이렇게, 자기 행실 때문이 아니라 그리스도 덕분에 신자는 절망을 박살내는 확신을 알 수 있게 된다.

신자의 죄는 이제 신자를 파멸시키지 못한다. 왜냐하면 그 죄짐이 이제 그리스도에게 지워져 그리스도께서 삼켜 버리셨기 때문이다. 그리고 신자는 남편이신 그리스도 안에서 그 의를 소유하고, 마치 자기 의인 것인 양 그 의를 자랑할 수 있으며, 죽음과 지옥 면전에서 자기 죄와 나란히 이 의를 자신 있게 드러내 보이며 이렇게 말할 수 있다. "내가 범죄했더라도 나의 그리스도 곧 내가 믿는 그분은 범죄하지 않으셨고, 그분의 것은 다 내 것이고 내 것은 다 그분의 것이다."[9]

루터는 그 후 평생 이 메시지를 신자의 마음에 거듭 재적용해야 할 좋은 소식으로 삼았다. 자기 경험에 근거해 루터는 우리가 본능적으로 자기를 의지하는 경향이 너무 심해, 은혜로 구원받는다는 사실에 기꺼이 동의하면서도 마음은 마치 무거운 돌처럼 죄의 중력에 끌려내려가 '오직 은혜'에 대한 믿음에서 멀어진다는 사실을 깨달았다. 그래서 루터는 친구에게 이렇게 조언했다.

사람들은 자기 덕행과 공로의 옷을 입고 하나님 앞에 설 수 있기 위해 스스로 선하게 행하려 애씁니다. 하지만 그건 불가능합니다. 그대도 우리들 중에서 이런 견해, 아니 오류를 주장하시는 분이지요. 저도 그런 입장이었고, **지금도 여전히 그 오류에 맞서 싸우고 있지만 아직 이를 이겨내지 못한 상태입니다.**

그러므로 친애하는 형제여, 십자가에 못 박히신 그리스도를 배우십시오. 자기 자신에게 절망하고 그리스도께 기도하는 법을, 예를 들어 이렇게 말하는 법을 배우십시오. "주 예수님, 주님은 저의 의(義)이시고 저는 주님의 죄입니다. 주님은 저의 것을 주님의 것으로 취하시고 주님의 것을 저에게 주셨습니다. 주님은 본디 주님 아닌 신분을 취하시고 원래 제가 아닌 신분을 제게 주셨습니다."[10]

은혜란 무엇인가?

로마 가톨릭에서 말하는 은혜에 의한 구원^{salvation by grace} 개념과 종교개혁이 말하는 오직 은혜에 의한 구원^{salvation by grace alone}이라는 메시지 사이에는 처음 생각하는 것보다 훨씬 큰 간극이 있다. ("오직"이라는) 짧은 단어 하나가 이 둘을 구별한다고 생각하면 이건 공연히 말 늘어놓기 좋아하는 신학자나 구별할 수 있는 차이라는 느낌이 들 수도 있다. 하지만 이 차이는 사실 우리가 어느 편에서 하나님 앞에서의 확신을 기대할 것인가 하는 문제보다 훨씬 더 많은 의미를 함축한다. 양측에서 쓰는 '은혜'라는 단어의 **의미** 자체가 아주 다르다.

로마 가톨릭에서는 은혜를 하나의 '물질', 에너지 음료 같은 어떤 힘이나 연료로 봤다. 가톨릭교도는 "은혜 **충만**한 마리아시여"라고, 마치 마리아가 영적 카페인을 공급해 주는 전선으로 연결되어 있기라도 한 양 기도하곤 한다. 이런 은혜 개념을 가장 명쾌하게 설명해 주는 예는 아마 (훗날 추기경이 된) 존 헨리 뉴먼^{John Henry Newman} 신부가 지은 찬송 「높은 곳에 계신 가장 거룩한 분께 찬양」^{Praise to the Holiest in the Height}일 텐데, 이런 은혜 개념만 아니었다면 이는 정말 훌륭한 찬송이었을 것이다.

> 높은 곳에 계신 가장 거룩한 분께 찬양
> 깊은 곳에 계신 분 찬양
> 그 모든 말씀이 심히 놀랍고
> 그 모든 길이 심히 안전하도다.

우리 하나님의 자애로운 지혜여!

모든 것이 죄와 수치일 때

싸워서 구원하시려

두 번째 아담이 오시네.

가장 지혜로운 사랑이여! 그 살과 피

아담은 실패했으니

원수에 맞서 다시 겨루고

겨뤄서 이겨야 했도다.

은혜보다 더 고귀한 그 선물

살과 피가 다듬어야 했으니

하나님의 임재와 하나님의 존재 자체

그리고 모든 거룩한 본질을.

　뉴먼이 생각하기에 "하나님의 임재와 하나님의 존재 자체"는 "은혜"와는 **다른** 무언가이다. 은혜는 선물이지만, 하나님의 임재는 "은혜보다 **더 고귀한** 선물"인 것이다.

　그 은혜는 루터와 루터의 동료 개혁자들이 생각했던 은혜와 전혀 닮은 점이 없다. 루터를 비롯한 개혁자들에게 은혜는 '물질'이 아니었다. 은혜는 하나님의 인격적 애정으로, 하나님은 이 애정으로 우리에게 단순히 능력을 주시기만 하는 게 아니라 실제로 우리를

구원하시기도 하고(뉴먼의 생각과 대조되는 점을 주목하라) **자기 자신**
을 값없이 우리에게 주시기도 한다. 아니, 좀 더 정확하게 말해, 은
혜 같은 '물질'은 없다. 오직 그리스도만, 하나님께서 우리에게 값없
이 주시는 복인 그리스도만 있을 뿐이다. 상황이 이러하기에 루터는
은혜에 대해 관념적으로 많은 말을 하기보다는 그리스도에 대해 말
하는 편을 더 좋아했다. 예를 들면 다음과 같다.

> 그러므로 믿음이 우리를 의롭다 함은 믿음이 이 보화 곧 임재하시는
> 그리스도를 붙잡고 소유하기 때문이다.……믿음에 의해 붙잡히신 분
> 이요 마음속에 거하는 분인 이 그리스도야말로 참 그리스도인의 의義
> 요, 이 의에 근거해 하나님은 우리를 의롭다 여기시고 우리에게 영생
> 을 주신다.[11]

다시 말해, 우리가 복음 안에서 받는 은혜와 의는 다름 아니라
그리스도 그 자체다. "그리스도는……거룩한 능력, 의, 복, 은혜, 생
명이다."[12] 그렇다면 뉴먼의 노래 가사를 루터의 노래 가사와 비교
해 보라.

> 사랑하는 그리스도인들 모두 하나되어 기뻐하네.
> 솟아나는 환희로
> 한 마음 한 목소리로
> 거룩한 기쁨 노래하며.

하나님 이루신 놀라운 일

그의 오른팔이 어떻게 승리하셨는지

우리를 속량하시려 얼마나 큰 값 치르셨는지 선포하네!

나에게 그[그리스도]가 말씀하셨지.

"나에게 단단히 매달리라. 나는 너의 반석이요 성이라.

나로 값 치르고 너를 속량하리라.

너를 위해 내가 싸우고 씨름하니

나는 너의 것이고 너는 나의 것이라.

내가 있는 곳에 너도 머물리니

원수는 우리를 갈라놓지 못하리."

루터가 생각하기에 하나님은 자기 자신 아닌 다른 어떤 것을 주시지 않는다. 그 자비 가운데 하나님은 성령으로써 우리를 자기 아들에게 연합시키셔서 우리가 그 아들의 생명과 의를 함께 나눌 수 있게 하신다. 그리스도는 우리를 능력 있게 하는 어떤 복을 건네주시는 게 아니라 **자기 자신**이 우리의 소유가 되시며, 그리하여 우리가 그리스도의 것을 전적으로 우리 것으로 주장할 수 있게 하신다.

오직 은혜 아래 살기

오직 은혜 아래 살면 무엇이 달라지는가? 분명한 건, 누구든 자기가 행동을 잘 해서가 아니라 예수 덕분에 하나님께 받아들여지고 하나님의 사랑을 받는다는 것을 알 수 있는 사람은 예수만큼 확고한 자신감을 가질 수 있다는 점이다. 예수 안에서 이 사람은 예수처럼 "어제나 오늘이나 영원토록 동일"(히 13:8)한 최고의 의를 소유한다.

그런데 이렇게 되면 사람들이 **너무** 자신만만해질 수 있지 않을까? 가방에 천국을 확보해 놓고는 "은혜를 더하게 하려고 죄에 거"(롬 6:1)할 수 있다고 여기지 않겠는가? 나는 죄 짓기 좋아하지만 하나님은 용서해 주시기를 좋아한다고 주장하지는 않을까? 그것이 바로 개혁자들의 메시지를 듣고 많은 로마 가톨릭교도가 궁금히 여기던 부분이었다. 그 후 지금까지, 이런 위험을 감지한 이들은 단지 로마 가톨릭교도뿐만이 아니었다. 20세기 들어, 너무도 쉽게 히틀러에게 무릎 꿇어 버린 국민들과 교회 한가운데서 루터교 목사 디트리히 본회퍼Dietrich Bonhoeffer는 은혜를 대하는 잘못된 태도도 이런 현상에 일부 책임이 있다고 여겼다. 제2차 세계대전이 발발하기 직전 본회퍼는 자신이 일컫는 "값싼 은혜"가 이렇게 도덕적으로 줏대 없는 현상을 허용했다고 통렬하게 비난하는 글을 썼다.

값싼 은혜란 죄인을 의롭다 하는 것이 아니라 죄를 의롭다 한다는 의미다. 은혜가 모든 것을 다 알아서 해준다고 이들은 말한다. 그래서 무엇이든 전과 다름없이 다 할 수 있다고 한다. "죄 때문에 어차피 우리의 행위는 쓸데없다"는 것이다. 세상은 전과 똑같이 돌아가고 있고, 루터가 말했다시피 "아무리 최선의 삶을 살아도" 우리는 여전히 죄인에 지나지 않는다. 그러니 그리스도인이여, 세상 사람들과 똑같이 살고, 삶의 모든 영역에서 세상의 기준을 모범으로 삼고, 이제 은혜 아래 있으므로 죄 아래 있던 과거와는 다른 삶을 살고 싶다고 주제넘게 소원하지 말기 바란다.……값싼 은혜는 회개에 대한 요구 없이 용서를 말하는 설교다……값싼 은혜는 제자도 없는 은혜, 십자가 없는 은혜, 살아 계시며 성육신하신 **예수 그리스도 없는 은혜**다.[13]

"예수 그리스도 없는 은혜"라는 문구가 사실상 위의 글의 핵심이다. "예수 그리스도 없는 은혜", 바로 그것에 개혁자들은 도리질을 치고 있었다. 오직 은혜라는 개혁자들의 메시지는 '물질' 혹은 영적 연료로서의 은혜를 더 많이 제시하는 게 아니었다. 이들이 제시하는 건 바로 그리스도였다. 다시 말해, 오직 **은혜**에 의한 구원은 오직 **그리스도**에 의한 구원을 달리 표현한 말일 뿐이다. "그리스도를 믿는 믿음을 통해 그리스도의 의가 우리의 의가 되며 그리스도가 가진 모든 것이 우리의 것이 된다. 아니, **그보다 그리스도 자체가 우리의 것이 된다**"고 루터는 말했다.[14] 바로 이 사실 때문에 오직 은혜라는 메시지와 값싼 은혜 사이에는 하늘과 땅만큼 차이가 생긴다.

루터가 결혼을 예로 들어 설명했다시피, 오직 은혜에 의한 구원은 신랑이 신부와 연합하듯 신자가 그리스도와 연합한다는 이야기다. 이 이야기에서 창기는 남편에게서 왕족 신분을 받지만, 이것만으로는 이 결혼의 **요점** 혹은 **의도**를 알 수 없다. 결혼은 원래 그리스도와 교회 간의 이상적 결혼(엡 5:31-32)을 가리키는 것으로 제정되었다. 이상적 결혼에서는 한 남자와 한 여자가 **서로**를 얻기 위해 하나로 합친다. 마찬가지로, 신자는 **그리스도**를 얻기 위해 그리스도를 믿고 의지하며 그리스도와 연합한다. 천국에 가거나 의와 생명을 얻거나 그 외 다른 복을 얻는 게 첫 번째가 아니라 그리스도를 얻는 게 먼저이고, 그런 후에야 그리스도 안에서 이와 같은 다른 모든 복들을 누릴 수 있다. 바울을 생각해 보자. 그는 오직 은혜에 의한 구원에 관해 아주 단호하게 말했다. 빌립보 교인들에게 보내는 편지에서 바울은 세상을 떠나 "천국에" 있는 게 아니라 "그리스도와 함께"(빌 1:23) 있는 게 소원이라고 선언했다. 바울에게는 그리스도야말로 천국의 가장 큰 매력이었다.

이 모든 말은 우리를 거룩하게 하시는 그리스도를 영접하지 않고서는 그 누구도 우리를 의롭다 여기시는 그리스도를 참으로 영접할 수 없다는 의미다. 신자들이 오직 믿음으로써만 값없이 받는 영생은 곧 성령의 생명으로, 성령은 우리가 늘 더 거룩해지고 더욱 그리스도를 닮을 수 있도록 우리를 변화시키신다(고후 3:18). 이는 거룩한 삶이 복음에서 될수록 감춰져야 할 어색하고 불리한 조건, 오직 은혜라는 좋은 소식 뒤에 숨어 있는 함정이 아니라는 뜻이다. 거룩한 삶은 그 자체가 놀랍도록 좋은 소식이다. 이 복음을 통해 하나님께서는 장차 있을 끔찍한 죄의 형벌에서 우리를 해방시키실 뿐만 아니라, 지금 우리를 속박하는 그 죄의 권세에서도 우리를 자유롭게 해주신다. 오직 은혜는 가장 설득력 있는 해방의 메시지다. 지옥에서의 완전한 해방, 심지어 유독하지만 중독성 있는 지옥의 그 맛에서도 점차 해방된다. 그래서 바울은 이렇게 말할 수 있었다.

모든 사람에게 구원을 주시는 **하나님의 은혜가 나타나 우리를 양육하시되** 경건하지 않은 것과 이 세상 정욕을 다 버리고 신중함과 의로움과 경건함으로 이 세상에 살고 복스러운 소망과 우리의 크신 하나님 구주 예수 그리스도의 영광이 나타나심을 기다리게 하셨으니 **그가 우리를 대신하여 자신을 주심은 모든 불법에서 우리를 속량하시고** 우리를 깨끗하게 하사 선한 일을 열심히 하는 자기 백성이 되게 하려 하심이라(딛 2:11-14).

참된 은혜는 결코 "예수 그리스도 없는 은혜"가 아니기 때문에 바울은 아무런 지적 갈등 없이 '값없는 구원'을 '선한 일' 바로 옆에 놓을 수 있다.

너희는 그 은혜에 의하여 믿음으로 말미암아 구원을 받았으니 이것은 너희에게서 난 것이 아니요 하나님의 선물이라. 행위에서 난 것이 아니니 이는 누구든지 자랑하지 못하게 함이라. 우리는 그가 만드신 바라. 그리스도 예수 안에서 선한 일을 **위하여** 지으심을 받은 자니 이 일은 하나님이 전에 예비하사 우리로 그 가운데서 행하게 하려 하심이니라(엡 2:8-10).

여기에는 아무런 어려움이 없다. 왜냐하면 이것이 바로 유일한 참 생명이요, 신자는 이 생명을 위해 값없이 구원받기 때문이다. 죄의 포로 상태에서 해방되어, 하나님을 알고 하나님의 선하고 거룩한 생명을 함께 나누기 위해서 말이다.

나를 얽매던 사슬이 풀리다

수 세기에 걸쳐 지속적으로 전해 내려오는 한 가지 증언이 있다. 하나님께서 오직 은혜로만 구원하신다는 사실을 받아들이는 사람은 이 메시지가 말로 다 할 수 없을 만큼 감미로운 해방의 메시지라는 사실을 알게 된다는 것이다. 마르틴 루터는 이 사실을 깨닫고 나서 이렇게 말했다. "완전히 새로 태어나, 활짝 열린 문을 통해 낙원으로 들어간 기분이었다."[15] 몇 년 후 잉글랜드에서는 윌리엄 틴들이 이 메시지를 일컬어 "유쾌하고 기쁘고 즐거운 소식으로, 사람의 마음을 기쁘게 하고 기쁨으로 노래하고 춤추며 뛰게 만든다"고 했다.[16]

이 메시지에 대한 두 가지 반응은 거의 한 세기의 시차가 있음에도 본질상 의미는 거의 동일한 것으로 드러난다. 첫 번째는 『천로역정』*The Pilgrim's Progress*을 쓴 17세기 작가 존 번연John Bunyan의 반응이다. 자신의 의는 자기 자신이 아니라 그리스도 안에서만 찾을 수 있다는 사실을 알게 된 뒤 번연은 이렇게 외쳤다. **"이제 내 다리에서 사슬이 풀렸으니, 나는 고통에서, 차꼬에서 풀려났도다."**[17] 두 번째는 18세기 찬송가 작가 찰스 웨슬리의 반응이다. 유명한 찬송 「어찌 날 위함이온지」*And Can It Be?*에서 웨슬리는 "다만 크고 값없는 자비일 뿐"인 구원을 발견한 경험에 대해 말한다.

갇힌 내 영혼, 오래 누워 있었네.

죄와 본성의 밤에 단단히 묶인 채
주님의 눈이 날 소성케 하는 광선을 비추시니
내가 잠깨었도다. 빛으로 타오르는 어둔 굴에서
나를 묶었던 사슬 풀리고, 내 마음 자유로워져
나 일어나 나가 주님을 따랐네.

이제 나 어떤 정죄도 두렵지 않으니
예수와 예수 안에 있는 모든 것이 다 내 것이라.
그 안에서, 살아 계신 내 머리 안에서 살며
거룩한 의로 옷 입고
담대히 영원한 보좌로 나아가
나의 주 그리스도로 말미암아 면류관 쓰네.

번연과 웨슬리 두 사람 모두에게 오직 은혜라는 메시지는 한 마디로 감옥 탈출이었다.

오늘날에도 다르지 않다. **오직** 은혜라는 개혁자들의 끈질긴 주장은 까다로운 신학자들의 유감스런 말다툼 정도로 거북하게 보아 넘겨야 할 역사책의 유물이 아니다. 이 주장은 오늘날에도 여전히 궁극적 해방의 유일한 메시지로, 사람이 기를 펴고 날아올라 거리낌 없이 활동하게 만드는 가장 강력한 힘을 지닌 메시지로 남아 있다. 자기가 실패자임을 아는 이들이 오직 은혜로써만 알 수 있는 게 있으니, 이들은 하나님께서 나를 영적으로 능력 있게 하사 더 훌륭하게 행동할 수 있도록 도우신다는 사실을 알게 될 뿐만 아니라, 그리스도 안에서 완전히 새롭고 의기양양한 정체성을 발견하게 된다. 이들은 확신을 알 수 있고, 죄책이 제거되었음을 알 수 있으며, 나를 돌보시는 아버지와의 달콤하고 친밀한 교제를 알 수 있다. 또한 찰스 웨슬리가 말한 것처럼, 이런 경험을 한 사람들은 모든 은혜와 모든 선의 원천이신 분을 따르고자 하는 진정어린 소원이 마음속에서 커져가는 것을 느끼기 시작한다. 한때 이들이 거룩을 시도한 것은 영생을 얻고자 하는 간절한 열망 때문이었을지 모르나, 이제 이들이 거룩해지고자 하는 건 이들 마음이 변화하여 그리스도를 바라고 그리스도의 인자와 선하심과 너그러움 그리고 그리스도의 모든 거룩한 길 그 아름다움을 보고자 하기 때문이다.

5

십자가 신학

무엇이 참인지 어떻게 알 수 있는가

마르틴 루터가 가톨릭교회에 이의를 제기하고 있다는 소식이 퍼지기 시작하자 엄청난 소동이 벌어졌다. 교황 레오 10세^{Leo X}는 루터가 징계받기를 바라고 아우구스티누스회에 이 일을 맡겼다. 왜냐하면 이 무렵 루터는 여전히 아우구스티누스회 수도사 신분이었기 때문이다. 루터를 징계하는 임무는 루터의 스승 요한 폰 스타우피츠 Johann von Staupitz에게 떨어졌다. 하지만 스타우피츠는 루터에게 벌을 내리는 게 아니라 아우구스티누스회 토론 모임에 루터를 초청해 그의 사상을 소개하게 했다.

모임은 1518년 4월 26일 하이델베르크에서 있었다. 루터는 이른바 하이델베르크 논쟁 Heidelberg Disputation이라고 하는 이 모임을 위해 42개조 논제를 작성했다. 그중 신학에 관한 논제는 28개였는데, 루터는 본질상 중세 신학을 공격하는 것이었으므로 14개조 논제를 추가로 작성하여 아리스토텔레스의 스콜라적 해석을 공격했다. 42개조 논제에다 루터의 해설 기록까지 있으므로 각 논제는 거기 딸린

일련의 주석까지 갖춘 셈이다.[1]

19. 보이지 않는 하나님의 일을 창조된 일을 근거로 해석하고자 하는 자는 신학자라 부를 만한 가치가 없다.

이는 사도 바울이 로마서 1:22에서 어리석다고 표현한……그 신학자들의 주장을 보면 명확히 알 수 있다. "스스로 지혜 있다 하나 어리석게 되어."

20. 하지만 하나님의 가시적인 뒷모습[출 33:23을 빗댄 것]이 [고난과] 십자가를 뜻한다고 이해하는 사람은 신학자로 부를 만한 가치가 있다.

하나님은 오히려 고난을 통해 사람들에게 알려지기로 결정하셨다. 하나님은 보이지 않는 일에 대해서 보이는 일에서 얻는 지혜를 근거로 얻고자 하는 그런 류의 지식을 정죄하고자 하셨다. 이리하여 하나님께서 하신 일을 통해 알려진 대로 하나님을 예배하지 않는 자는, 하나님의 고난 뒤에 감춰진 하나님을 예배하는 것일지 모른다. 그래서 고린도전서 1:21에서 하나님은 이렇게 말씀하신다. "하나님의 지혜에 있어서는 이 세상이 자기 지혜로 하나님을 알지 못하므로 하나님께서 전도의 미련한 것으로 믿는 자들을 구원하시기를 기뻐하셨도다." 이제부터는 십자가라는 비하와 수치 상태에 계신 하나님을 동시에 알지 못하는 한, 영광과 위엄 가운데 계신 하나님을 아는 것만으로는 절대 충분할 수 없을 것이다. 이런 식으로 하나님께서는 지혜로운 자의 지혜를 파하시고 분별 있는 자의 지식을 무無로 돌리신다. 이사야가 말하는 것처럼 "주는 스스로 숨어 계시는 하나님"이시다(사 45:15).

그런 까닭에 요한복음 14장에서 빌립이 영광의 신학 정신으로 "아버지를 우리에게 보여주옵소서"라고 청하자 그리스도께서는 즉각 빌립을 통렬하게 꾸짖으셨다. 그리스도는 하나님을 다른 어딘가에서 찾는 그 엉뚱하기 그지없는 생각을 거둬 가시고 빌립을 다시 그리스도에게 돌이켜 세우시고는 말씀하신다. "빌립아……나를 본 자는 아버지를 보았거늘." 그러므로 십자가에 못 박히신 그리스도 안에 참 신학과 하나님을 아는 지식이 있다. 그리스도께서는 또 이렇게도 말씀하신다. "나로 말미암지 않고는 아버지께로 올 자가 없느니라"(요 14:6).

21. 영광의 신학을 견지하는 이들은 나쁜 건 좋다 하고 좋은 건 나쁘다고 말한다. 십자가 신학을 말하는 이들은 저들을 아주 적절한 이름으로 일컫는다.

이는 사실 아주 명쾌하다. 그리스도를 알지 못하는 한 사람은 고난 속에 숨어 계신 하나님을 알지 못하기 때문이다. 그러므로 그런 사람은 고난보다 행위를 좋아하고, 십자가보다 영광을 좋아한다. 이 사람은 약함보다 능력을 좋아하고, 어리석음보다 지혜를 좋아한다.…… 이들은 사도 바울이 그리스도의 십자가의 원수라 부르는 자들이다. 분명 그렇다. 왜냐하면 저들은 십자가와 고난을 싫어하고, 공로와 그 공로에 따르는 영광은 좋아하기 때문이다. 따라서 저들은 십자가의 유익을 악하다 말하고, 공로의 해악은 좋다고 말한다. 하지만 앞에서 말했다시피 하나님은 고난에서, 그리고 십자가에서가 아니면 그 어디에서도 찾을 수 없다.……고난과 나쁜 경험에 모든 활기를 다 빼앗기고 망가진 뒤 나는 아무것도 아니고 내 공로는 내 것이 아니라 하나님의 것임을 깨우치지 않는 한, 사람이 자기의 선한 공로에 우쭐해하지 않기는 불가능하다.

22. 보이지 않는 하나님의 일을 인간이 알고 있는 선한 행위에서 보고자 하는 그런 부류의 지혜는 사람을 우쭐하게 만들 뿐이고, 눈멀고 완악하게 만든다.

이는 이미 이야기해 온 내용이다. 이 사람들은 십자가에 대해 아무것도 모르고 심지어 십자가를 미워하기까지 하기에, 필연적으로 그 반대 곧 지혜·영광·능력 등을 좋아한다.

지혜롭게 되고자 하는 이는 앞으로 나가 지혜를 구할 게 아니라 바보가 되어야 하고, 뒤로 가야 하며, 어리석음을 구해야 한다. 즉 능력 있고 유명한 사람이 되고자 하며 좋은 시간을 갖고자 하고 인생의 모든 선한 것을 누리고자 하는 이는, 오히려 권세·명성·향락·모든 것이 충만한 상태를 피하고 이러한 것들을 추구하지 말아야 한다. 이것이 우리가 말하는 지혜이며, 세상 사람들 눈에 어리석음으로 보이는 지혜다.

루터가 다루고 있는 질문이 바로 이것이다. 우리가 하나님을 어떻게 알 수 있느냐는 것이다. 창조 세계, 영적 체험, 기적 등 인간이

볼 수 있는 몇 가지 가시적인 일들이 있다. 그러나 루터는 이런 것들은 하나님을 드러내지 못한다고 말한다. 아니, 이런 일들은 하나님에 관해 뭔가를 드러내기는 하지만, 그건 사람을 우쭐하게 만드는 그런 종류의 지식이다. 그 결과 사람들은 결코 자기 자랑을 넘어 진짜 하나님을 아는 데 이르지 못한다. 이 지식은 "사람에게 충분하지 못하기도 하고 사람에게 유익하지도 않다"(20). 이런 사람들은 자기에게 지식이 있다고 생각하지만 사실은 그렇지 않다. 이 사람들은 바보다.

그렇다면 하나님은 우리가 알 수 없는 분인가? 눈에 보이는 것을 통해 하나님을 알 수 없다면, 과연 하나님을 알 수는 있는 것일까? 보이지 않는 것을 통해 하나님을 알려 몸부림치는 수밖에 없는 것일까? 이것이 그다지 희망적이지 않음은, 보이지 않는 것은 볼 수가 없기 때문이다! 루터는 이렇게 대답한다. 하나님은 이와 **반대되는** 원리를 통해 알 수 있다고. 하나님은 **감춰진** 방식으로 사람에게 알려진다. 하나님의 보이지 않는 속성은 고난과 십자가에서 드러난다. 수치에서 영광이 드러나고, 어리석음에서 지혜가 드러나며, 약함에서 능력이 드러나고, 패배에서 승리가 드러난다. 하나님은 십자가의 메시지를 통해 우리에게 알려진다.

그러므로 루터가 테올로지아 크루시스*theologia crucis* 곧 '십자가 신학'이라 일컫는 것은 십자가가 어떻게 우리를 구원하는가에 대한 이해가 아니다(물론 그 문제도 루터에게는 중요했다). 그보다 십자가 신학은 하나님을 아는 방식이다. 십자가 신학은 하나님을 아는 일이 십자가와 함께 시작된다고 주장한다. 그리고 이 출발점은 하나님에 대한, 그리고 하나님이 어떻게 인간에게 알려질 수 있는가에 대한 모든 개념을 완전히 전복시킨다.

십자가 신학은 의와 칭의에 대한 루터의 이해에서 비롯된다. 하나님께서 의인을 의롭다 하신다는 게 루터의 큰 깨달음이었다. 하나님은 불의한 자들을 의롭다 선언하신다. 루터는 만약 그게 사실이라면 인간의 의 개념으로는 결코 하나님의 의를 이해하는 데 이르지 못한다는 것을 깨달았다. 하나님의 의는 의와 반대되는 것에 나타난다. 즉 불의한 자를 의롭다 여기시는 것에서 나타난다. 알리스터 맥그래스는 이렇게 말한다.

> 루터가 "의에 대한 놀랍고도 새로운 정의"를 발견한 건 본질상 프로그램에 따른 것으로, 하나님의 다른 속성에도 적용될 수 있고······궁극적으로는 테올로지아 크루시스 곧 '십자가 신학'으로 귀결된다.
>
> ······루터가 보기에 '하나님의 의'는 십자가에 배타적으로 나타나며, 이는 계시가 어떤 형식을 취해야 하는가에 대한 인간의 편견과 기대에 상충되었다.[2]

하나님을 아는 지식을 가시적인 일(창조 세계, 영적 체험, 기적)에서 얻을 수 있다면, 이는 결국 교만으로 이어질 것이다. 우리가 창조 세계를 통해 하나님을 알게 된다고 가정해 보자. 우주 과학에 통달한 두뇌를 가진 이들이 아마 하나님을 가장 잘 아는 이가 될 것이다.

또는 영적 체험을 통해 하나님을 알게 된다고 해보자. 그러면 명상을 할 만한 시간 여유를 낼 수 있을 만큼 돈 많은 사람들이나 하나님을 알게 될 것이다. 사람들은 이렇게 말하게 될 것이다. "내가 하나님을 아는 건 머리가 좋아서, 경건이 뛰어나서, 도덕성이나 내 능력이 뛰어나서지." 이는 곧 교만으로 이어질 테고, 또 이 교만은 하나님의 영광과 은혜를 가릴 것이다.

하지만 하나님은 고난을 통해 자신을 알리기로 하셨고, 그래서 하나님은 자기 자신을 높이는 자들에게는 감춰져 안 보일 터였다. 이 부분에서 루터는 예수께서 마태복음 11:25-26에서 하셨던 말씀을 되풀이하고 있다. "천지의 주재이신 아버지여, 이것을 지혜롭고 슬기 있는 자들에게는 숨기시고 어린아이들에게는 나타내심을 감사하나이다. 옳소이다. 이렇게 된 것이 아버지의 뜻이니이다."

십자가 신학의 반대는 영광의 신학이다. 영광의 신학을 말하는 신학자들은 지혜·체험·기적을 추구하며, 고난은 나쁘다고 말한다. 그러나 십자가 신학을 말하는 신학자들은 고난을 통해 하나님이 계시된다며 고난을 가치 있게 여긴다. 하나님을 아는 지식은 인간의 지혜나 인간의 능력이나 인간의 업적을 통해 발견되지 않는다. 이 지식은 십자가라는 어리석음에서 발견된다.

십자가 사건 당시의 종교 지도자들은 영광의 신학자들과 비슷하다. 이들은 예수가 십자가에서 내려오는 그런 능력 있는 행위에서 하나님이 자기를 드러내실 것이라 생각한다(막 15:29-32). 그러나 믿음으로써 백부장은 예수가 고난당하고 버림받으시는 일을 통해 하나님이 드러나시는 것을 본다(막 15:39).

루터는 하나님의 '낯선 일' 곧 오푸스 알리에눔*opus alienum*—하나님의 본성에 맞지 않는 행위—에 대해 말하는데, 하나님은 이 행위로써 하나님께 '어울리는 일' 곧 오푸스 프로프리움*opus proprium*을 성취하신다. 때로 하나님은 우리를 깨부수기 위해 우리를 공격하기도 하신다. 이 사실에 비춰 볼 때, 고난은 하나님의 은혜로운 선물로 볼 수도 있다.

"모든 활기를 다 빼앗기고 망가진" 사람만이 하나님을 알 수 있다. 루터의 이 말은 흔히 '낮아짐'*humility*이 하나님을 알기 위한 전제조건이라는 말로 해석된다. 하지만 이 말은 사실 '욕을 당하는 것'*humiliation*을 말한다. 하나님 앞에서 수치를 당한 자만이 참으로 하나님을 알 수 있다. 달리 말해 루터는 하나님을 더 잘 알도록 길을 닦아 주는 어떤 특정 유형의 경건을 권하고 있는 게 아니다. 루터의 말은 하나님의 은혜로운 계시를 받아들이기 전에 먼저 우리가 자신의 한계에 이르러야 한다는 뜻이다. 루터는 신학을 공부하려는 사람들에게도 똑같은 조언을 했다.

> 바른 방식으로 신학 공부하는 법을 알기를 바랍니다. 저 자신도 이 방식을 실천해 왔습니다.……제가 말하는 방식은 거룩한 왕 다윗이 시편 119편에서 가르치고 있는 방식입니다.……이 시편에서 여러분은 세 가지 규칙을 보게 될 것입니다. 이 법칙은 이 시편 전편에 빈번히 등장하며, 내용은 다음과 같습니다. 오라티오*oratio*(기도), 메디타티

오^{meditatio}(묵상), 텐타티오^{tentatio}(시련)입니다.[3]

시련은 우리가 하나님에 관한 진리를 익히는 핵심 방법이다. 루터는 이 시편의 아래 구절을 염두에 두고 이 말을 했다.

고난당하기 전에는 내가 그릇 행하였더니
이제는 주의 말씀을 지키나이다(시 119:67).

고난당한 것이 내게 유익이라.
이로 말미암아 내가 주의 율례들을 배우게 되었나이다(시 119:71).

여호와여 내가 알거니와 주의 심판은 의로우시고
주께서 나를 괴롭게 하심은 성실하심 때문이니이다(시 119:75).

시련은 머리에 있는 지식을 가슴으로 옮겨 심어 주는 경우가 많다. 루터는 신학에서 철학이 지니는 가치에 회의적이었다. "신학은 하늘, 그렇다. 심지어 천국이다. 하지만 인간은 땅이고 인간의 사색은 연기에 불과하다."[4] 루터는 일부러 이성을 깎아내리지는 않았지만, 그러면서도 '이성'을 마귀의 매춘부, 짐승, 하나님의 원수라고 묘사했다.[5] 사실 루터는 인간 사회와 관련된 일에서는 이성을 귀하게 여겼다. 또한 이성을 성경 자료들을 정리하는 도구로서도 가치 있게 여겼다. 하지만 우리는 인간의 이성을 통해서는 하나님에 관한 진리를 발견할 수 없다. 이성은 오히려 우리가 길을 잃게 만든다. 십자가에 계시된 하나님은 인간의 기대와 상충되기 때문이다.

그보다 하나님의 부재 가운데서 하나님을 인식하고, 패배 중에 승리를 알아차리고, 수치 가운데서 영광을 알아차리기 위해서는 믿음이 요구된다. 하나님은 믿음으로써만 알 수 있다. 그리고 하나님을 아는 일은 믿음을 요구하기 때문에 이 일은 은혜의 행위다.

그래서 하나님은 당신께서 믿음을 주시는 자들에게만 알려질 수 있다. 구원은 오직 은혜로써만 이루어진다. 우리는 그 개념에 익숙하다. 하지만 하나님을 아는 지식에서도 마찬가지다. 믿음으로만, 은혜로써만 이루어지는 일은 구원뿐만이 아니다. 우리는 하나님을 아는 지식에 아무것도 기여하지 못한다. 모든 것을 다 하나님이 하신다. 우리가 하나님을 알게 되는 건 오직 은혜로 이루어지는 일이다. 내가 하나님을 아는 건 내가 다른 사람보다 똑똑해서도 아니고, 영적 안목이 더 뛰어나서도 아니고, 더 오랜 시간 깊이 생각을 했기 때문도 아니다. 내가 하나님을 아는 건 하나님께서 십자가의 메시지에서 은혜롭게 자기 자신을 계시하셨기 때문이다. 이는 은혜의 행위다. 하나님은 계시의 은혜로움을 보호하기 위해 숨겨진 방식으로 자기를 계시하신다.

그러므로 십자가는 인간이 지닌 모든 영광 개념을 전복시킨다. 우리가 선포하는 메시지, 십자가에 달리신 그리스도의 메시지는 세상의 눈으로 보기에 어리석음이자 약함이다. 이것이 바로 고린도전서에서 바울이 하는 말의 요점이다. 실제로 여러 면에서 루터의 십자가 신학은 고린도전서 1장을 확장·묵상한 내용으로 여겨질 때가 많다. 고린도전서 1:23-25을 보자.

> 우리는 십자가에 못 박힌 그리스도를 전하니 유대인에게는 거리끼는 것이요 이방인에게는 미련한 것이로되 오직 부르심을 받은 자들에게는 유대인이나 헬라인이나 그리스도는 하나님의 능력이요 하나님의 지혜니라. 하나님의 어리석음이 사람보다 지혜롭고 하나님의 약하심이 사람보다 강하니라.

십자가의 이 어리석고 약한 메시지가 십자가의 어리석고 연약한 공동체와 함께 간다.

> 그러나 하나님께서 세상의 미련한 것들을 택하사 지혜 있는 자들을 부끄럽게 하려 하시고 세상의 약한 것들을 택하사 강한 것들을 부끄럽게 하려 하시며 하나님께서 세상의 천한 것들과 멸시받는 것들과 없는 것들을 택하사 있는 것들을 폐하려 하시나니 이는 아무 육체도 하나님 앞에서 자랑하지 못하게 하려 하심이라(고전 1:27-29).

이렇게 십자가는 인간이 뽐낼 여지를 전혀 남기지 않는다. 우리의 유일한 자랑은 그리스도 예수, "하나님으로부터 나와서 우리에게 지혜와 의로움과 거룩함과 구원함이" 되신 분 안에 있다. 그러므로 "자랑하는 자는 주 안에서 자랑하라"(고전 1:30-31).

루터의 십자가 신학의 핵심 특징을 다음과 같이 요약해 보겠다.[6]

1. 십자가 신학은 **계시** 신학이다. 십자가 신학은 사색과 반대 입장이다. 창조 세계나 체험에 대한 사색을 통해 얻은 하나님 개념은 내용이 어떻든 십자가에서 계시된 하나님으로써 다 전복된다.

2. 십자가에서의 하나님 계시는 **숨겨진** 계시다. 이 계시는 간접적이다. 이는 계시이긴 하지만 하나님의 계시로 즉각 알아볼 수 없다.

3. 하나님의 계시는 그리스도의 십자가에서 볼 수 있다. 이 계시는 **인간의 행위나 이성**을 통해서는 찾아지지 **않는다**. 고난을 통한 계시는 인간의 이성이나 인간의 도덕을 통해 하나님을 알게 된다는 우리의 모든 주장을 다 박살낸다.

4. 그러므로 하나님은 오직 **믿음**으로써만 알 수 있다. 하나님은 오직 **믿음**으로써만 분별될 수 있다.

5. 하나님은 특히 **고난**을 통해 알려진다. 이는 단지 하나님이 고난을 통해서만 알려진다는 말이 아니라, 하나님께서 고난을 이용해 자기 자신을 알리신다는 뜻이다. 루터가 생각하기에 이 고난은 그리스도의 고난과 개인의 고난 모두를 포괄하는 고난이었다. 하나님은 우리가 욕을 당하게 하시고, 그렇게 해서 하나님을 알 수 있게 하신다.

십자가 신학이 여전히 중요한 이유

이런 토대를 감안할 때 개신교 신학은 18-19세기에 상당 부분 의외의 반전을 보였다. 개신교 신학은 오늘날 '자유주의 신학'으로 불리게 된 신학 쪽으로 돌아섰다. 가톨릭 신앙 역시 이런 변화에서 예외가 아니었다. 결과적으로 개신교 주류 교파와 서구 가톨릭은 대부분 영광의 신학 쪽을 선택했다.

자유주의는 신학 영역의 계몽주의로서, 계몽주의는 근대 세계의 틀을 형성한 지적 동향이다. 자유주의의 주된 특징은 인간 이성을 강조한다는 점이다. 인간 이성은 인간의 무지에 대한 해법이요(인식론) 인간의 문제에 대한 해법으로(구원론) 여겨졌다. 신의 계시와 관련해 말하자면, 이성은 이제 성경에 대한 우리의 이해를 보조하는 수단이 아니었다. 이성은 이제 진리의 궁극적 근원이었다. 매튜 틴덜Matthew Tindal은 자신의 저서 『창조만큼 오래된 기독교』Christianity as Old as Creation, 1730에서, 이성으로 관측한 세계라는 토대 위에 하나님을 아는 지식을 구축하려고 했다. 하지만 그 하나님은 성경에서 말하는 하나님이 아니라 이신론의 신, 즉 자기가 만든 세상에 전혀 관여하지 않는 신이었다. 계시는 이제 인간 이성을 판단하려 하지 않았다. 이제는 인간 이성이 계시를 판단하려고 했다. 그래서 이른바 고등 비평higher biblical criticism이 태어났는데, 이 비평은 성경에서 통일성·역사성·신뢰성·권위를 하나하나 제거했다.

여기에서 드러난 소망은, 인류가 인간 이성을 공유함으로써 과연 무엇이 참인지에 대해 의견일치를 이룰 수 있으리라는 것이었다. 합리적 탐구 과정을 통해 우리가 인간 사회를 위한 어떤 공통의 기반을 발견할 수 있으리라는 것이었다. 포스트모더니즘은 이 그릇된 희망에 적절히 반항한다. 인간 이성은 죄에 오염되어 있다. 포스트모더니즘의 용어를 빌리자면, 진리는 일종의 권력 기능이다. 절대 진리라는 주장은 흔히 권력자가 자기 지위를 유지하기 위해 동원하는 수단이다.

하지만 포스트모더니즘은 여전히 계몽주의의 상당 부분을 차지하고 있다. 포스트모더니즘은 아마도 낭만주의의 최신판 발현일 것이다. 낭만주의는 영적·심미적 체험을 강조함으로써 냉랭한 이성 논리에 대응했다. 지식은 내면에서 발견되었다. 인간 이성보다는 인간의 체험을 더 강조했다. 하지만 지식이 인간의 노력 문제였다는 점은 여전했다. 인간은 무엇이 진리인지 스스로 결정할 능력이 있다는 것이다. 그래서 낭만주의와 포스트모더니즘은 계몽주의에 대한 반동이라기보다 계몽주의 안의 한 흐름에 더 가깝다.

이성과 낭만주의, 모더니티와 포스트모더니티의 공통점은 자율적 자아다. 계몽주의가 말하는 합리주의는 자율적 인간 이성이 중심이다. 낭만주의는 자율적 인간 체험이 중심이다. 포스트모더니티는 무엇이 진리인지 자기 스스로 결정하는 자율적 개인이 중심이다. 전통은 자율적 자아가 아니라 자율적 인간 공동체를 중심으로 한다. 이들의 공통점은 인간 중심적으로 지식에 접근한다는 점이다. 지식이 인간의 전통이나 인간의 이성이나 인간의 체험에, 혹은 포스트모더니즘의 경우 인간의 의지에(심지어 인간의 변덕에) 근거를 두고 있다.

그러나 루터의 시각으로 볼 때, 십자가 신학은 그런 모든 주제넘은 주장들을 비판한다. 십자가는 우리의 죄를 폭로한다. 가톨릭 사상에서 본성과 은혜는 연속선상에 있으며, 이 연속선 안에서 은혜가 본성을 보완한다. 다시 말해, 인간의 본성적 지식은 은혜로 보완된다. 현대 사상에서는 은혜가 요구되지 않는다. 타고난 이성만으로 충분하다. 그러나 십자가 신학은 죄를 심각하게 취급한다. 죄는 우리 이성을 오염시켰다. 우리는 여전히 이성적 존재다. 우리는 여전히 뭔가를 발견할 수 있고 창안할 수 있다. 하지만 우리 이성은 죄악된 욕구의 포로 상태다. 우리는 본능적으로 우리 이성을 굴절시켜 우리 행동을 정당화한다(롬 1:18-25).

그러나 십자가 앞에 서면 우리는 낮아진다. 우리의 죄된 성벽^{性癖}이 드러난다. 믿음이라는 선물이 우리 눈을 열어 수치에서 영광을, 약함에서 능력을, 패배에서 승리를 보게 한다. 우리는 인간 이성보다는 거룩한 계시를 믿고 의지하는 법을 배우게 된다.

성경에 나타난 하나님의 계시를 확신하는 것이 복음주의를 규정하는 한 특징이다. 복음주의를 규정하는 또 한 가지 특징이 형벌의 대속이라는 점은 우연이 아니다. 이는 우리가 받아 마땅한 하나님의 진노의 형벌을 십자가에서 예수께서 우리를 대신해 감당하셨다는 믿음이다. 두 가지 특징 모두 인간 능력의 한계를 인정하고 하나님 은혜의 영광을 드높인다. 십자가는 계시와 구원에 대한 우리 이해의 중심이다.

십자가의 제자

하지만 십자가 신학의 도전은 이보다 더 면밀히 다가온다. 십자가는 우리의 사고방식뿐만 아니라 우리의 생활방식까지 규정하기 때문이다.

루터는 '십자가 신학'을 신학하는 방식의 근본 원리로 발전시켰다. 십자가 신학은 우리가 어떻게 하나님을 알 수 있느냐는 질문에 대한 루터의 답변이었다. 우리가 하나님을 알게 되는 주요 통로는 신비한 통찰이나 신학적 지혜, 혹은 초자연적 환상이나 지식의 말, 혹은 창조 세계의 아름다움이 아니다. 우리는 십자가의 메시지를 통해 하나님을 알게 된다.

이 답변은 우리가 하나님의 능력을 어떻게 알 수 있느냐는 질문에도 주어질 수 있다. 우리는 십자가의 메시지를 통해 하나님의 **능력**을 알게 되지 치유의 기적이나 정치적 영향력, 영적 연단, 중재자의 존재, 관리 실력, 메가처치, 영감 있는 지도자, 사회학 이론을 통해 알게 되지는 않는다. 우리는 세상 사람들이 말하는 성공 개념을 떨쳐 버릴 필요가 있다. 우리는 숫자나 규모에 관한 편견을 버려야 한다. 십자가 신학은 여전히 중요하지만, 단지 우리 시대의 신학을 위해서만 중요하지는 않다. 여기 이 땅에서 사는 그리스도인의 삶 전체가 십자가 모양 혹은 십자가 형태여야 한다.

지상명령의 목표는 "모든 민족을 제자로 삼아 아버지와 아들과 성령의 이름으로 세례를 베풀고 내가 너희에게 분부한 모든 것을 가르쳐 지키게" 하는 것이다(마 28:19-20). 하지만 마태복음에서 예수께서는 제자가 된다는 게 무슨 의미인지 이미 규정하셨다. "누구든지 나를 따라오려거든 자기를 부인하고 자기 십자가를 지고 나를 따를 것이니라"(마 16:24). 이 말씀은 베드로의 만류에 응수하며 하신 말씀이다. 예수께서 자신의 죽음이 임박했다 선언하시자, 베드로가 예수를 한쪽으로 모셔가서 말한다. "주여, 그리 마옵소서. 이 일이 결코 주께 미치지 아니하리이다"(마 16:22). 베드로는 십자가 없는 나라의 영광을 원한다. 이에 예수께서는 말 그대로 이렇게 대답하신다. "사탄아, 내 뒤로 물러가라." 광야에서 사탄이 십자가 없는 나라를 제안했을 때 하셨던 말씀 "사탄아, 물러가라"를 그대로 되풀이한 말씀이었다(마 4:8-10).

신약성경에 나타난 제자도의 패턴은 고난 후에 영광이 뒤따르는 패턴으로, 십자가와 부활의 패턴을 반영한다. 베드로는 이 일에서 제대로 교훈을 얻었다. 베드로는 그리스도께서 "받으실 고난과 후에 받으실 영광을" 성령께서 구약성경에서 미리 말씀하셨다고 말한다(벧전 1:11). 베드로전서 2-3장에서 베드로는 그리스도인이 이방 세상에서 선한 삶을 산다는 게 무슨 뜻인지 그 윤곽을 설명한다. 여기서 선한 삶이란 선교의 의미를 함축한 말인데, 왜냐하면 그리스도인은 사람들을 이끌어 하나님을 영화롭게 하도록 해야 하기 때문이다(2:11-12). 베드로는 국가에 대한 그리스도인의 책임(2:13-17), 일터에서의 책임(2:18-20), 부부 사이에서의 책임(3:1-7)을 탐구한다. 베드로는 우리가 선한 일을 하다가 고난당할 때 어떻게 대응해야 하는지에 대해 이야기한다(3:8-22). 이 모든 가르침의 중심에는 십자가가 보인 모범이 있다(2:21-25). 그리스도의 제자됨은 십자가와 십자가가 보여준 희생적 사랑의 본에 따라 그 모습을 구체화해 나가야 한다. 십자가는 종이 어떤 부르심을 받는지 실례로 보여주며(2:21), 아내와 남편도 "이와 같이" 행하라고(3:1, 7), 즉 십자가의 길로 행하라고 명령받는다. 십자가는 우리의 모범이다. 예수는 악에 앙갚음하시지 않고 선으로 악에 답했다(2:23, 3:9). 예수가 죽으심은 의롭지 못한 자를 위해 의로운 분으로서 죽으신 죽음이었다. 우리가 바로 그 불의한 자들이며, 예수는 우리를 위해 죽으셨다. 우리는 예수를 거부했지만 예수는 우리를 하나님께 인도하는 행위로 우리의 그 거절에 응답하셨다(3:18). 이제 우리는 선을 행하려는 열심으로 우리를 거부하는 자들에게 응수한다(3:13-17).

하지만 십자가의 모범은 전체 그림의 절반일 뿐이다. 우리는 부활 영광의 소망을 가지고 십자가의 길을 따른다. 베드로는 "그리스도의 고난에 참여하는 것으로 즐거워하라. 이는 그의 영광을 나타내실 때에 너희로 즐거워하고 기뻐하게 하려 함이라"(벧전 4:13)고 말한다. 편지를 마무리하면서 베드로는 말하기를, 이 편지를 쓰는 건 "하나님의 참된 은혜"(5:12)를 증거하기 위해서라고 한다. 무엇이 하나님의 참된 은혜인가? 이는 베드로가 앞 구절에서 정의한 은혜다. "모든 은혜의 하나님 곧 그리스도 안에서 너희를 부르사 자기의 영원한 영광에 들어가게 하신 이가 잠깐 고난을 당한 너희를 친히 온전하게 하시며 굳건하게 하시며 강하게 하시며 터를 견고하게 하시리라. 권능이 세세무궁하도록 그에게 있을지어다. 아멘"(5:10 -

11). 이 참 은혜가 바로 영원한 영광과 부활의 소망으로 잠시 고난을 감당할 수 있게 해주는 능력이다.

이 그림을 완성하는 건 성령이다. 성령을 통해 우리는 지금 부활 생명과 능력을 지닌다. 하지만 부활 능력이 우리에게 주어지는 건 우리가 십자가의 삶을 살도록 하기 위해서다. 이는 약해지는 능력이다(고후 4:7-12, 빌 3:10-11). 우리의 부활 생명은 감춰진 생명, 그리스도와 그의 십자가를 따를 때 드러나는 생명이다(골 3:1-4). 그리스도인의 삶은 승리와 능력의 삶이 아니지만, 그저 연약하기만 한 삶도 아니다. 그리스도인의 삶은 **연약한 가운데 능력 있는** 삶, 성령께서 중간에서 전해 주시는 하나님의 능력에 의식적으로 의지하며 사는 삶이다.

그래서 위험한 영광의 신학이 있는 것처럼 위험한 영광의 종말론도 있다. 종말론은 그리스도인의 소망과 마지막 때에 관한 교리다. 마지막 때는 예수의 초림과 함께 시작되었고, 예수께서 다시 오실 때 완료될 것이다. 그러므로 종말론은 단순히 장래에 일어날 일만을 말하지 않는다. 종말론은 우리가 지금 여기의 삶을 어떻게 이해할 것인지에 관한 것이기도 하다.

영광의 종말론은 현재의 삶에서 십자가의 현실을 받아들이지 않은 채 부활의 영광과 승리를 추구한다. 야고보와 요한이 그런 잘못을 저질렀다. 이들은 고난 없는 영광을 원했고, 그래서 앞으로 예수의 나라에서 자기에게 어떤 영예로운 직분을 줄 것인지를 예수께 묻기에 이르렀다. 예수께서는 먼저 자신과 함께 고난을 당해야 할 것이라는 말로 답변하셨다(막 10:35-45).

우리는 영광의 종말론 대신 십자가의 종말론, 영광과 승리를 내다보는 한편 그 영광과 승리가 지금은 수치와 약함의 형태로 감춰져 있다고 보는 그런 종말론을 받아들여야 한다. 십자가는 과잉 실현된 종말론, 예를 들어 번영의 복음에서 말하는 것처럼 개인의 승리와 성공을 강조하는 그런 종말론을 비판한다. "우리가 하나님의 나라에 들어가려면 많은 환난을 겪어야 할 것이라"(행 14:22). 또한 십자가는 사회적 유토피아와 혁명을 말하는 과잉 실현된 종말론도 비판한다. 소망에는 오래 견디는 인내가 동반되어야 한다.

바울은 이렇게 말한다. "생각하건대 현재의 고난은 장차 우리에게 나타날 영광과 비교할 수 없도다"(롬 8:18). 이 구절은 로마서 8장 한가운데 자리 잡고 있는데, 로마서 8장은 복음의 약속들을 어떻게 죄와 고난과 죽음의 현실과 일치시킬지를 말하는 장이다. 현재의 우리는 아직 장래의 우리가 아니라는 게 한 가지 대답이다. 다른 피조물과 마찬가지로 우리도 구속을 기다린다. 우리에게는 소망이 있다. 하지만 "보이는 소망이 소망이 아니니 보는 것을 누가 바라리요. 만일 우리가 보지 못하는 것을 바라면 참음으로 기다릴지니라"(롬 8:24-25)고 했다. 신약성경에서 거듭거듭 말하는 건, 인내와 오래 참음이 소망의 당연한 결론이라는 것이다.

하지만 인내와 오래 참음은 서양의 그리스도인들 사이에서 흔히 볼 수 있는 특성이 아니다. 현대 서양인들은 건강이 하나의 규범이기를 기대한다. 우리는 인간에게 닥칠 수 있는 재앙은 다 예방

할 수 있다 여기고 이를 위해 공공 차원의 연구조사를 요구한다. 우리 그리스도인들도 많이 다르지 않다. 우리는 하나님께서 우리를 건강하고 안전하게 지켜 주시기를 기대한다. 그래서 예수께서 말씀하신 것처럼 어려운 일이 닥칠 때(요 16:33) 우리는 문제에 대처하려고 몸부림칠 뿐만 아니라 하나님께서 왜 이러시는지 이해하지 못해 괴로워한다. 하나님은 왜 내 기도에 응답을 안 하시는 걸까? 내 믿음이 너무 약한가? 그 결과, 삶의 정황 속에서 혼란스러워하며 몸부림치는 사람들은 믿음의 위기에 봉착하기도 한다. 그러므로 바울이 기도하기를 그리스도인들이 "그의 부르심의 소망이 무엇"인지(엡 1:18) 깨닫게 해달라고 한 것도 이상할 게 없다.

고난 뒤에 영광이 따르는 이 패턴은 칼뱅 신학에서도 아주 강하게 두드러지는데, 그리스도와의 연합에 대한 칼뱅의 해석에서 특히 더 그렇다. 그리스도와의 연합은 칼뱅의 주도적 테마로 손꼽히며, 이 연합은 죽음과 부활에서 그리스도와 연합하는 것을 뜻한다. "부활은 우리를 십자가에서 멀리 이끌어가지 않는다."[7] 우리의 구속은 그리스도께서 돌아오시는 날, '계시'의 날까지 감춰져 있다. 하나님의 자녀로 입양되어 성령으로써 의롭다 여김받고 죄 사함 받고 새롭게 되었음에도, 그리스도인은 이 감춰진 소망이 하나님께 대한 확신과 기쁨 가운데 그 모습을 드러낸다는 점 외에는 아직 다른 사람들보다 더 큰 복을 받은 것으로 **보이지** 않는다. 사실 그리스도인은 십자가의 길에 헌신하기 때문에 오히려 다른 사람들에 비해 형편이 더 안 좋아 보이는 경우도 많다.

우리가 그리스도의 부활과 생명에 참여하고 있다는 사실, 그리고 성령 안에 있는 우리의 내적 삶은 겉으로 보기에 분별이 안 된다. 아니, 그보다 이는 우리가 십자가의 길에 헌신하는 모습을 통해 저절로 드러난다.

스위스의 신학자 에밀 브룬너Emil Brunner는 이렇게 말한다.

> 기독교의 전 역사, 그리고 세계 역사 전체는 데올로지아 크루키스theologia crucis (십자가 신학)가 거듭거듭 데올로지아 글로리아에theologia gloriae (영광의 신학)가 되지 않았더라면, 그리고 에클레시아 크루키스ecclesia crucis (십자가의 교회)가 에클레시아 글로리아에ecclesia gloriae (영광의 교회)가 되지 않았더라면 아마 전혀 다른 길을 걸었을 것이다.[8]

우리에게 가장 필요한 건 국가 차원의 복음주의 운동 혹은 매끈한 멀티미디어 프리젠테이션 장치가 완비된 메가처치 혹은 세계적 매체, 카리스마 있는 인물, 권력 중심부에 있는 영향력 있는 인물이 아닐까 하는 생각이 들 때도 있다. 이렇게 생각하고 싶은 유혹은 그다지 새로울 게 없다. 교회는 늘 세상의 권력과 영향력을 추구하고자 하는 유혹에 직면해 왔다.

하지만 십자가 신학은 예수가 "적은 무리"(눅 12:32)라고 부른 사람들에게 확신을 두라고 우리에게 말한다. 예수의 미래 그 중심에는 세계화된 교회 구조가 있지 않다. 그 구조가 가톨릭의 교권이든 범복음주의적 네트워크든 말이다. 예수의 미래는 젠체하지 않는 작은 교회들, 그리스도의 적은 무리들 소유다. 하나님 나라는 그리스도의 적은 무리에게 주어져 왔다. 이는 생명을 주는 가장 강력한 하나님의 법칙이다.

그러므로 우리에게는 십자가 신학뿐만 아니라 십자가의 교회도 필요하다. 십자가에 달리신 그리스도의 복음과 일치하는 교회 이해가 바로 **십자가의 교회**다. 이는 약함 중에 있는 능력, 어리석음 가운데 있는 지혜, 수치 가운데 있는 영광을 뜻한다. 이는 우리가 우리 자신보다는 하나님께 확신을 두어야 한다는 의미다. 그리스도는 자신의 교회를 세우시되 대개는 보이지 않게, 수많은 작은 교회의 형태로 세우신다. 우리의 소망은 바로 여기 곧 부활하신 그리스도의 주권과 그분의 "적은 무리"에 있다.

바른 교육가

그리스도인의 교양

성경의 장대한 스토리는 로맨스다. 성경 스토리는 한마디로 결혼에 관한 이야기다. 서두에서는 아담이 하와와 "한 몸"이 되었다. 결말에서는 어린양의 결혼 잔치 이야기, 남편을 위해 치장하는 신부로 새 예루살렘이 예비된다는 이야기가 등장한다. 좀 더 구체적으로 말해 성경은 결혼, 그중에서도 신랑이신 그리스도와 그 신랑이 어떻게 자기 신부인 교회와 연합하는지에 관한 이야기다.

이 테마의 중요성을 고려할 때, 그 어떤 전통에 속했든 만대의 그리스도인 모두가 그리스도와의 이 연합에 대해 생각하고 또 생각해 왔다는 건 지극히 당연한 일이다. 로마 가톨릭과 개신교 신학자들, 종교개혁 전과 종교개혁 당시의 신학자들 모두 그리스도와의 연합을 복음의 한 부분으로 받아들여 왔다. 하지만 그리스도와의 연합이 정확이 **무슨 뜻**인지에 대해서는 이들 사이에 큰 의견차가 있었고 지금도 마찬가지다.

중세 로마 가톨릭에서 말하는 그리스도와의 연합

그리스도와의 연합과 가장 연관 깊은 중세 신학자는 클레르보의 베르나르^{Bernard of Clairvaux, 1090-1153}인데, 베르나르가 루터와 칼뱅 모두에게 크게 존경받는 것은 바로 그 이유 때문이기도 하다. 클레르보의 베르나르의 가장 유명한 저작은 86편의 설교 모음인『아가 설교』^{Sermons on the Song of Songs}로, 그는 이 연작 설교를 끝내 완성하지 못하고 세상을 떠났다. 당시 아가는 설교자들이 즐겨 선택하던 설교 본문이었으며, 교회를 향한 그리스도의 사랑에 대한 비유로 널리 읽혔다. 베르나르의 세 번째 설교에서 가져온 아래 인용문은 신자와 예수님의 신비한 만남을 상상하며 쓴 글로, 베르나르가 그리스도와의 연합을 어떻게 묘사하고 있는지를 잘 보여준다.

> **은혜 안에서 자라면 믿음이 확장됩니다.** 더 큰 열심으로 사랑하게 되고, 나에게 아직 부족하다고 파악되는 것을 얻기 위해 더 큰 확신으로 문을 두드리게 됩니다. "두드리는 자에게는 늘 문이 열릴 것이다." 그런 마음을 가진 자에게는 하나님께서 가장 친밀한 입맞춤을 거부하시지 않으리라는 것이 나의 믿음이며, 이는 지극한 너그러움과 이루 말할 수 없는 친절하심의 신비입니다. 우리가 따라야 할 길, 절차를 여러분은 아실 것입니다. 첫째, 주님 발 앞에 엎드려야 할 것이며, 우리를 만드신 주님 앞에서 울며 우리가 저지른 악을 뉘우쳐야 할 것입니다. 그다음에는, 우리를 일으켜 세워 주고 떨리는 무릎을 잡아 줄 그 손을 잡아야 할 것입니다. 마지막으로, **많은 기도와 눈**

물로 이런 은총을 얻을 때에는 겸손히 눈을 들어 주님의 입을, 참으로 거룩히 아름다우신 그 입을 바라보되, 그냥 바라보기만 하지 말고 감히 두려움과 떨림으로 주님의 입맞춤을 받아야 할 것입니다. "그리스도는 우리 얼굴 앞에 계신 성령"이며, 거룩한 입맞춤으로 그분과 하나가 된 자는 그분의 선한 기쁨으로 말미암아 그분과 한 영이 됩니다.[1]

이 표현, "가장 친밀한 입맞춤"을 추구하는 한 사람의 부끄러움 없는 동물성 때문에 오늘날 많은 이들이 이 말의 요점을 파악하지 못한다. 하지만 그리스도를 향한 그 불붙는 듯한 욕구가 바로 개혁자들이 베르나르와 관련해 가장 높이 평가하는 부분이다. 베르나르는 그리스도와의 연합을 **갈망했다.** 그러면서도 베르나르는 그 연합에 대해 중세 로마 가톨릭의 이해를 가지고 연구를 했다. 베르나르에게 연합은 **유동적** 상태였다. 다시 말해, 그리스도와 **더** 연합할 수도 있고 **덜** 연합할 수도 있다고 본 것이다. 그래서 베르나르는 "절차"를 상상해 낼 수 있었고, 그리스도인은 그 절차에 의해 "많은 기도와 눈물로"(그리고 성사에 의해) 완전한 연합에 이를 때까지 그리스도에게 가까이 다가갈 수 있다고 했다.

종교개혁에서 말하는 그리스도와의 연합

그리스도와의 연합에 대한 주류 개혁자들의 생각은 베르나르의 의견과 전혀 달랐다. 개혁자들이 생각하기에 **연합**과 **교통** 사이에는 중요한 차이가 있었다. 그리스도와의 교통(이는 그리스도를 실제로 즐거워한다는 의미)은 신자 안에서 어느 정도 변동이 있을 수 있다. 우리 마음은 할렐루야로 충만할 때도 있고 꽁꽁 얼어붙어 그리스도를 향해 아무 느낌이 없을 때도 있다. 하지만 개혁자들은 교통의 온도가 이렇게 오르락내리락하는 것을 그리스도와의 연합의 토대 혹은 본질로 보지 않았다. 오히려 그 반대였다. 청교도인 리처드 십스^{Richard Sibbes, 1577–1635}는 종교개혁의 관점에서 아가를 해석한 책으로는 가장 유명한 저작물일 책에서 "연합이 교통의 토대"라고 말했다.[2] 종교개혁 사상에서 그리스도와의 연합은 확정되어 있는, 그래서 변동이 없는 사실이요, 우리가 지속적 기쁨을 누릴 수 있는 견고한 토대다.

개혁자들의 입장에서 연합과 교통의 차이는 그리스도가 중심이시라는, 그리스도가 모든 선의 근원이요 본질이라는 이들의 강한 믿음에서 생겨 나왔다. 칼뱅의 말에 따르면,

> 그리스도를 제쳐 놓고는 누구도 하나님의 사랑을 받지 못한다는 건 반박의 여지가 없는 사실이다. "이는 사랑하는 아들"이니 이 아들 안에 아버지의 사랑이 거하고 머문다. 바울이 가르치는 것처럼 그 아들에게서 아버지의 사랑이 우리에게 퍼부어진다. "이는 그가 사랑하시는 자 안에서 우리에게 거저 주시는 바"[엡 1:6].[3]

첫 번째 문장만 보면 하나님이 심술궂다 할 만큼 배타적인 분으로 보일 수 있다. 칼뱅이 거기서 이야기를 멈추었다면, 이는 우리에

게 전혀 좋은 소식이라 할 수 없을 터이다. 칼뱅이 하는 말의 요점은, 하나님의 사랑에 일정한 양㎄이 있어 살아 있거나 죽은 세상의 모든 신자 사이에 그 사랑이 나뉘거나 분배된다는 말이 아니다. 만약 그렇다면 하나님이 나를 그렇게 많이 사랑할 수는 **없다고** 추론할 수 있고, 몇 가지 행위로 하나님의 관심을 끌려고 애쓰게 될지도 모른다. 그러나 하나님은 당신의 아들에게 사랑을 **충만하게** 주시며, 그 아들에게서 그 충만함이 우리에게 퍼부어진다. 하나님은 자기 아들을 향한 무한한 사랑으로 우리를 사랑하신다.

베르나르는 그리스도와의 완전한 연합에 이르고자 하는 열정적 **소망**으로 그리스도인이 계속 분투해 나가야 한다고 생각했지만, 바로 그 지점에서 칼뱅은 그리스도와의 연합에서 **출발하는** 그리스도인의 삶을 보았다. 칼뱅에게 핵심 이미지는 포도나무 이미지였을 것이다. 예수 그리스도는 포도나무요, 하나님의 사랑과 생명으로 충만해 있다. 그 나무에 붙어 있지 않으면 우리에게는 그 어떤 영적 생명도 없다. 하지만 마치 가지처럼 그리스도에게 "접 붙으면" 우리는 흩어지지 않고 그리스도께서 누리는 모든 생명과 사랑을 소유하게 된다.

성부께서 독생자에게 부어주시되 그리스도 자신만의 개인적 용도를 위해서가 아니라 가난하고 궁핍한 자들을 부요하게 하도록 하려고 주신 그 유익들을 우리는 어떻게 받을 수 있을까? 첫째, 그리스도가 우리 밖에 머무는 한, 그리고 우리가 그분에게서 분리되어 있는 한, 인간의 구원을 위해 그리스도께서 겪으시고 행하신 그 모든 일은 우리에게 아무 소용이 없고 가치도 없다는 사실을 알아야 한다. 그러므로 성부에게서 받은 것을 우리와 나누기 위해 그리스도는 우리의 소유가 되어 우리 안에 거하셔야 했다. 이런 이유에서 그리스도는 우리의 "머리"[엡 4:15], "많은 형제 중에서 맏아들"[롬 8:29]이라 불린다. 그리고 우리는 "그에게 접붙임"[롬 11:17]되었고 "그리스도로 옷 입었"[갈 3:27]다고 일컬어진다. 앞에서 말했다시피 그리스도께서 소유한 모든 것은 우리가 그리스도와 한 몸으로 자라지 않는 한 우리에게 아무것도 아니기 때문이다.[4]

하지만

믿음을 통해 그리스도와 접붙여지는 순간, 여러분은 하나님의 아들, 천국을 유업으로 받는 자, 의에 참예하는 자, 생명을 소유한 자가 된다. 그리고……공로를 획득할 기회가 아니라 그리스도의 모든 공효를 다 얻게 되니, 이 공효가 여러분에게 전달되기 때문이다.[5]

칼뱅이 이렇게 본 만큼, 그리스도와의 연합 없는 복음은 있을 수 없다. 하나님의 아들, 하나님 자신이 바로 우리와 하나가 될 수 있도록 "우리와 함께 계신 하나님"이 되셨다. 그리고 우리에게 성령을 주사 우리가 하나님과 하나가 될 수 있게 하신다. "이것이 복음의 의도이니, 그리스도가 우리 것이 되고 우리는 그리스도의 몸에 접붙여지는 것이다."[6]

그리스도 안에 있는 의

칼뱅을 비롯해 주류 개혁자들에게 그리스도와의 연합은 죄라는 근본 문제를 고려할 때 우리에게 필요한 근본적 해법이었다. 로마서 5장에서 바울은 이렇게 말한다.

> 한 사람으로 말미암아 죄가 세상에 들어오고 죄로 말미암아 사망이 들어왔나니……
>
> ……한 사람의 범죄로 말미암아 사망이 그 한 사람을 통하여 왕 노릇 하였은즉……
>
> ……한 범죄로 많은 사람이 정죄에 이른 것같이……한 사람이 순종하지 아니함으로 많은 사람이 죄인 된 것같이(롬 5:12, 17-19).

다시 말해, 우리의 죄 문제는 우리의 개별적 범죄 행위보다 더 깊이 들어가며 우리의 출생보다도 훨씬 전의 과거로 거슬러 올라간다. 우리는 아담에게서 태어났고, 그래서 아담의 (멸망할 운명의) 신분과 아담의 (죄된) 성향을 함께 나누는 자로 태어났다. 이는 우리의 죄된 행위 기록을 삭제하거나 더 낫게 행동할 수 있는 어떤 추진력을 부여받는 것으로는 충분하지 않다는 의미다. 우리는 **거듭나야 한다.** 아담에게서 태어나 아담과 연합하여 그의 신분과 성향을 공유했던 것처럼, 그리스도에게서 다시 태어나 **그리스도의** 신분과 성향을 함께 나누어야 한다. "**아담 안에서** 모든 사람이 죽은 것같이 **그리스도 안에서** 모든 사람이 삶을 얻으리라"(고전 15:22).

그리스도 안에서 다시 태어나 그리스도와 연합한 자는 그저 몇 가지 죄가 씻겨 없어진 것과는 비교할 수 없이 바울과 더불어 이렇게 외칠 수 있다. "내가 그리스도와 함께 십자가에 못 박혔나니 그런즉 이제는 내가 사는 것이 아니요 오직 내 안에 그리스도께서 사시는 것이라"(갈 2:20). 그리스도와 연합했다면 이제 우리는 그리스도의 죽음에서도 그분과 연합한 것이다. "우리 주 예수 그리스도의 십자가……세상이 나를 대하여 십자가에 못 박히고 내가 또한 세상을 대하여 그러하니라"(갈 6:14, 참고. 롬 6:3, 골 2:12). 그리스도 안에서 우리는 죄에 대해 죽었고, 십자가에 못 박혀 정죄당했으며, 이 모든 것에 대해 이미 벌을 다 받았다. 더 나아가, 우리는 그리스도께서 부활하시고 의롭다 선포되시고 받아들여진(롬 4:25, 딤전 3:16) 그 셋째 날 그분께서 받으신 그 변론을 함께 나눈다. 그리스도와 연합한 우리는 그분의 새 생명과 하나님의 의 자체를 함께 나눈다(고후 5:21, 참고. 고전 1:30).

신자가 그리스도의 의를 소유한 자로 여겨진다는 개념은 로마 가톨릭 신학자들에 의해 미심적은 개념으로, 그래서 근거가 빈약한 법적 허구로 여겨져 곧 일소에 부쳐졌다. 확실히 이 개념은 다소 의문의 여지가 있는 것으로 **보일** 수 있다. 필자가 아직 어린 그리스도인이었을 때 내 죄가 어떻게 십자가로 옮겨질 수 있으며 예수의 의가 어떻게 나에게 수여될 수 있는지 이해할 수 없어 당혹스러웠던 기억이 난다. 그 개념이 마음에 들긴 했지만, 죄와 의는 보따리로 묶어서 누구에게 건네줄 수 있는 물건이 아니므로 그런 교환 개념은 그냥 몽상에 지나지 않는 건 아닐까 하는 생각이 들었다. 톰 라이트[N. T. Wright]는 이 개념이 얼마나 우스운 것일 수 있는지에 대해 다음과 같이 익살스럽게 설명한다.

> 법정 용어를 빌린다면, 판사가 자기 의를 원고나 피고에게 전가, 전이, 유증, 전달, 혹은 옮긴다고 하는 건 말이 안 된다. 의는 법정 너머로 건넬 수 있는 물건, 물체, 혹은 기체가 아니다.[7]

하지만 그리스도께서 우리 죄를 취하시고 우리가 그리스도의 의를 취하는 게 **우리가 그분과 연합했기 때문이라면**, 그 모든 난제가 다 녹아 없어진다. 칼뱅이 주장하곤 했던 것처럼 "우리가 우리 밖에 계신 그리스도를 멀리서 묵상해서 그리스도의 의가 우리에게 전가되게 하는 게 아니다. 이는 우리가 그리스도를 입었고 그리스도의 몸에 접붙여졌기 때문에, 간단히 말해 황송하게도 그리스도께서 우리를 당신과 하나되게 하시기 때문이다."[8] 그리스도와 신자가 하나가 되면, 죄와 의의 상호 교환은 결혼할 때 한 남자와 여자가 하나가 되는 것만큼 이의를 제기할 수 없는 사실이 된다. 결혼하면 남편은 자기가 가진 모든 것을 아내와 공유하고, 아내 또한 자기가 가진 모든 것을 남편과 공유한다. 이는 부자 남편이 희생을 무릅쓰고 아내의 빚을 다 갚아 주고 자기의 엄청난 부를 아내와 함께 나누는 것과 같다. 사실 이것이 바로 우리가 어떻게 그리스도의 의를 받는지를 설명하기 위해 루터가 활용한 이미지다.

하지만 믿음은 올바로 교육되어야 한다. 즉 믿음으로 여러분은 그리스도와 여러분이 마치 한 사람인 것처럼 그리스도께 견고히 붙으며, 그리스도와 여러분이 한 사람이 되고, 이 사람은 분리될 수 없이 영원히 그분께 달라붙어 이렇게 선언합니다. "내가 그리스도와 같다." 그리고 그리스도께서는 이렇게 말씀하십니다. "나는 나에게 붙어 있는, 그리고 내가 붙어 있는 저 죄인과 같다. 믿음으로써 우리는 서로 결합해 한 몸과 한 뼈가 되노라." 그래서 에베소서 5:30에서는 이렇게 말한다. "우리는 그 몸의 지체임이라." 그런 식으로 이 믿음은 남편이 아내와 짝을 짓는 것보다 더 친밀하게 그리스도와 나를 결합시킨다.[9]

이는 실로 신학 영역의 코페르니쿠스적 혁명이었으니, 이를 믿게 되는 사람은 이 혁명이 모든 것을 얼마나 행복하게 전복시키는지를 한결같이 **실감한다**. 우리는 자연스럽게 자기 자신을 자기 고유 태양계의 중심에 놓는다. 우리는 기독교란 한마디로 **내가** 행동을 어떻게 해야 하느냐에 관한 체계라고 짐작한다. 그리스도인으로 산다는 건 **내가** 중심인 궤도에 그리스도를 운항시키는 것과 같다고 생각한다. 이것은 적어도 내가 행동을 잘 하고 있을 때는 괜찮아 보인다. 그러나 그렇지 않을 때는 걱정이 될 수밖에 없다. 기도를 충분히 한 걸까? 죄를 너무 많이 지은 건 아닐까? **그런** 후에도 하나님이 여전히 날 사랑하실까? 종교개혁은 나 대신 **그리스도**를 중심에 놓음으로써, 이따금씩 생겨나는 그런 불안을 안정적 기쁨으로 바꿔 놓았다. 그래서 이제 하나님 앞에 어떻게 설 것인지를 알려고 "내가 얼마나 의로운가?"를 묻지 않고 "그리스도는 얼마나 의로우신가?"를 묻는다. 그리고 나서 미소 짓는다. 내 상태는 수없이 좋았다 나빴다 하지만, 그 와중에서도 그리스도는 어제나 오늘이나 내일이나 지극히 의로우시고, 그리스도의 것은 다 나의 것이기 때문이다.

물론 이는 아주 대단하다 싶을 만큼 좋은 소식인지라 우리는 놀라 눈을 비비기도 하고 꿈이 아닌가 하기도 하다가 결국 옛날식 사고방식으로 다시 돌아간다. 종교개혁 이래로 늘 그런 식이었기에, 이 달콤한 메시지를 날마다 **기억하고** 굳게 잡기를 촉구하는 게 개신교 목회의 주요 주제가 되어 왔다. 찰스 스펄전^{Charles Haddon Spurgeon}은 빅토리아 시대 런던 회중에게 설교하면서 이렇게 간청했다.

> **그분께서 이제 그리스도 안에서 우리를 보신다는** 걸 기억하십시오. 보십시오, 하나님께서 자기 백성을 사랑하는 자기 아들 손에 두셨습니다. 심지어 우리를 그리스도의 몸 안으로 넣으셨습니다. "우리는 그 몸의 지체임이라"고 했으니 말입니다. 하나님께서는 우리가 그리스도 안에서 죽었고, 그리스도 안에서 장사되었으며, 그리스도 안에서 다시 살아난 것으로 보십니다. 주 예수 그리스도가 아버지께 매우 만족스런 분이신 것처럼, 그리스도 안에서 우리도 아버지께 큰 기쁨입니다. 우리가 그리스도 안에 있다는 사실이 우리를 그리스도와 동일한 존재로 확인해 주기 때문입니다. 그래서 우리가 하나님께 받아들여졌다는 사실이 그리스도가 하나님께 받아들여졌다는 사실에 토

대를 두고 있으면, 이는 언제나 견고한 사실로 설 것이며, 주 하나님께서 우리를 선히 대하신다는 불변의 논거가 됩니다. 우리가 자기의 개별적 의로 하나님 앞에 서면 파멸이 확실하고도 신속하게 임할 것입니다. 그러나 예수 안에서 우리 생명은 위험이 미치지 않는 곳에 숨겨집니다. 주님께서 그리스도를 거부하시지 않는 한 자기 백성을 거부하실 수 없다는 사실을 단호히 믿으십시오. 대속과 부활을 부인하시지 않는 한 주님께서는 예수 그리스도 안에서 주님과 언약을 맺은 자들을 단 한 사람도 쫓아내실 수 없습니다.[10]

그리스도 안에서 양자됨

개혁자들에게 그리스도와의 연합은 단순히 칭의라는 덮개 아래 있는 엔진 정도로 취급되지 않았다. 그보다 개혁자들은 복음의 **모든** 복이 우리 소유인 것은 그리스도와의 연합 때문이라고 믿었다. 그리스도께서는 우리를 자신과 하나가 되게 하심으로써 자신이 가진 모든 것을 우리와 나누신다. 그리스도의 구속 사역을 요약하면서 칼뱅은 이렇게 말한다.

그리스도의 과제는 우리를 하나님의 은혜를 받을 수 있는 상태로 회복시켜서 사람의 자녀를 하나님의 자녀로, 게헨나의 상속자를 천국 상속자로 만드는 것이었다. 하나님의 아들이 사람의 아들이 되지 않았더라면, 그리하여 우리 것을 취하여 가시고 자기 것을 우리에게 전해 주시며 본디 자신의 소유였던 것을 은혜로써 우리 것이 되게 하지 않았다면 어떻게 그런 일이 가능했겠는가?[11]

다시 말해, 성자께서는 단순히 차가운 출입카드 같은 느낌의 '의'를 우리와 공유하시는 게 아니다. 성자께서는 아들의 신분을 우리와 함께 나누신다. 성자께서는 우리를 자신과 하나로 만드심으로써 "우리를 자기 형제로 입양"하여[12] 우리가 그 성령 충만한 외침 "아빠"를 외칠 수 있게 하신다(롬 8:14-17, 갈 4:6-7). 그리스도와의 연합 덕분에 우리는 성자의 위로자, 성령 곧 우리를 도우시는 분을 소유하게 된다. 그리스도와의 연합 때문에 우리는 전능하신 성부께서 우리가 부르는 소리를 듣고 싶어 하셔서 심히 사랑하시는 그 아들 안에서 우리를 완전히 받아들여 주신다는 사실을 알고 날마다 큰소리로 성부께 외칠 수 있다.

그리스도 안에서 변화됨

종교개혁 비판자들이 이 모든 것에 대해 뭐라고 말했을지 아마 짐작할 수 있을 것이다. 이것이 위로의 교리라는 게 바로 문제라고 비판자들은 말했다. 그저 이 메시지가 **너무** 위안이 된다는 이유로 말이다. 자신의 죄책과 하나님 앞에 서게 될 일에 대한 우리의 불안이 그리스도 안에서 그렇게 아무 대가 없이 다 씻겨 없어질 수 있다면, 우리는 과연 무엇으로 동기부여를 받아 거룩한 삶을 추구하겠느냐고 말이다. 그러나 구원이 곧 그리스도와의 연합임을 알았기에 칼뱅은 단 한 순간도 고민하지 않고 이렇게 답변했다.

칭의를 획득한 사람이 그리스도를 소유한다면, 그와 동시에 그리스도는 성령이 계시지 않는 곳에는 절대 계시지 않는다면, 값없이 주어지는 의는 필연적으로 중생과 연결되는 게 분명하다. 그러므로 믿음과 행위가 얼마나 불가분의 관계인지 제대로 이해하려면 그리스도를, 사도 바울이 가르치는 것처럼(고전 1:30) 칭의와 성화를 위해 우리에게 주어진 그분을 바라보라. 그러므로 어디든 우리가 값없이 주어진다고 주장하는 그 믿음의 의가 있는 곳이면 그리스도께서도 거기 계시고, 그리스도가 계신 곳에는 성결의 영 곧 영혼을 중생시켜 생명을 새롭게 하시는 분도 거기 계시다. 반대로 고결하고 거룩해지려는 열심이 유효하지 않은 곳에는 그리스도의 영도, 그리스도 자신도 계시지 않는다. 그리고 어디든 그리스도가 계시지 않은 곳에는 의도 없고, 뿐만 아니라 믿음도 없다. 믿음은 성화의 영 없이는 그리스도를 의로 파악할 수 없기 때문이다.[13]

즉 우리는 그리스도께 연합해서 뭔가 **다른** 상급, 예를 들어 천국·의·구원 등을 얻을 수 있는 게 아니다. 칼뱅이 표현한 그대로 우리는 "그리스도 안에서 다른 어떤 것이 아니라 그리스도 자체"를 추구한다.[14] 그리스도와 연합한 데 따르는 큰 상급은 **그리스도**다. 그리스도를 알고 향유하는 것이 영생이며, 이 영생을 위해 우리는 구원받았다. 이것이 바로 칼뱅이 일찍이 어린 신자 때 자기 자신을 "예수 그리스도를 사랑하는 자"로 규정하기 시작한 이유다.

우리 구원이 아무 값없이 주어진다는 말은 그리스도와의 연합

교리가 그 후 우리의 삶의 태도를 무시한다는 뜻이 아니다. 사도 바울은 "그러므로 우리가 그의 죽으심과 합하여 세례를 받음으로 그와 함께 장사되었나니 이는 아버지의 영광으로 말미암아 그리스도를 죽은 자 가운데서 살리심과 같이 우리로 또한 새 생명 가운데서 행하게 하려 함이라"고 말한다(롬 6:4). 그리스도 안에서 우리는 그리스도의 의와 아들 신분을 받으며, 그리스도 안에서 우리는 우리를 변화시키는 생명과 성령을 받는다. 마르틴 루터는 "그리스도를 믿는 믿음을 통해 그리스도의 의가 우리의 의가 되고 그리스도가 가진 모든 것이 우리 것이 된다. 아니, **그보다 그리스도 자체가 우리 것이 된다**"고 말했다.[15] 그리스도와 연합하여 그분의 생명을 함께 나누고 성령 충만하게 되면 우리는 더욱 그리스도를 닮은 모습으로 변화할 수밖에 없다. 그리스도 안에서 우리에게 주어진 새 생명과 새 마음이 나타나기 시작한다. "우리가 다 수건을 벗은 얼굴로 거울을 보는 것같이 주의 영광을 보매 그와 같은 형상으로 변화하여 영광에서 영광에 이르니 곧 주의 영으로 말미암음이니라"(고후 3:18).

이 사실을 가장 명쾌하게 보여주는 성경의 이미지는 그리스도를 포도나무로, 신자를 포도나무 가지로 묘사하는 이미지다(요 15:1-8). 여기서 신자는 그리스도와 한 몸으로, 그리스도는 생명을 주는 성령의 수액樹液을 우리에게 부어 주어 우리로 하여금 많은 결실을 맺게 하는 분으로 묘사된다. 이 이미지에서 예수가 더할 수 없이 명쾌하게 보여주는 사실은, 우리와 예수의 연합에는 우리를 철저히 변화시키는 힘이 있다는 것이다. 루터는 이 부분을 다음과 같이 주해했다.

> 요약하자면, 내 마음의 본질이 새로워지고 변화된다. 그러면 나는 새 가지, 포도나무이신 그리스도께 접붙여져 그분에게서 자라 나오는 가지가 된다. 내 거룩함, 의, 정결은 나에게서 생겨 나오지 않고, 나에게 의존되어 있지도 않다. 거룩함, 의, 정결은 수액이 줄기에서 나와 가지로 흘러들어가듯 오로지 그리스도에게서 생겨 나오고, 그리스도 안에만 근거를 두고 있으며, 그리스도 안에 나는 믿음으로 뿌리를 내린다. 이제 나는 그리스도를 닮아 있고, 그리스도와 같은 부류다. 그리스도와 나는 한 본성과 본질을 지녔고, 나는 그분 안에서 그리고 그분을 통해 열매를 맺는다. 이 열매는 내 것이 아니다. 이 열매는 포도나무의 것이다.[16]

그리스도인이 그리스도와 연합하여 그리스도의 생명을 함께 나눈다는 사실은 그리스도인에게 영향을 끼침에 **틀림없다**. 우리는 "구원받은" 신분을 부여받은 뒤 혼자 힘으로 거룩한 삶을 살아내도록 방치되지 않는다. 그리스도와 연합했다면 우리 안에는 새 마음과 새 영이 있다.

하지만 내가 그리스도와 연합했다는 사실을 규칙적으로 자주 묵상하는 게 우리에게 유익하다. 그리스도가 나의 정체성이 되었다는 사실을 내가 너무 쉽게 잊고, **내가 하는 일**이 나를 말해 준다고 생각하기 때문이다. 바로 그 지점에서 상황이 잘못되기 시작한다.

행동을 잘 할 때는 교만해서 도무지 봐줄 수 없는 상태가 되고, 행동을 잘 못할 때는 패배자의 불행에 잠겨 잔뜩 몸을 웅크린다. 어느쪽이든 내가 그리스도와 연합했다는 사실을 잊고 다른 것으로 나를 규정하기 시작하면 나는 우스꽝스럽고 위험해진다. 그러나 그리스도가 나를 규정한다는 사실을 기억하면 교만과 실패 모두에 아주 면역력이 강해진다는 것을 알 수 있다. 나는 그리스도 안에서는 전혀 실패자가 아니며 오히려 의기양양하다. 그리스도 안에서 내가 그리스도 말고 무엇을 자랑할 수 있겠는가?

그대 안의 그리스도, 영광의 소망

우리가 그리스도와 연합했다는 사실을 망각할 수 있는 이유는, 그 연합 사실이 의미하는 영광을 아직 온전히 체험하지 못하기 때문이다. 이제 우리는 그리스도의 몸의 지체이지만, 그래도 우리는 여전히 방황하고, 우리 몸은 여전히 아프고, 우리가 언젠가 죽을 것이라는 사실도 여전하다. "그러나 우리의 시민권은 하늘에 있는지라. 거기로부터 구원하는 자 곧 주 예수 그리스도를 기다리노니 그는 만물을 자기에게 복종하게 하실 수 있는 자의 역사로 우리의 낮은 몸을 자기 영광의 몸의 형체와 같이 변하게 하시리라"(빌 3:20-21). 그리스도는 우리를 버리지 않으실 우리 신랑이시다. 그리스도는 자신의 몸이 따라가야 할 길, 영광에 이르는 그 길을 밝혀 주시는 머리이시다. 사실이 이러하기에 칼뱅은 자기 백성을 향한 그리스도의 사랑을 아주 인상적인 표현으로 거침없이 설명한다.

우리와 연합하시기까지 성자께서 자기 자신을 어느 정도 불완전하게 여기신다는 사실은 교회의 가장 고귀한 영광이다. 우리가 그분과 함께할 때에야 비로소 그분이 모든 부분을 완전하게 다 갖추신다는 것, 혹은 그때에야 비로소 완전하게 여겨지기를 바라신다는 것을 알게 된다는 게 우리에게는 얼마나 큰 위로인가?[17]

우리의 유일한 위로

종교개혁 신학자들과 지도자들은 가능한 한 많은 사람들이 이 놀라운 소식을 알 수 있기를 열망했다. 그래서 오래지 않아 이들 중 상당수가 교리문답서를 집필하여 사람들이 이 종교개혁 신학을 이해하고 소화할 수 있게 도왔다. 그중 가장 잘 알려진 것은 아마 『하이델베르크 교리문답』(1563)일 텐데, 이 문답서는 그리스도와의 연합을 첫 번째 질문 맨 앞, 한가운데 배치하여 **그리스도 안**에 있다는 것에서 우리가 어떤 위로를 누릴 수 있는지를 널리 펼쳐 보인다.

제1문   사나 죽으나 당신의 유일한 위로는 무엇입니까?

답   나는 내 것이 아니요, 사나 죽으나 몸과 영혼이 나의 신실하신 구주 예수 그리스도의 것입니다. 그리스도께서는 자신의 보혈로 나의 모든 죗값을 온전히 치르셨고, 나를 마귀의 모든 권세에서 구속하셨으며, 나를 보호하셔서 하늘에 계신 내 아버지의 뜻이 아니고서는 머리카락 하나라도 머리에서 떨어질 수 없게 하시고, 모든 것이 합력하여 나의 구원을 이루게 하십니다. 그러므로 그리스도께서는 자신의 성령으로써 내가 영생을 확신하게 하시며, 이제부터 진심으로 그분을 위해 살고자 하게 하시며, 그렇게 살 각오를 하게 하십니다.[18]

개혁자들은 자신들이 만대를 위한 진리, 생명을 안겨 주는 진리, 목숨을 바칠 수도 있는 진리를 발견했다고 믿었으며, 이는 당연한 믿음이었다.

7

성령

우리가 정말로 하나님을 알 수 있는가

중세 후기 로마 가톨릭에서 성령은 어떤 위치를 차지했는가? 이는 쉽게 답변할 수 있는 질문이 아니다. 대다수 로마 교회에서 성사 체계와 성직자가 성령을 효율적으로 대체한 듯했기 때문이다. 하나님의 은혜는 세례성사·견진성사·성체성사·고백성사·병자성사(종부성사를 포함해)·성품성사·혼인성사라는 7성사의 일곱 가지 꼭지를 통해 흘러나오는 복이었다. 그리고 성직자는 그 꼭지를 틀거나 잠그는 사람들이었다. 그렇게 밀폐 봉인된 은혜의 배관 시스템이 있었기에 성령은 이제 아무 할 일이 없었다.

그러나 이 모든 체계가 그렇게 기계적으로 빈틈없이 굴러갔다는 사실이 모종의 저항 운동을 촉발시켰다. 많은 이들이 그 체계 이상의 뭔가를 원했다. 이들은 다소 불가해한 교회 의식을 통해 은혜가 주어진다고 하는 사제들의 주장이 아니라, 하나님과의 좀 더 깊고 인격적인 만남을 원했다. 그래서 이들은 이 체계 아닌 다른 곳에서 신비 체험을 통한 영적 변화를 모색하기 시작했다.[1] 이런 신비적

하위문화 혹은 반동문화에 신세를 졌다고 생각한 사람 중 하나가 바로 마르틴 루터였다. 실제로 루터가 맨 처음 출판한 책도 한 익명의 저자가 쓴 신비서적이었다. 후에 그는 이 책에 『독일 신학』*A German Theology*이라는 제목을 붙였다. 성경과 아우구스티누스 저작을 별개로 할 때, 루터는 그 어떤 책도 하나님과 그리스도와 인간에 관해 이 책보다 더 많이 가르쳐 주지 않았다고 주장했다. 달리 말해 루터가 당대 교회에 품은 불만은 상당 부분 성령과 관계 있었다.

거듭나야 한다

대체적으로 종교개혁은 여러 면에서 니케아 신조의 다음 구절을 위한 싸움이 될 터였다. "우리는 성령, 주님, **생명을 주시는 분을** 믿는다." 이 단언에는 우리 자신에게는 생명이 없다는 믿음이 담겨 있다. 그러므로 우리에게는 우리를 능력 있게 하는 약간의 은혜 그 이상의 것이 필요하다. 즉 우리에게는 **생명**이 필요하다. 태초에 성령이 물 위를 운행하시며 피조물에게 생명을 주신 것처럼, 새 생명을 소유하기 위해 이제 우리에게는 다시 성령이 필요하다. 그래서 루터는 성령을 믿는 믿음이란 무엇보다도 "나 자신의 이성이나 힘으로는 예수 그리스도 나의 주를 믿거나 그분께 갈 수 없다. 다만 성령께서 복음을 통해 나를 부르셨다"는 뜻이라고 말했다.[2] 다시 말해 구원은 협력 시도, 즉 하나님께서 그저 연약한 죄인을 돕는 일일 수 없다. 구원은 신적 구출, 하나님께서 죽은 자를 살리시는 일이다. 성령을 '생명 수여자'로 믿는다는 것은 오직 은혜에 의한 구원을 믿는다는 뜻이다. 루터는 설명하기를, "누군가에게 성령이 주어진 것이 그 사람이 어떤 일을 했기 때문이라는 말은 성경 어디에서도 찾아볼 수 없다. 성령은 언제나 사람이 그리스도의 복음과 하나님의 자비를 들었을 때 주어진다"고 한다.[3]

우리에게 생명이 없는 것은 우리 안에 있는 허물이 우리의 행위보다 더 크고 무겁기 때문이다. 우리에게 생명이 없는 것은 생명을 지으신 분이요 생명의 원천이신 분께로 돌이켜 그 생명을 받지 않기 때문이다.

> 너 하늘아, 이 일로 말미암아 놀랄지어다.
>
> 심히 떨지어다. 두려워할지어다.
>
> 여호와의 말씀이니라.
>
> 내 백성이 두 가지 악을 행하였나니
>
> 곧 그들이 생수의 근원되는
>
> 나를 버린 것과
>
> 스스로 웅덩이를 판 것인데
>
> 그것은 그 물을 가두지 못할 터진 웅덩이들이니라(렘 2:12-13).

우리는 다 생명을 갈구하지만 천성적으로 그분 아닌 다른 곳에서, 다른 관계와 다른 쾌락에서 생명을 찾는다. 우리 마음은 다른 곳을 의지하며, 절대 그분을 선택하지 않는 우리는 그래서 절대 생명을 소유하지 못한다. 그러므로 성령이 없을 때 우리는 피상적으로 우리 자신을 개조할 수 있을지는 모르나 그 이상은 하지 못한다. 우리가 생명을 소유하려면 성령께서 우리에게 성령을 바라는 새 마음을 주어 성령께로 돌이켜 생명을 받게 만드심으로써 우리를 새 생명으로 새로 탄생시켜 주셔야 한다(겔 36:26, 요 3:3-8).

이 모든 것을 위한 투쟁이 종교개혁의 중심에 자리 잡고 있었으며, 이는 개혁자들이 내부로부터 시작되는 근본적 변화의 필요성을 확신했다는 의미다. 이들은 냉혹한 죄인들에게는 단순한 행동 수정 그 이상이 필요하다고 보았다. 우리에게는 깊은 내적 개혁이 필요하며, 이 개혁은 성령께서 우리 눈을 열어 주어 주님이 참으로 어떤 분이고 얼마나 아름다운 분인지 보게 하심으로써 이루어진다. 우리 마음이 완전히 뒤집어져 녹아내려야 하며, 최고로 사랑스러운 하나님을 최고로 즐거워함으로써 우리 자신에 대한 사랑이 빛을 잃어야 한다. 즉 개혁자들은 거듭남을 믿었고, 하나님을 미워하는 자들이 복음에 설득당하여 겉으로만 하나님께 순종하는 것이 아니라 진심으로 하나님을 사랑하고 하나님을 바라며 하나님을 기뻐하게 될 것을 믿었다.

잉글랜드의 성경 번역자 윌리엄 틴들은 살아 계신 성령을 믿는 이 믿음이 청년 시절 믿었던 피상적 의례중심주의와 얼마나 다른지 확실히 깨달았던 초기 개혁자 중 한 사람이다. 틴들은 이를 이렇게 설명했다. 우리의 문제는 바로 "마음이며, 능력과 감정과 욕구는 다 마음에 있고, 이 마음으로 우리가 할 수 있는 일이라고는 죄 짓는 것밖에 없다." 유일한 해결책은 "성령뿐이며, 이 성령이 우리 마음을 해방시킨다."[4] 자기 사랑이라는 노예 상태에서 우리 마음을 "해방"시켜 하나님을 아는 자유를 얻게 할 능력은 오직 성령께만 있다. "하나님의 무한한 자비·선하심·사랑·친절을, 그리스도의 보혈에 참여함을, 그리고 자기 마음에서 그리스도의 영의 위로를 느끼지" 못하는 한, 신자는 "하나님을 위해 절대 아무것도 포기하지 못한다."[5] 그래서 틴들은 영역본 신약성경 여러 권과 함께 잉글랜드로 몰래 들여온 한 소책자에서 여전히 의례중심주의에 사로잡혀 있는 동료 잉글랜드인들에게 이렇게 조언했다.

> 그러므로 하나님과 화평하며 하나님을 사랑하고자 한다면 하나님의 약속과 복음으로 돌이켜야 할 것이니, 이는 바울이 고린도 교인들에게 의의 직무와 성령의 직무에 대해 자세히 설명하기 전에 요구한 내용이다. 믿음은 죄 사함을 낳고, 용서는 그리스도의 보혈로 값없이 산 것이며 우리에게 성령이 임하게 하니, 성령께서는 마귀의 띠를 풀어 우리를 자유롭게 하신다.[6]

이 신학은 종교개혁 진영의 가장 실제적인 구별점이 생기는 데 기여했다. 개혁자들은 하나님 앞에서 우리가 지니는 문제의 뿌리는 우리의 행실에 있지 않다고 보았다. 나쁜 짓을 했으므로 그저 옳은 행동을 하기 시작하면 되는 문제가 아니었던 것이다. 겉으로 드러나는 모든 죄악 행위는 우리 마음이 지닌 내적 욕구의 표현일 뿐이다. 그러므로 그 욕구 문제를 처리하지 않고 행실만 바꾸는 건 위선을, 냉랭하고 사악한 마음을 덮어 가리는 자기 의의 가식을 조장할 뿐이었다. 어떤 이들이 주목했다시피, 성도들의 피상적 행동 변화만 추구한 목회자는 예외 없이 잔혹한 협박자들이었다. 종교개혁의 이 통찰은, 사람의 마음이 돌아서야 하며 악한 욕구는 그리스도를 향한 그보다 더 강한 욕구로써 소멸되어야 한다는 의미였다. 개혁자들은 그런 근본적 변화가 일어나기 위해서는 복음이 설교되어야 한다고 보았다. 틴들은 또 이렇게 말한다.

> 이런 식으로 그리스도가 설교되면……하나님의 풍성한 자비와 그 리스도에게서 보이는 인자 앞에 [마음이] 부드러워져 녹기 시작한다. 복음이 설교될 때면 성령이 이들 안에 들어와……내면의 눈을 열어 주시고 이들 안에 그런 믿음을 유효하게 작동시키시기 때문이다. 그 리스도의 비통한 죽음이 얼마나 달콤한 일인지, 하나님이 얼마나 자 비롭고 자애로우신지를 그리스도께서 우리를 피로 값 주고 사신 일 과 그 공로를 통해 인간의 가련한 양심이 깨닫고 맛보면 이들은 사 랑하기 시작한다.[7]

이것이 무슨 말이냐면, 우리 죄는 단순히 우리가 더 열심히 노 력한다거나 우리 자신을 깨끗이 문질러 닦는다고 해서 우리 마음에 서 제거될 수 없다는 뜻이다. 성령께서 복음을 통해 우리를 변화시 켜 주셔야 한다. 그것이 바로 성령의 새 생명이 시작되는 방식이며, 그것이 바로 그 생명이 자라는 방식이다. 틴들이 그토록 매혹적으로 표현하는 것처럼, "성령이 있는 곳, 그곳은 늘 여름이며, 그곳에는 언제나 알찬 열매, 말하자면 선한 행위가 있다."[8] 타고난 이기적 냉담함대로 살도록 버려두면 우리는 자기를 자랑하는 가짜 선행을 토해낼 뿐이지만, 성령께서 계속 깨우쳐 주시고 새롭게 해주시는 심령은 언제나 따뜻하고 여름 같으며 참으로 많은 열매를 맺을 것이다. 그러므로 복음은 **단순히** 불신자들을 위한 메시지, 그리스도인의 삶으로 들어가는 출입구 정도로 취급되어서는 안 된다. 그리스도인이 성장하기 위해서는 **계속** 복음의 햇빛을 받아야 한다.

하나님을 알기

오늘날에는 이런 개념들이 비교적 친숙하기 때문에 이 성령 신학이 당시에 얼마나 혁명적이었는지 자칫 놓치기 쉽다. 중세 로마 가톨릭은 본질상 비인격적 구원 체계였다. 은혜는 죄인을 도와 나가기 위해 하나님께서 주시는 '물질'이었다. 그래서 청년 시절 루터는 실제로 하나님과 직접적 교통을 누린다는 건 꿈도 꾸지 못했다. 뭔가를 요구할 때도 성인聖人들에게 할 뿐 하나님께 직접 하지는 못했다. 그러던 루터는 하나님과의 교통이 바로 성령께서 우리에게 안겨 주시는 것임을 알게 되었다.

하나님은 우리에게 하늘과 땅의 모든 것을 주시고 위임하실 뿐만 아니라 **성자와 성령을 우리에게 주셨는데, 이는 이들을 통해 우리를 하나님 자신에게 데려가시기 위해서였습니다.** 앞에서 설명한 것처럼, 우리는 주 그리스도 곧 성부의 마음을 반영하는 형상이신 분을 통하지 않고서는 성부의 은총과 은혜를 인식하는 데 전혀 이를 수 없기 때문입니다. 그리스도가 아니면 우리는 하나님에게서 진노하신 무서운 심판자의 모습 외에는 아무것도 보지 못합니다. 그리고 성령에 의해 그리스도가 계시되지 않는다면 우리는 그리스도에 대해서도 아무것도 알지 못할 것입니다.⁹

성령에 의해 우리에게 주시는 다른 어떤 선물이나 '물질'보다도 하나님은 **하나님 자신**을 주셔서 우리로 하여금 자신을 알게 하시고 즐거워하게 하신다. 하나님은 복음의 상급이며, 하나님을 아는 삶을 위해 우리는 창조되었고 그 삶을 향해 우리는 구원받는다.

중세 로마 가톨릭에서 은혜가 비인격적인 물질이었다면 믿음 또한 마찬가지였다. 믿음은 그리스도께 대한 인격적 신뢰에 관한 일이 아니었다. 중세 로마 가톨릭에서 말하는 믿음은 '명시적 신앙'explicit faith이라 불리곤 하며 바람직하게 보이기도 했지만, 본질적 요구조건 외에 쓸데없는 내용들이 많았다. '글자도 모르고 지능도 낮은 촌뜨기들이 복음의 신비를 이해하는 게 과연 가능하기는 할까'라는 게 세간의 생각이었다. 그래서 이런 사람들은 비교적 간단한 '맹신'implicit faith이라는 길(교회에 가서 성사를 받는)을 통해 천국에 갈 수 있다고 했다.

루터를 비롯한 개혁자들이 보기에 그런 '맹신'은 구원에 이르는 참 신앙이 아니었다. 그런 '맹신'은 하나님께서 교회 출석과 자선 행위를 자동적으로 인정해 주시며 상급을 주신다고 생각하는 태도였다. 하나님은 실제적으로 우리를 알고 자신을 알리는 일에 아무 관심이 없는 분이신 양 말이다. 루터는 교회 출석이나 자선 행위가 그리스도께 대한 인격적 신뢰에서 비롯되지 않는다면 이는 자기의존적 우상숭배보다 나을 게 없다고 주장하곤 했다.

1세기 후, 종교개혁 정신을 물려받은 청교도 중 한 사람인 리처드 십스는 이렇게 말하곤 했다. "종교개혁 시대인 지난 100년 어간에는 성령도 충만했고, 고상함과 위로도 더 많았다. 그리스도인은 비교적 편안하게 살다가 죽었다. 왜 그럴까? 그것은 바로 **그리스도가 우리에게 더 많이 알려져 왔기 때문이다.**"[10]

십스의 표현에 주목해 보라. 그는 "'복음'이라고 하는 어떤 공식이 더 많이 알려져 왔다"고 하지 않고, "**그리스도가** 더 많이 알려져 왔다"고 말한다. 십스는 계속해서 이렇게 말한다.

> 성령을 소유하려면 그리스도의 복음을 연구하라.······그리스도를 더 많이 발견할수록 성령이 더 많이 주어진다. 그리스도께서 우리를 위해 행하신 일, 그리스도께서 소유하신 것이 드러남에 따라 그리스도의 부요가 교회 안에 더 많이 펼쳐지고 성령도 더 충만하게 교회와 동행한다. 오직 그리스도 안에만 있는 하나님의 값없는 은혜와 사랑이 교회에 더 많이 알려질수록 교회에 성령도 더 충만하다. 그리고 성령이 충만할수록 그리스도를 아는 지식도 충만하다.[11]

그런데 여기에는 차이점이 있다. 성령을 믿는 믿음이란 개혁자들이 약간 대안적인 어떤 메시지나 체계를 갖고 있었다는 뜻이 아니다. 이는 '사람들이 그리스도를 인격적으로 안다'는 의미다. 아니, 『하이델베르크 교리문답』 제90문 식으로 표현하면 "새 사람으로 다시 산다는 것(즉 성령으로 거듭난다는 것)은 무엇을 의미하는가?"라는 물음에 대한 대답으로서 "그리스도를 통해 전심으로 하나님을 기뻐하는 것, 그리고 하나님께서 우리에게 원하시는 대로 모든 선 행하기를 즐거워하는 것"이다.[12]

성령이 어떤 분인지 생각해 보면, 그분이 단순히 우리가 선한 일을 할 수 있게 해주시는 분이 아니라는 말이 납득된다. 성령은 말씀이 성부의 입에서 나오는 순간 그 말씀을 영원히 즐거워하며 그 말씀을 능력 있게 하는 분이다. 성령을 통해 성부께서는 성자를 향한 사랑을 영원히 표현하며, 성령을 통해 성자께서는 성부의 사랑을 되울리신다. 성부와 성자가 성부와 성자의 성령을 우리와 함께 나누실 때면 **성부와 성자의 생명과 사랑과 교제**도 우리와 함께 나누신다. 성령이 계시기에 나는 그리스도 안에서 하나님의 자녀 된 자가 누리는 새 생명을 경험한다. 나는 성자 안에서 성부의 기쁨을, 성부 안에서 성자의 기쁨을 함께 누리기 시작한다. 나는 하나님께서 사랑하시듯 사랑하기 시작한다. 조나단 에드워즈는 "성도에게 있는 거룩한 원리는 성령의 성품이다. 성령의 성품이 신적 사랑이므로 신적 사랑은 성도의 마음에 있는 거룩한 원리의 본질이자 정수다"라고 했다.[13] 이에 미치지 못하면 이는 성령과 관계없는 것들이다. 성령이 이런 분이시기에 성령은 하나님을 향한 진심어린 사랑을 심고 키우는 일에 집중하심에 틀림없다.

수 세기를 지나오면서도 이런 사실들은 단 한 부분도 중요성이 덜해지거나 시의성이 줄어들지 않았다. 오늘날에도 여전히 그리스도인들은 마치 강력한 중력이 뒤에서 끌어당기기라도 하는 듯 하나님을 아는 일에서 자꾸 멀어지는 모습을 보인다. 우리는 '복음'이라고 하는 어떤 메시지를 믿을 수 있고(또한 선포할 수 있고), 성경을 귀히 여기고 교회에 출석하며 자기가 생각하는 "거룩한"(거룩스러운) 삶을 살면서도 **여전히** 하나님을 사실상 모를 수도 있다. 우리의 '복음'은 우리가 서명한 "공짜로 지옥 탈출하기" 거래일 수 있으며, 이 거래에서 그리스도를 아는 일은 중요하지 않다. 우리의 '거룩함'은 자기의존적 도덕에 지나지 않는 것일 수 있다. 죄가 우리 안에서 하는 일이 바로 이런 일이다. 죄는 가장 큰 계명, 즉 주 우리 하나님을 사랑하라는 계명(마 22:37)을 지키지 못하게 우리를 끌어당긴다. 이것이 바로 개혁자들의 성령 신학이 오늘날 교회의 건강에 그토록 필수적인 이유다. 이는 오늘날 구미 사회가 넌더리를 내고 있는 좀비 종교와 그것을 변화시킬 수 있는 살아 있는 신앙의 차이를 의미한다.

확실히 종교개혁은 이 부분에서 우리에게 하나의 도전 또한 던진다. 의식 중심주의, 즉 종교적 의식을 이행함으로써 은혜가 임한다는 개념은 세월이 지났다고 해서 사라진 무언가가 아니다. 가톨릭이나 개신교를 막론하고 기독교 서점은 갖가지 '…하는 방법'류의 책들에 짓눌려 신음하고 있다. 그리고 우리는 안 될 것이 뭐냐고 여긴다. 삶이 너무 분주할 때는 그냥 '영적으로 더 건강해지기 위한

5단계' 매뉴얼을 따르고 싶은 마음이 들기도 한다. 몇 가지 기본 테크닉만 따르면 내 자동차, 내 컴퓨터, 내 몸이 훨씬 활발하게 움직이는데, 내 영적 삶과 내 교회라고 그러면 안 될 게 무엇인가? 그리고 엄청나게 유익한 기술과 관행이 사실 많이 있다. 하지만 영적으로 속 빈 강정이나 마찬가지인 그런 외적 행위도 있다. 그리스도를 소중히 여기는 마음 없이도 성경을 읽고 기도를 암송하고 남전도회나 청년부 회장 노릇을 할 수 있다. 진심으로 그리스도께 돌이켜 도움을 구하지 않으면서도 설교할 수 있고 목회할 수 있으며 가르칠 수 있고 지도할 수 있다. 그래서 우리에게는 개혁자들의 성령신학이 필요하다. 그 신학이 있어야 이런 공허한 형식주의에 빠지지 않도록 우리 자신을 지키는 데 도움을 받을 수 있기 때문이다.

양자의 영

개혁자들에게 성령은 새 마음, 새 생명을 주고 하나님을 새로이 즐거워하게 해줄 뿐만 아니라, 완전히 새로운 확신을 주는 분이다. 로마 가톨릭에는 이렇다 할 만한 확신 같은 게 있을 수 없었다. 내 운명은 나 자신의 개인적 거룩함에 달려 있지만, 내가 본래적으로 천국에 갈 자격이 있다 생각하는 건 바보천치 같은 건방짐일 것이다. 물론 이를 알면 좀 더 그리스도인다운 삶을 살아야겠다는 동기 부여를 받을 터였다. 그러나 하나님 앞에서의 내 위치에 대한 확신이 없으면 하나님을 기뻐하기 힘들다. 기쁨과 감사가 **흘러넘쳐서** 자연스레 그리스도인다운 삶과 섬김이 나오는 게 아니라, 구원을 확보할 **필요성** 때문에 의무적으로 그렇게 살게 된다.

이는 개혁자들의 성령관과 얼마나 다른가! 개혁자들의 성령관은 신자를 위한 위로와 확신이 주요 주제다. 루터가 찬송가에서 성령을 묘사할 때 가장 자주 쓴 단어는 '트뢰스터'^{Tröster} 곧 위로자다. 칼뱅은 또 뭐라고 했는지 보자. 그는 "성부께서 독생자 아들에게 개인적 용도를 위해서가 아니라 가난하고 곤궁한 사람들을 부요하게 하도록 하려고 주신 그 유익들을 우리는 어떻게 받을 것인가?"라고 묻는다. 대답은 이렇다. "성령의 신비로운 역사"를 통해서 받으니 "그 역사로 **우리는 그리스도와 그분의 모든 유익들을 누리게 된다.**……간단히 말하자면, 성령은 그리스도께서 우리를 자기 자신에게 효과적으로 연합시키는 띠다."¹⁴ 달리 말해, 성령 곧 양자의 영이신 이분이 하는 일은 우리를 성자에게 그렇게 연합시켜 성부 하나님 앞에서 성자의 생명과 **확신**을 함께 나눌 수 있게 하는 것이다. 칼뱅은 계속해서 이렇게 말한다.

성령이 '양자의 영'이라 불리는 것은 성령이 하나님의 값없는 은총을 우리에게 증언하는 증인이시기 때문이니, 성부 하나님께서는 독생자 아들 안에서 이 은총으로 우리를 맞이하여 우리에게 아버지가 되신다. 성령께서는 또한 기도로 아버지를 믿고 의지할 것을 우리에게 권면하신다. 실제로 성령께서는 기도할 말을 우리에게 알려 주어 우리가 두려움 없이 "아빠 아버지"(롬 8:15, 갈 4:6)라 외칠 수 있게 하신다.

똑같은 이유로 성령은 우리 기업의 '보증과 인'으로 불리는데(고후

1:22, 비교. 엡 1:14), 이는 죽은 자와 방불한 모습으로 이 세상을 순례하는 우리에게 성령께서 하늘에서 그렇게 생명을 주어 우리의 구원이 하나님의 확실한 보살핌 아래 안전하다는 것을 확신하게 해주시기 때문이다.[15]

성부 하나님의 사랑을 받는 성자 안에서 그 하나님께 받아들여진 신자들에게 성령은 "우리의 구원이 하나님의 확실한 보살핌 아래 안전하다"는 것을 확신시킨다. 우리는 이제 종이 아니고, '성령'이라 불리는 어떤 힘에 의해 선을 행할 능력을 부여받는 단순한 노예도 아니기 때문이다. 양자의 영은 우리를 그리스도께 연합시켜 그분의 생명과 그 확실한 신분을 함께 나누게 하셨다. 칼뱅의 표현대로 "우리의 구원은 하나님을 우리 아버지로 모시는 데 있다."[16]

사실이 이러하기에 칼뱅은 (그가 "성령의 가장 주된 사역"이라 일컫는[17]) 우리의 믿음은 원래 확실한 일로 계획되었다고 가르쳤다. 성령께서는 하나님의 자녀가 자신들에 대한 성부의 깨뜨릴 수 없는 사랑을 확신하기를 원한다. 칼뱅은 구원에 이르는 믿음을 아래와 같이 정의하며, 이는 로마 가톨릭이 말하는 '맹신' 개념과 뚜렷이 대조된다.

믿음이란 **우리를 향한 하나님의 은총에 대한 견고하고 확실한 지식**, 그리스도 안에서 값없이 주어진 약속의 진리에 토대를 두고 **성령을 통해 우리의 생각에 계시될 뿐만 아니라 우리 마음에 인**(印)**친 지식**이라 일컫는다면, 이제 우리는 믿음에 대한 올바른 정의를 소유

하게 된다.[18]

하나님 백성들의 위로와 기쁨을 위해 성령이 주어진다. 그러면 이들은 하나님 안에서 안식할 수 있고, 하나님이 자신들 것이고 자신들은 하나님의 것임을 확실히 알 수 있게 된다.

하나님의 말씀이 사람의 머리 주변만 맴돈다면, 그건 말씀을 믿음으로 받은 게 아니다. 하나님의 말씀이 마음 깊이 뿌리내려 무적의 방어막이 되어 시험의 모든 책략들을 다 견뎌내고 몰아낼 수 있어야 말씀을 믿음으로 받았다고 할 수 있다. 하지만 성령의 조명이 있어야 말씀을 머리로 진짜 이해하게 된다는 말이 맞다면, 마음의 불신이 머리의 무지함보다 더 크면 클수록 마음을 확신시키는 성령의 능력이 훨씬 더 명료하게 나타날 것이다. 마음이 확신을 구비하기란 머리에 생각이 주어지는 것보다 더 힘든 일이다. 따라서 성령은 인 역할을 하여, 바로 그 약속들을 전에 우리 머리에 각인시킬 때와 같은 확실함으로 우리 마음에 이 약속들을 인친다. 그리고 보증의 역할을 하여 그 약속을 확증하고 확립한다.[19]

성령의 개혁

피상적인 행동 변화가 아니라 깊이 있는 마음의 변모, 추상적 복이 아니라 하나님과의 인격적 교통, 그리고 기쁨을 유발하는 확신, 이런 것들이 개혁자들의 성령 신학이 주는 생생한 유익이었다.

실제로 개혁자들의 성령관은 이들이 얻고자 하여 싸우는 **모든 것**에 정말로 스며들어 있었다. 성령이 생명을 주는 분이라면, 구원은 **오직 은혜**에 의한 것이어야 한다. 양자의 영이신 성령이 우리를 값없이 그리스도와 연합시킨다면 구원은 **오직 그리스도** 안에서 **오직 믿음**으로써만 이루어져야 하며, 성자라는 확실한 보장과 더불어 하나님을 아는 일을 중심으로 해야 한다. 실제로 칼뱅은 우리가 다른 어떤 권위를 성경의 권위보다 우위에 놓지 않도록 성령께서 늘 지켜 주시어 **오직 성경**이라는 원리를 보호하신다는 사실을 보여주었다. 칼뱅은 우리가 성경을 믿는 것은 교회가 그렇게 하라고 하거나 성경은 믿을 수 있는 것이라고 똑똑한 사람들이 우리를 설득하기 때문이 아니라, 성령께서 우리 눈을 열어 주시며 성경이 정말 하나님께서 친히 하신 말씀임을 증언해 주시기 때문이라고 주장했다.

설령 누군가가 인간의 악한 말에 맞서 하나님의 거룩한 말씀을 명쾌히 옹호한다 해도, 참된 경건이 요구하는 그런 확신이 그들 마음에 즉시 각인되지는 않을 것이다. 믿지 않는 사람들에게 신앙이란 오로지 의견만을 고수하는 것으로 보이기 때문에, 이들은 어리석거나 경솔하게 무언가를 믿지 않기 위해 모세와 선지자들이 신적으로 말했다는 합리적 증거를 바라기도 하고 요구하기도 한다. 하지만 나는 이렇게 대답한다. 성령의 증거는 모든 이성보다 더 탁월하다고. 하나님만이 자기 말씀 가운데 자기 자신을 합당히 증언하는 분인 것처럼, 하나님의 말씀 또한 성령의 내적 증거로 인쳐지기 전에는 사람의 마음에서 환영받지 못할 것이다.……

그러므로 이 점을 고수하자. 성령께서 내적으로 가르치신 사람은 진심으로 성경을 의지하며, 성경은 정말로 스스로를 입증한다는 점을.……그리고 성경이 우리에게 확실성을 가질 만하다면 그 확실성은 성령의 증언으로써 얻을 수 있다는 점을.[20]

개혁자들이 싸워 얻은 모든 교리 어디에서나 성령이 발견된다는 사실은 그리 놀랄 만한 일이 아니다. 종교개혁의 진리, 생명을 주는 그 모든 진리가 생명을 주는 건 이 진리가 그 생명을 주는 분 곧 성령과 관계된 진리이기 때문이다. 종교개혁은 인간의 운동이었지만 또한 성령의 운동이기도 했으며, 이는 교회와 세상이 개혁되고 다시 활력을 얻고 건강하게 되는 것을 보고자 한다면 우리에게 성령이 필요하다는 의미다. 종교개혁 정신이 확연하게 담긴 루터의 오순절 찬송 노랫말처럼 우리는 부르짖을 필요가 있다.

오소서, 성령이여, 하나님이자 주님이여!
주님의 모든 은혜를 이제 부어 주소서.
각 신자의 머리와 마음에
주님의 뜨거운 사랑을 이들에게 나눠 주소서.
주여, 주의 빛의 그 밝음으로
믿음 안에서 사람과 연합하시니
어느 땅 어떤 언어든 가리지 않으십니다.

이 노래, 주님을 찬양하는 노래가 불려져야 하니, 오 주 우리 하나님

할렐루야! 할렐루야!

주 거룩하신 빛, 신이신 인도자여

오, 생명의 말씀이 빛나게 하소서!

우리를 가르치사 우리 하나님을 바로 알게 하시며

기쁨으로 하나님을 아버지라 부르게 하소서.

모든 오류에서 우리를 자유하게 하소서.

누구도 아닌 그리스도만이 우리 주인이 되게 하사

살아 있는 믿음 안에 우리가 거하게 하시고

힘을 다해 주님을 의뢰하게 하소서.

할렐루야! 할렐루야!

주 거룩하신 불, 참된 위로자여

주의 일을 행하고자 하는 마음을 주시고

주님 섬기는 일에 거하게 하소서.

시련이 우리를 피해가게 하지 마소서.

주여, 주의 능력으로 각 사람 마음을 준비시키시고

우리의 연약함에 힘을 전해 주사

여기서 우리가 담대히 싸우게 하시고

삶과 죽음을 통해 당신께 올라가게 하소서, 우리 주여.

할렐루야! 할렐루야!

개혁자들이 모든 문제에 의견이 일치하지는 않았다. 성례는 이들 사이에서 가장 의견이 제각각이었던 이슈다. 사실 이것도 매우 삼가서 표현한 말이다. 앞으로 살펴보겠지만, 루터와 츠빙글리는 성찬의 의미를 두고 크게 사이가 틀어졌다. 그렇다고 해서 성찬이라는 이슈에 대해 전혀 의견일치가 없었고 아무런 개혁도 진행되지 않았다는 말은 아니다.

영국 동전을 유심히 들여다보면 여왕의 머리를 중심으로 "ELIZABETH II D.G. REG. F.D."라는 글자가 새겨져 있다. 이는 "Elizabeth II *Dei Gratia Regina Fidei Defensor*"의 약자로, "엘리자베스 2세, 하나님의 은혜로 여왕이자 믿음의 수호자"라는 뜻이다.

영국 왕조가 "믿음의 수호자"라는 호칭을 지니게 된 것은 1521년 10월 11일 교황 레오 10세가 헨리 8세^{Henry Ⅷ}에게 이 호칭을 수여했을 때부터였다. 교황이 이런 호칭을 내린 것은 헨리가 '아세르티오 세프템 사크라멘토룸'^{Assertio septem sacramentorum} 곧 "나는 7성사가 있다고 주장하노라"는 제목의 책을 썼기 때문이었다. 그로부터 10년이 지나지 않아 헨리는 로마와 갈라섰다. 교황은 헨리를 파문하고 이 호칭을 무효화했다. 이에 영국 의회가 개입하여 1544년 헨리와 그 후계자들에게 이 호칭이 재수여되었고, 의회는 이제 이들을 잉글랜드 국교회 수호자로 간주했다.

그러나 1521년 당시 헨리는 단호히 로마 편이었다. 그런 헨리 왕이 신학에 깊이 관여하게 된 건 마르틴 루터의 책 『교회의 바벨론 포로』*The Babylonian Captivity of the Church* 때문이었다.

바로 그 전 해에 발간된 『교회의 바벨론 포로』는 로마 가톨릭의 성례관에 집중 포화를 퍼부었다. 이는 루터에게 무엇보다 우선되는 일이었는데, 왜냐하면 사람들이 신학 논문이나 대학에서 벌어지는 논쟁의 형식을 통해 기독교 신앙에 노출되는 건 아니기 때문이었다. 대다수 사람들은 지역 교회의 주일 예배를 통해 기독교 신앙을 경험했다. 따라서 사람들의 마음속에 참 변화가 일어나고 참 신앙이 생겨나도록 하기 위해 개혁자들은 교회의 설교와 예배를 개혁할 필요가 있었다.

앞 장에서 말한 것처럼 가톨릭교회는 세례성사·견진성사·성체성사·고백성사·병자성사(종부성사를 포함해)·성품성사·혼인성사라는 7성사가 있다고 믿었다. 루터는 성례(성사)란 하나님의 모든 백성들을 위한 하나님의 약속의 외적 표지標識이며, 그래서 성례는 세례와 성찬 두 가지뿐이라고 주장했다. 개혁자들은 나머지 다섯 가지 활동에 반대하지는 않았다(비록 주요 내용을 수정하기는 했지만. 특히

고해 행위를 통해 우리가 스스로 죄를 속할 수 있다고 하는 개념은 거부했다). 하지만 이들은 이런 활동의 기저에 깔린 신학은 반대했다.

중세 가톨릭 신학에 따르면, 떡은 실제로 예수의 몸이 되었고 포도주는 실제로 예수의 피가 되었다. 이는 '화체설'로 알려졌다. 사제가 축성하는 순간 떡과 포도주의 '본질'(내적 실체)은 변화해 예수의 몸과 피가 되는 반면 떡과 포도주의 '비본질적 속성'(외형)은 그대로 동일하다는 것이 화체설이다. 그래서 떡과 포도주는 여전히 떡과 포도주로 보이고 맛도 떡과 포도주 맛이다. 하지만 내적 실체는 변화했다. 이는 예수가 성찬을 통해 다시 희생제물로 드려지고 있다는 의미였다. 1215년 제4차 라테란 공의회에서는 화체설을 로마 가톨릭교회의 공식 가르침으로 채택했다.

화체설은 오늘날까지도 여전히 로마 가톨릭의 공식 가르침이다. 현대 『가톨릭교회 교리서』에서는 이렇게 말한다.

> 떡과 포도주는 축성을 통해서 그리스도의 몸과 피가 되는 실체 변화가 이루어진다. 축성된 떡과 포도주의 형상 안에는 살아 계시고 영광스럽게 되신 그리스도께서 친히 참으로, 실재적으로 그리고 실체적으로 현존한다. 곧 그리스도의 몸과 피가 그분의 영혼과 신성과 함께 현존한다(제1413항).

교리서는 성찬을 그리스도를 새롭게 희생제물로 드리는 것으로 보면서 트리엔트 공의회를 인용하여 이렇게 말한다.

성찬례는……희생제사이기도 하다.……그리스도께서는 십자가 위에서 우리를 위해 내어 주신 바로 그 몸과, "죄 사함을 얻게 하려고 많은 사람을 위하여 흘리는" 피를 성찬례에서 주신다(제1365항).

제물은 유일하고 동일하며, 그때 십자가 위에서 자신을 바치셨던 분이 지금 사제의 직무를 통해서 봉헌하시는 바로 그분이시다. 단지 봉헌하는 방식이 다를 뿐이다.

　십자가 제단 위에서 '단 한 번 당신 자신을 피 흘려 봉헌하신' 저 그리스도께서 그 똑같은 제사를, 미사로 거행되는 이 신적 희생제사에서 피 흘림 없이 제헌祭獻하고 계시다(제1367항).

　가톨릭에서 성찬은 '미사'로 알려지게 되었다. '미사'^{Mass}는 라틴어 미사^{missa}에서 온 말로, '해산'^{dismissal}을 뜻한다. 이는 라틴어 '미시오'^{missio}가 중세 때 전와轉訛된 것으로, 우리가 쓰는 '미션'^{mission}이라는 말이 바로 이 단어에서 파생되었다. 이 단어는 예배를 마치며 "이테, 미사 에스트"^{Ite, missa est} 곧 "돌아가시오. 이제 해산이오"^{Go, it is the dismissal}라고 한 데서 나왔다. 예배 때 모였던 회중이 이제 선교의 사명^{mission}을 지고 세상으로 보냄받는 것이다. 그러나 개혁자들과 그 후손들에게 이 용어는 언제나 성경적 성례 신학이 왜곡되었다는 사실과 연관되었다.

　가톨릭의 성례 신학은 중세 가톨릭의 죄와 구원관을 반영하고 강화했음을 깨닫는 게 중요하다. 화체설은 그냥 어쩌다 추가된 개념이 아니었다. 또한 화체설은 단순한 미신도 아니었다. 이는 가톨릭의 구원관이 당연히 이르게 되는 추론이었다. 죄가 질병이고 구원이 주로 치료 행위라면, 성례는 치료약이다. 사제가 혀 위에 올려 주는 제병祭餅은 알약과 같다. 아니 다른 비유를 쓰자면, 미사에 참석하러 가는 것은 여행을 앞두고 자동차에 연료를 더 넣기 위해 주유소에 가는 것과 비슷하다.

앞에서 보았다시피, 이는 가톨릭이 은혜를 '물질'로, 즉 건네주고 건네받을 수 있는 것으로 만들었기 때문이다. 그러니 자연히 성례를 은혜를 전달하는 수단으로 보게 된 것이다. 세례 받는 행위는 거듭나는 능력을 전해 주어서 그리스도인으로 다시 태어나게 한다. 떡을 받는 것은 에너지 음료 한 캔을 새로 따는 것과 비슷하다. 덕행 있는 삶을 영위하려는 나의 노력을 지속할 수 있도록 영적 활력을 공급받는 것이다.

이런 성례관이 일단 자리를 잡자 이제 그 성례에 참석할 필요조차 없게 되었다. 자기를 위해 "봉헌"votive 미사가 이행되도록 돈을 치러서 하나님의 은총을 확보할 수 있었던 것이다. 게다가 이렇게 효율적인 방법을 죽은 사람이라고 해서 못 누리라는 법은 없지 않은가? 부자들은 유산을 남기고 죽으며 그 돈으로 자기를 위해 미사를 집행해 연옥에서 빨리 빠져나올 수 있게 해주기를 부탁했다. 중세 잉글랜드의 수많은 지역 교회들은 이렇게 사자死者를 위한 미사 전용 예배당이나 부속 예배당을 운영하면서 편의를 제공했다. 최악의 경우 이는 성찬이 상업화되는 결과를 낳았다. 은혜가 이리저리 옮

길 수 있는 물질이라면, 돈으로 사고팔 수도 있었다. 마르틴 루터는 이렇게 말했다. "미사를 희생제사나 선행으로 가르치거나 매매하는 행위를 나는 모든 역겨운 행위 중에서도 가장 역겹게 여긴다."[1]

미사는 이제 온 회중이 거행하는 행위가 아니라 교회를 대신해 사제가 거행하는 행위가 되었다. 예를 들어 성도에게는 떡만 주어졌는데, 포도주를 나눠 주었다가 혹시 흘리기라도 해서 이제 실제 그리스도의 피가 된 것을 모독할까 염려되어서였다. 예식은 라틴어로 진행되어서 알아듣는 이가 별로 없었다. 사제는 떡을 높이 치켜들고 라틴어로 "호크 에스트 코르푸스 메움"*Hoc est corpus meum*이라고 말하곤 했는데, 이는 "이것은 내 몸이다"라는 뜻이었다. 한 가지 이론에 따르면, 우리가 주문呪文이나 뭔가 믿을 수 없는 것을 뜻할 때 흔히 쓰는 말 '호쿠스-포쿠스'*hocus-pocus*가 바로 여기서 나왔다고 한다. 이 순서가 되면 종이 울리고 사람들은 이제 그리스도의 몸으로 변화한 그것을 쳐다볼 수 있었다. 코르푸스 크리스티*Corpus Christi* 곧 '그리스도의 몸' 축일(성체 축일) 제도가 생겨나, 이날이 되면 성체 행렬이 거리에서 행진을 벌이고 사람들은 그 앞에 절을 하곤 했다.

『교회의 바벨론 포로』에서 루터는 화체설을 거부한다. 루터는 예수가 떡 가운데 임재한다고 믿지만 이에 대한 이성주의적 설명, 화체설 교리에 제시된 것과 같은 그런 설명은 배격한다. 루터로서는 믿음으로 이 사실을 받아들이는 것으로 충분했다.

또한 루터는 사제가 성도에게 떡만 나누어 주는 관행도 거부한다. 루터는 성경이나 역사 어디를 봐도 이에 대한 선례를 찾을 수 없었다. 더 중요한 사실로, 이 관행은 기독교 예배 전반을 보는 인식, 특히 성체성사를 사제가 사람들을 대신해 거행하는 행위로 보는 입장을 반영한다. 루터는 예배를 교회가 함께 참여하는 어떤 일로 본다. 그래서 그는 라틴어보다 독일어로 된 예식서를 만들어 예배 때 진행되는 순서를 사람들이 모두 따라갈 수 있게 했다.

『교회의 바벨론 포로』에서 루터는 무엇보다도 사제가 미사 때 사람들을 위해 공로를 획득하는 봉헌을 한다는 개념을 거부한다. 이는 루터의 구원 이해가 점점 성숙해 가고 있음을 반영한다. 우리는 오직 믿음으로써만 의롭다 칭함받는다. 그러므로 미사는 공로를 획득하는 일이 될 수 없다. 미사는 그런 일이 아닌 다른 무언가여야 한다. 루터는 미사가 믿음에 도움이 되는 것으로서 그리스도께서 주신 것이라 주장한다. 우리는 그리스도로써 이미 의롭다 여김받았다. 우리는 그리스도 안에서 이미 의롭다. 그리스도의 행위는 완료되었고, 그래서 미사를 통해 그 공로를 확장하거나 무언가를 더할 필요가 없다. 우리의 의는 외부에서 온 "이질적" 의다. 이 의는 그리스도를 통해 우리에게 주어진다. 이 의는 성례를 통해 우리가 획득하는 내부적인 것이 아니다. 루터에게 은혜는 '물질'이 아니라 죄인을 향한 하나님의 과분한 사랑이다. 은혜는 관계를 기반으로 한다. 그러므로 우리가 성례를 통해 받는 것은 그리스도 그 자체다. 우리는 그리스도의 임재를 받고 우리 믿음을 강하게 하시겠다는 그리스도의 약속을 받는다.

이는 우리 시대에도 여전히 중요하다. 성찬은 그리스도의 희생이 완전히 완결되었음을 우리에게 일깨워 주는 역할을 한다. 이것이 바로 히브리서 10장의 메시지다.

제사장마다 매일 서서 섬기며 자주 같은 제사를 드리되 이 제사는 언제나 죄를 없게 하지 못하거니와 오직 그리스도는 죄를 위하여 한 영원한 제사를 드리시고 하나님 우편에 앉으사 그 후에 자기 원수들을 자기 발등상이 되게 하실 때까지 기다리시나니 그가 거룩하게 된 자들을 한 번의 제사로 영원히 온전하게 하셨느니라(히 10:11 - 14).

"한 번의 제사로 영원히." 히브리서 기자는 말하기를, 하나님은 구약성경의 제사를 필요로 하지 않았다고 한다(10:8). 구약성경의 제사는 하나님의 유익을 위해 드려진 게 아니었다. 하나님에게 죽은 양 따위가 무슨 소용이었겠는가? 구약성경의 제사는 그리스도의 사역을 가리키는 시각 자료로 제정된 제도였다. 하나님은 제사를 원하지 않으셨다. 하나님 자신이 제물을 제공해 주곤 하셨던 것을 보면 알 수 있다. 그 제사를 그리스도께서 드리셨고, 그래서 이제 하나님의 인정을 받기 위해 우리가 해야 할 일은 아무것도 남지 않았다. 우리는 그리스도 안에서 하나님의 인정을 받았다.

신앙인들만 이 메시지를 들을 필요가 있는 것은 아니다. 내(팀) 친구 필이 한 번은 사업가들을 위한 세미나에 참석했다. 참석자들은 자기 사업을 한 마디로 요약해 보여줄 수 있는 물건을 하나씩 가지고 가야 했다. 어떤 사람이 결혼반지를 가지고 왔다. 그 사람은 사업 때문에 이혼을 했다고 한다. 속마음을 솔직히 털어놓는 순간이 되자, 그 사람은 성공을 위해 결혼 생활을 희생해 왔음을 시인했다. 오늘날 많은 이들이 자기가 섬기는 신을 달래기 위해 엄청난 희생을 치른다. 이들은 성공을, 타인의 인정을, 쾌락을, 정체성을, 안전을 신으로 삼고 경배한다. 이 신을 섬기며 예배하려면 시간과 가정과 건강을 희생해야 할 수도 있다. 성찬을 거행한다는 것은 그때마다 매번 우리가 하나님을, 다른 신들처럼 희생을 요구하되 다른 모든 신들과 달리 자기 자신이 희생제물이 되어 주시는 분을 예배하고 있음을 상기하는 것이다.

루터 대 츠빙글리

앞으로 살펴보겠지만 마르틴 루터와 울리히 츠빙글리는 성찬에 대한 견해차 때문에 심각하게 사이가 틀어졌다. 하지만 사실 두 사람이 의견일치를 보인 부분도 많았다. 두 사람 모두 미사가 로마 가톨릭 신학의 중심이라는 점을 인식했고, 그래서 이들은 미사를 개혁하지 않고는 교회를 개혁할 수 없다고 봤다. 두 사람은 성찬을 회중이 거행하는 참여 행위로 다시 제정하고자 했다. 그래서 두 사람 모두 떡뿐만 아니라 포도주도 회중에게 주어져야 한다고 주장했다. 또한 두 사람 모두 예배 의식이 일반인들의 언어로 진행되기를 원했다. 이들은 말씀이 예배 의식의 중심이어야 한다고 주장했고, 그래서 성례는 말씀으로 해석되어야 한다고 했다. 무엇보다도 이들은 화체설을, 그리스도를 다시 바친다는 개념을 거부했다. 성찬은 그리스도의 영단번의 봉헌을 대체하거나 반복하지 않았다.

하지만 루터와 츠빙글리 사이에 첨예하고도 개인적인 의견 불일치가 생겨났다. 예수께서는 아래와 같은 말씀으로 성찬을 제정하셨다.

> 또 떡을 가져 감사 기도 하시고 떼어 그들에게 주시며 이르시되 이것은 너희를 위하여 주는 내 몸이라. 너희가 이를 행하여 나를 기념하라 하시고 저녁 먹은 후에 잔도 그와 같이 하여 이르시되 이 잔은 내 피로 세우는 새 언약이니 곧 너희를 위하여 붓는 것이라 (눅 22:19-20).

루터는 "이것은…이라"와 "언약"이라는 말을 강조했다. 성찬을 가리켜서는 '언약' 혹은 '계약'testament이라고 했다. "이것은…이라"는 말은 우리에게 제시된 객관적 사실을 뜻한다. 이는 우리가 이행하는 어떤 일이 아니라, 하나님의 언약의 표지로 우리가 받는 무언가를 말한다.

루터는 '공재설'을 전개했다. 루터파는 화체설이라는 가톨릭 사상을 거부하며, 승천 때 예수의 인성이 예수의 신성과 결합했다고 주장했다. 그 결과 예수의 몸이 공간의 한계 너머로 이동해 어디에나 편재하게 되었다는 것이다. 이렇게 해서 그리스도의 몸이 떡과 포도주에 임재한다고 실제로 말할 수 있게 되었다.

츠빙글리는 "이를 행하여"와 "기념"이라는 말을 강조했다. 그는 성찬을 가리켜 기념행사라고 했다. "이를 행하라"는 말은 그리스도께서 우리를 위해 해주신 일을 기억하기 위해 우리가 어떤 일을 행한다는 뜻을 담고 있다. 떡은 말 그대로 그리스도의 몸이 아니라, 우리를 위해 주어진 그리스도의 몸을 상기시키는 역할을 한다.

'성례'sacrament라는 말은 군인의 서약을 뜻하는 라틴어에서 왔다. 루터에게 성례는 하나님께서 복음 안에서 자기 백성에게 하시는 약속 혹은 서약이었다. 한편 츠빙글리에게 성례는 우리가 하나님께 하는 충성 서약이었다. 츠빙글리가 이런 개념을 갖게 된 것은 스위스 군대 군목이라는 그의 직분과 무관하지 않을 것이다. 츠빙글리는 결국 가톨릭 군대에 맞서, 개혁에 가담한 스위스의 주州들을 방어하다가 전장에서 죽었다. 병사가 자기 부대에 충성을 서약하듯, 그리스도인은 성례를 통해 하나님께 충성을 서약한다. 그래서 츠빙글리에게는 설교가 가장 중요하며, 성례는 그에 대한 우리의 응답을 나타낸다. 츠빙글리는 이렇게 말한다.

어떤 사람이 흰 십자가[스위스 군대의 상징으로, 현재는 스위스 국기 문양이다]를 바느질한다면, 이는 자신이 동맹자[스위스 연합의 일원]임을 선포하는 것이다.……마찬가지로, 세례라는 표를 받는 사람은 하나님께서 자신에게 하시는 말씀을 듣고 신적 교훈을 습득하며 그 말씀과 교훈에 따라 살아나가기로 결단한 사람이다. 또한 기념할 때 혹은 성찬 때 회중 가운데 계신 하나님께 감사하는 사람은 그리스도의 죽음을 마음으로부터 기뻐한다는 사실을 증거하고 그에 대해 감사한다.[2]

루터의 성례론	츠빙글리의 성례론
로마 가톨릭의 7성사는 세례와 성찬 두 가지로 대체된다	
성례는 성도가 떡과 포도주를 둘 다 취하면서 회중이 자기 언어로 수행하는 참여 행위다.	
말씀이 중심이며 성례는 말씀으로 해석된다.	
그리스도의 죽음은 영단번에 이뤄졌으며, 그래서 성찬에는 그리스도를 다시 바치는 일이나 공로를 획득하는 일이 포함되지 않는다.	
"이것은 내 몸이다"라는 말은 예수가 떡 가운데 임재하신다는 뜻이다.	"이것은 내 몸이다"라는 말은 떡이 그리스도의 몸을 상징한다는 뜻이다.
그리스도의 몸은 어디에나 임재하시고, 그러므로 성찬 가운데도 임재하신다.	그리스도의 몸은 하나님의 오른편에 계시며, 그러므로 성찬에는 부재하신다.
말씀과 성례 모두 복음의 약속을 선포한다.	말씀은 복음을 선포하고 성례는 우리의 반응을 표현한다.
성례는 믿음을 낳는다.	성례는 믿음을 표현한다.
유아에게 세례를 베푸는 것은 구원에 이르는 믿음을 낳을 수 있는 약속을 주기 위해서다.	유아에게 세례를 베푸는 것은 이들이 그리스도인 공동체에 속해 있음을 보여주기 위해서다.
말씀과 성찬은 매주 드리는 예배 행위 가운데 결합된다.	말씀은 매주 드리는 예배의 중심이고, 이에 더불어 성찬은 일 년에 세 번이나 네 번 거행한다.

1527년 프랑크푸르트 도서전에서는 루터의 책 『그리스도의 말씀은 광신자들에 맞서 견고히 서 있다』*That the Words of Christ Still Stand Firm against Fanatics* 와 이에 대해 츠빙글리가 반박한 『마르틴 루터에게 주는 친절한 해설』*A Friendly Exegesis Addressed to Martin Luther* 이 나란히 전시되었다. 이것은

서적상들에게 좋은 소식이었지만 복음의 일치를 위해서는 그다지 좋은 소식이 아니었다. 이 두 사람을 각각 지지하는 이들은 1520년대 내내 일종의 신학적 전투를 벌였다. 1529년 양측은 마르부르크 회담에 함께 모였다. 개신교 국가의 정치 지도자들은 가톨릭 측의 반反종교개혁 위협에 대응하는 군사 제휴를 맺고 싶어 마음을 졸였다. 이 회의에서 루터와 츠빙글리는 주요 14개 항에 의견일치를 보았다. 그러나 마지막이자 열다섯 번째 항인 성찬 문제에서는 이견을 좁힐 수 없었다. 회의장을 나서면서 츠빙글리는 눈물로 부르짖었다. "세상에 내가 일치를 이루지 못할 이들은 없건만, 비텐베르크 사람들만은 예외다."[3] 그러나 반드시 그렇지만은 않았다.

마지막 날, 루터는 츠빙글리에 앞서 회의장으로 들어와 아무도 모르게 백묵으로 탁자 위에 '호크 에스트 코르푸스' 곧 "이것은 내 몸이다"라고 적었다. 그러고는 이것을 천으로 덮어 가렸다. 논쟁이 진행되는 동안 츠빙글리는 그리스도가 떡 가운데 실제로 임재하신다는 루터의 주장을 입증해 줄 만한 성경구절을 대보라고 요구했다. 그러자 루터는 기다렸다는 듯 극적인 몸짓으로 조금 전의 그 덮개를 획 열어젖혀 '호크 에스트 코르푸스'라는 글귀가 드러나 보이게 했다. 그리고 이렇게 선언했다. "자, 그 성경구절이 여기 있습니다. 여러분은 아직 이 말씀을 우리에게서 앗아가지 못했습니다. 그럴 작정이시긴 하지만 말입니다. 이 말씀 외에 무슨 말씀이 더 필요하겠습니까?"

물론 츠빙글리는 누가복음 22:19에 이 말씀이 있다는 것을 잘 알고 있었다. 하지만 그는 이 구절을 달리 이해하고 있었다. 떡은 예수의 몸을 **상징한다**고 말이다. 예수께서 자신이 포도나무라고 말씀하셨는데, 이 말씀을 하실 때 그리스도가 정말 말 그대로 포도나무라고 믿은 사람은 아무도 없었다. 마찬가지로, "이것은 내 몸이다"라는 말 또한 문자 그대로 받을 필요는 없었고, 그래서도 안 되었다. 츠빙글리는 예수께서 지금은 하나님의 오른편에 계시고, 그러므로 떡 가운데 임재하실 수 없다고 지적했다. 그러자 루터는 "하나님의 오른편"은 하나님의 다스림을 뜻하는 비유라고 응수했다. 달리 말해, 그 말을 문자 그대로 취해서는 안 된다는 것이다.

루터는 예화를 들어 가며 츠빙글리에게 답변했다. 내가 귀하에게 은으로 된 장미를 들어 보이며 이것이 뭐냐고 묻는다고 가정해 보라. 귀하는 "이것은 장미다"라고 대답할 것이다. "이것은 장미를 상징하는 은조각이다"라고는 하지 않을 것이다. 이것은 진짜 장미는 아닐지 모르나 그래도 장미는 장미. 은으로 만들었든 나무로 만들었든 종이로 만들었든, 본질상으로는 다 장미이지 단순한 상징이 아니다. 루터와 츠빙글리 두 사람 모두 떡이 하나의 상징이라는 데에는 의견이 일치했다. 하지만 루터는 그리스도의 몸이 그 상징 "안에, (그 상징과) 함께, (그 상징) 아래" 임재한다고 믿었다.[4]

츠빙글리의 핵심 성구는 요한복음 6:63이었다. "살리는 것은 영이니 육은 무익하니라." 츠빙글리는 생명은 성령을 통해 직접 주어지는 것이지 떡이나 포도주 같은 물질적 수단을 통해 주어지는 건 아니라는 것이 이 말씀의 의미라고 믿었다. 그는 루터의 주장이 믿음에 의한 구원 교리를 확대시키는 결과를 낳을까 두려워했다. 루터의 말대로라면, 구원은 믿음에 물질적 수단을 더함으로써 이뤄지는 구원이 될 터였다. 츠빙글리는 이렇게 말했다. **크레데레 에스트 에데레***Credere est edere*, "믿는다는 것은 곧 먹는 것이다"To believe is to eat.

성령을 통해 임재함

칼뱅은 루터보다 한 세대 후의 인물이다(1517년 루터가 95개조 논제를 만들어 낼 당시 칼뱅은 여덟 살이었다). 두 사람의 생애가 겹치는 기간도 있지만, 이 둘이 만났다는 증거는 없다. 칼뱅은 성찬에 대해 고유의 독특한 접근방식을 전개했는데, 이 방식은 어떤 면에서 루터의 입장과 츠빙글리의 입장 사이에 있다.

루터 신학에서는 승천하신 그리스도의 편재성을 말하지만, 이는 지금도 지속되고 있는 그리스도의 인성을 위태롭게 한다고 칼뱅은 주장한다. 말하자면, 루터의 주장은 예수의 인성이 예수의 신성 속으로 녹아들어가게 만든다는 것이다. 어떤 특정 장소에 있지 않는다면 그 몸은 실제 사람 몸이 아니라는 것이다.

> 성경의 단호하고 명쾌한 언명으로 우리가 입증한 것처럼, 그리스도의 몸은 한 인간의 몸이라는 한계에 의해 테두리가 정해져 있었다. 그리고 그리스도께서는 그 몸이 모든 곳에 존재하지 않으며, 어느 한 곳으로 들어가실 때는 그 전에 있던 곳을 떠난다는 사실을 자신의 승천으로써 분명히 하셨다.[5]

그리스도의 몸이 어떻게 한곳(천국)에서는 눈에 보이고 다른 곳(성찬 때의 떡)에서는 안 보이거나 감춰질 수 있느냐고 칼뱅은 묻는다. "몸의 본질은 어디로 갔고, 그 일치성은 어디로 갔는가?"[6] 그는 "그리스도의 몸이 그분의 신성에 삼켜졌다고 하는 그 정신 나간 개념"에 대해 이야기한다.[7]

칼뱅은 "이것은 내 몸이다"라는 말을 문자 그대로 받을 필요는 없다고 주장한다. 츠빙글리와 마찬가지로 칼뱅도 성경의 다른 비유적 표현들을 지적한다. 성경은 그리스도가 반석이시라고 말하는데, 이 말을 듣고 우리가 그리스도는 생명 없는 돌덩어리라고 결론 내리지는 않는다. 마찬가지로, 예수께서 "이것은 내 몸이다"라고 하실 때, 우리는 그 떡을 인간의 몸으로 생각해서는 안 된다. 떡이 말 그대로 살이고 그리스도가 말하는 피가 말 그대로 피라면, 그리스도의 몸과 피가 서로 나뉘었다고 하는 말도 안 되는 개념이 생긴다.[8]

더 나아가 그리스도께서는 장차 제자들을 두고 떠나실 것이라 하셨다. "내가 아버지에게서 나와 세상에 왔고 다시 세상을 떠나 아버지께로 가노라"(요 16:28). 칼뱅으로서는 예수가 임재하시지 않는다는 것이 이 말씀의 함축적 의미임을 피하기 어려웠다! 만약 이 말씀이 그리스도께서 자기 상태를 변화시켜 어디에나 존재하게 하신다는 의미로 해석된다면, 자기 대신 성령을 보내겠다는 말씀은 왜 했겠느냐고 칼뱅은 묻는다.[9] 그리고 또 사도행전 3:21과 빌립보서 3:20-21에서는 우리가 그리스도를 기다리는 것에 대해 말하고 있는데, 그리스도가 어디에나 계시다면 신약성경이 이 말을 왜 했겠는가?

그런데 우리가 성찬을 받을 때 그리스도의 몸이 부재한다면 이는 츠빙글리의 주장처럼 단순한 기념으로서의 성찬만 남았다는 의미인가? 이 부분에 대해 칼뱅은 단호히 **'아니다'**라고 대답한다. 우리는 떡과 포도주에서 실제로 그리스도를 만난다. 우리는 단순히 기억을 불러일으키기만 하는 게 아니라 실제로 그리스도로 잔치를 벌여 영양을 공급받는다. 승천하신 그리스도는 몸으로는 부재하실지라도 성령으로써는 임재하신다.

> 내가 주장하거니와 성찬을 통해 우리에게 제공되는 주님의 몸을 함께 나눈다고 해서 그리스도가 그 자리에 임재하셔야 하는 것도 아니고, 그리스도가 강림하셔야 하는 것도 아니고, 그분의 몸이 무한히 확장되어야 하는 것도 아니며, 그와 비슷한 그 어떤 일도 요구되지 않는다. 성찬이 천상적 행위라는 사실에 비추어 볼 때, 그리스도가 여전히 하늘에 계시는 가운데 우리가 성찬에서 그분을 받는다고 말해도 전혀 이상할 것이 없다. 그리스도께서 자기 자신을 우리에게 나눠 주시는 방식은 성령의 은밀한 능력에 의한 방식으로, 이 능력은 거리상 떨어져 있는 것들, 그것도 아주 멀리 떨어져 있는 것들을 모이게 할 뿐만 아니라 결합시키기도 하는 능력이다.[10]

다시 말해, 승천하신 그리스도와 우리 사이의 거리는 성령에 의해 소멸된다는 말이다. 이 말이 "믿을 수 없어 보인다"면, "성령의 은밀한 능력이 우리의 오감보다 얼마나 뛰어난지, 그 측량할 수 없음을 인간의 척도로 측량하려 하는 게 얼마나 어리석은 일인지 기억하자."[11]

성령은 그리스도의 영이기 때문에 단순히 그리스를 대신하기만 하지는 않는다. 이는 남편이 아내와의 데이트 약속을 지킬 수 없게 되자 대신 다른 사람을 내보내는 것과는 다르다! 성령은 그리스도께서 친히 임재하심을 실현한다. 그 결과 그리스도는 성찬 때 우리와 함께 실제로 임재하신다. 그리스도께서는 자신의 임재로써 실제로 우리 마음을 먹이신다. "우리 영혼은 떡과 포도주가 육체의 생명을 유지하고 지탱시키는 것과 똑같은 방식으로 그리스도의 살과 피로 먹임받는다."[12] 그리스도께서는 "자신의 몸으로 백성들을 먹이시니, 자기 영의 능력으로써 백성들에게 주시는 사귐이다."[13]

그래서 성찬 때 떡과 포도주를 나누는 것은 우리와 그리스도와의 연합을 나타내며 그 연합을 우리의 체험으로 강화시킨다. 칼뱅은 이렇게 말한다.

그러므로 이 결합의 띠는 성령이시고, 성령으로써 우리는 서로 결합하여 일치를 이루며, 성령은 그리스도 자신과 그리스도가 소유한 모든 것이 우리에게 전달되는 통로와 같다. 태양이 땅에 광선을 발하여, 땅이 그 소산을 내고 자양분을 공급하여 자라게 할 수 있도록 태양의 본질을 어느 정도 부어 주는데, 그리스도의 영의 광선이 우리에게 그리스도의 살과 피를 나눠 주기 위해 태양만큼 못하라는 법이 있는가?[14]

이는 성찬을 통해 그리스도가 우리에게 강림하신다는 말이 아니다. 그보다 성찬을 통해 우리가 성령으로써 위로 올라가 그리스도와 함께한다.[15]

로마 가톨릭은 '호스트'host(성체)로서의 떡에 대해 말한다. '호스트'는 라틴어 '호스티아'hostia에서 온 말로, '희생제물'을 뜻한다. 미사 때 그리스도가 희생제물로 다시 바쳐진다. 그래서 로마 가톨릭에서 호스트는 상 **위**에 놓인다. 칼뱅에게 예수는 식사 자리로 우리를 반갑게 맞이해 주는 분이라는 의미에서 호스트(잔치의 주인)이시다. 그래서 호스트는 상 위on the table가 아니라 상에at the table 있다. 이 상에서 떡과 포도주를 나눠 주는 사람들은 그리스도께서 하셨던 식으로 상의 떡을 떼어 여러분에게 주는 것일 뿐이다. 자신의 임재와 약속의 표로 떡을 주시는 분은 예수이시다.

성례가 여전히 중요한 이유

우리가 성례를 어떻게 보느냐 하는 문제에는 서로 상반되는 두 가지 위험이 있다. 첫째, 가톨릭교회는 은혜가 성례를 통해 "사효적으로"ex opere operato 전달된다고 말한다. 다시 말해, 성례는 믿음과 별개로 작용한다는 뜻이다. 내가 에너지 음료에 대해 어떻게 생각하는지는 그 음료가 나에게 주는 자극 효과에 별 영향을 끼치지 않는다. 내가 그 음료의 효력을 의심한다고 해도 그 사실이 음료의 작용을 중단시키지는 않는다. 마찬가지로, 가톨릭은 성찬이 진행되는 동안 내가 무슨 생각을 하든 본질이 변화된 그리스도의 몸이 내 삶에 영향을 끼치는 것을 막지 못한다고 말한다.

하지만 죄, 구원, 그리고 성례가 서로 연관되어 있을진대, 우리에게는 다른 비유가 필요하다. 내 아버지가 나에게 선물을 준다고 가정해 보자. 평소에 아버지가 나를 미워한다고 생각했다면 나는 이 선물을 아버지의 체면치레 행위 정도로 여길 것이다. 그 결과 이 선물은 아버지와의 관계를 튼튼히 하는 데 아무 도움이 되지 못한다. 사실상 관계를 오히려 더 악화시킬 수도 있다. 그러나 평소에 아버지가 나를 사랑한다고 생각했다면 나는 이 선물을 아버지의 사랑을 보여주는 또 하나의 증표 혹은 보증으로 여길 것이다. 이 경우 아버지에 대한 내 믿음은 모든 일에 중요한 영향을 미친다. 믿음은 중요하다.

하지만 반대되는 위험도 있다. 바로 성찬의 효력을 성찬에 대한 내 생각과 연관시키는 위험이다. 내가 성찬에 마음이 감동된다면 나에게 효력을 끼치고, 성찬에 아무 감동이 없다면 나에게 아무 효력도 끼치지 못한다는 것이다. 이런 입장에서 보면, 성찬에 효력을 부여하는 건 내 경험이다. 나 자신이 바로 성찬이 효력을 갖게 만드는 것이다! 이렇게 되면 성찬은 이제 신적 행위가 아니라 인간의 행위가 되며, 성찬이 지니는 힘 또한 인간의 힘이 되고 만다.

우리는 모든 일이 나의 반응과 기분 위주인 문화에 살고 있다. 우리 시대의 복음주의 문화 또한 이런 주관주의에 깊이 물들어 있다. 우리는 복음이 전적으로 우리의 외부에 있음을 알 필요가 있다. 복음은 우리의 반응이 아니다. 복음은 내가 반응해야 할 객관적 사실을 나타낸다.

종교개혁에서는 말씀과 성례를 연관시켰는데, 그 연관이 오늘날 우리에게 중요한 이유가 바로 그것이다. 칼뱅은 "성례가 하나님의 말씀과 동일한 역할을 한다는 것을 하나의 확정된 원리로 여기자. 성례는 우리에게 그리스도를, 그분 안에 있는 천상의 은혜라는 보화를 우리에게 제공하고 제시하는 일을 한다"고 말했다.[16] 마커스 피터 존슨Marcus Peter Johnson은 이렇게 논평한다.

칼뱅에게 성찬은 다름 아니라 복음이다. 칼뱅은 성찬이 그리스도 안에 있는 우리의 구원을 하나님께서 우리에게 입증하시기 위해 제정하신 하나의 수단이라고 믿었다. 왜인가? 칼뱅의 구원 이해 그 중심에는 신자가 살아 계신 그리스도에게 연합한다는 확신이 자리 잡고 있었다. 그리스도 자체가 복음의 제안이고, 그리스도와 연합함으로 우리는 그분께서 주시는 모든 유익을 다 누린다.[17]

존슨은 또 이렇게 덧붙인다.

복음이 제대로 설교될 때 성례는 우리에게 청각적으로 제시된 것을 시각적으로 명료하게 보여준다. 달리 표현하자면, 말씀이 성례를 '주해'하는 것처럼 성례는 설교된 말씀을 '주해'한다. 그리고 그리스도는 말씀과 성례 두 가지 모두를 통해 우리에게 주어지기도 하고 받아들여지기도 한다.[18]

지금까지 살펴보았다시피, 우리가 때로 설교를 그리스도의 임재를 전하는 것이라기보다 주로 그리스도에 관한 정보를 전해 주는 것으로 본다는 것도 문제다. 그 경우, 당연히 성례와 관련해서도 문제가 생긴다. 성례가 설교를 통해 이미 이야기된 내용을 기억하게 한다는 것 말고, 정보를 어떻게 전달해 주는지 명확하지 않기 때문이다.

그러므로 성례란 구체화된 약속이라고 생각하는 게 도움이 된다. 성례의 유효성은 그 약속을 하신 분에게 달려 있다.

말씀에 병행하는 것을 생각해 보라. 설교된 말씀을 듣고 누군가가 믿음으로 반응하면 변화가 일어난다. 그러나 믿음이 나타나지 않는다고 해서 설교가 무효가 되는 것은 아니다. 마찬가지로, 성례전적 말씀에 누군가가 믿음으로 반응하면 변화가 일어난다. 믿음이 중요하다. 하지만 믿음이 나타나지 않는다고 해서 성례가 무효화되지는 않는다. 성례의 의미는 나의 반응에 있지 않다. 성경의 의미가 성경 읽는 사람의 반응에 있지 않은 것과 마찬가지다.

고행하며 괴로워하던 당시 루터는 수도원 마당으로 나가 (라틴어로) "나는 세례 받은 사람이다"라고 소리치곤 했다. 성례가 교회에서 거행될 때 거기에는 객관적 사실이 있다. 성례의 의미는 나의 반응이나 기분에 있지 않다. 표지로 구체화된 복음이라는 게 성례의 의미다. 그리고 나의 반응과 감정을 불러일으키는 것이 이 표지의 의도다. 그러므로 우리는 이 표지를 하나님께서 주신 약속으로 받는다. 하나님의 의도에 대한 보증으로서 말이다. 그래서 세례와 성찬

8 — 성례

은 근본적으로 우리의 주관적 경험이나 믿음이나 반응의 표가 아니다. 세례와 성찬은 우리에게 복음을 가리켜 주는 표지다.

표현

6

1520년 6월 15일, 마르틴 루터는 교황의 칙서^{bull}를 받았다. 하지만 이는 선물 포장된 소는 아니었다(칙서를 뜻하는 'bull'에 '황소'라는 뜻도 있다―옮긴이). 칙서로 번역되는 이 단어 'bull'은 라틴어 '불라'^{bulla}에서 온 것으로, '인'^{seal}을 뜻한다. 교황의 칙서는 이것이 교황이 보낸 문서임을 법적으로 인증하는 도장이 찍힌 서류로서, 로마의 공식 선언문이었다. 또한 단순히 교황 개인의 의견이 아니라 자칭 '그리스도의 대리자', 이 땅에서 그리스도를 대표하는 자의 포고문이었다. 루터가 받은 교황의 칙서는 루터를 출교시키겠다 위협하고 있었다. 칙서는 루터의 글에서 가져온 41개 문장을 나열하며 앞으로 60일간 시간을 줄 테니 이 글을 모두 부인하라고 했다.

루터는 칙서를 불태워 버렸다. 그것도 공개적으로.

절차에 따라 출교 칙령이 이어졌다. 1521년 1월 3일, 루터는 이제 공식적으로 교회의 일원이 아니었다. 그게 뭐 대수냐고 생각할 수도 있다. 우리는 수많은 신학적 관점을 대표하는 수많은 교파들이 존재하는 시대에 살고 있다. 한 교회를 떠난다는 건 한마디로 다른 교회를 선택한다는 뜻이다. 하지만 16세기에는 로마 가톨릭교회가 곧 교회였다. 저기 길 아래 쪽 다른 교회에 나갈 수 없었다. 즉 다른 교회란 게 없는 시대였다. 교회를 떠나면 말 그대로 고립무원이었다. 사실 1054년 로마 교회와 분열한 동방정교회가 있기는 했다. 하지만 동방정교회는 로마 제국의 경계 너머 저 멀리 그리스와 슬라브족 나라에 있었다. 루터가 사는 지역에는 그가 다닐 만한 정교회 예배당이 없었던 것이 분명하다. 설령 있었다 하더라도 루터는 거기에서도 지금까지와 비슷한 일련의 신학적 문제점을 발견했을 것이다. 서유럽에서 교회란 교황이 대표하는 제도적 로마 교회를 말했다. 그리고 문제는 바로 그것이었다. 루터는 교회 울타리 밖에 있었다.

설상가상으로 교회는 늘 "교회 밖에는 구원이 없다"고 말해 왔다. 따라서 루터는 이제 구원이 없는 곳에 있다고 해야 했다. 배포가 작은 사람이었다면 아마 그쯤에서 뒷걸음질 쳤을지도 모른다. 하지만 루터는 계속 앞으로 나아갔다.

참 교회

루터는 가톨릭교회가 이제 더는 참 교회가 아니라고 선언하는 담대한 발걸음을 내디뎠다. 당시 대다수 사람들에게 이 같은 선언은 말도 안 되는 오류였다. '그래, 개혁을 좀 해나가면 되지. 어떻게 이 교회가 이제 참 교회가 아니라고 말할 수 있담?' 가톨릭교회의 역사는 예수와 사도들에게까지 거슬러 올라갈 수 있었다. 이 교회는 사도 베드로가 직접 터를 닦은 교회였다. 이 교회는 인간에게 알려진 세상 전역에 현존하는 교회였다. 이 교회가 교회가 아니라면 도대체 어떤 교회가 교회인가?

하지만 루터는 교회란 제도적 구조로 규정되지도 않고 역사적 계보로 규정되지도 않는다고 말했다. 루터는 '키르헤'Kirche라는 말을 싫어했다. 이 말은 영어로 'church'에 해당하는 독일어인데, 루터가 이 말을 싫어한 것은 이 말이 '건물' 혹은 '제도'라는 의미를 함축하게 되었기 때문이다. 루터는 이 말보다 '게마이네'Gemeine, 공동체나, '베르삼룽'Versammlung, 회중이라는 말을 더 좋아했다. 어떤 사람이 교회를 정의해 달라고 하자 루터는 이렇게 답변했다. "저런, 교회가 뭔지는 일곱 살짜리 아이도 다 알지요. 교회는 자기 목자의 음성을 듣는 거룩한 신자들과 양떼입니다."[1] 교회를 정의하는 건 예수 그리스도의 복음이다. 루터는 이렇게 말한다.

> 기독교 회중을 인식할 수 있는 확실한 표는 그 회중 가운데서 순수한 복음이 설교되는가이다. 군대의 깃발이 어떤 지배자가 어떤 군대를 이끌고 전장에 나온 건지 확실히 알 수 있는 표지인 것처럼, 복음은 그리스도와 그 군대가 어디에 진을 치고 있는지 알 수 있는 확실한 표지다.……마찬가지로, 복음은 없고 인간의 가르침이 다스리는 곳에는 그리스도인이 살지 않고 이방인만 산다. 숫자가 얼마나 많든, 이들의 삶이 얼마나 거룩하고 정직하든.[2]

처음에 개혁자들은 그저 교회를 **쇄신하고** 싶어 했다. 이들은 새 교회를 세울 의도가 전혀 없었다. 이들이 보는 이들 자신은 교회를 위해 잠시 교회에서 떨어져 나온 사람들이었다. 하지만 종교개혁이 계속되어 나가면서 그 어떤 쇄신이나 조정도 이뤄질 수 없다는 사실이 분명해졌다. 1541년 레겐스부르크 회담에서 가톨릭과 개신교 사이에 절충을 이뤄 보려던 마지막 시도가 있었으나 이 시도도 결국 무산되었다. 문제는 도덕적 이슈가 아니었다. 역사 속에 존재하는 지상 교회에는 늘 부패의 요소가 있기 마련임을 개혁자들은 인정했다. 문제는 신학이었다. 루터는 이신칭의를 "교회가 서기도 하고 넘어지기도 하는 조항"이라 말했다. 하지만 중세 가톨릭교회는 가르침과 관행을 통해 이신칭의를 부인하고 있었기에 넘어질 수밖에 없었고, 가톨릭교회에서 갈라져 나오는 것 외에 다른 대안은 없었다.

이렇게 되자 개혁자들이 분리주의자로 보이는 결과가 생겼다. 게다가 이들은 아우구스티누스의 가르침을 통해 분열은 끔찍한 죄라고 알고 있었다. 아우구스티누스가 말하는 은혜 교리를 유지하려면 아우구스티누스가 가르치는 교회론을 부인하는 수밖에 없어 보였다. 하지만 '교회란 말씀을 설교하는 모임'이라고 정의하자 루터는 이렇게 대립되어 보이는 진리를 조화시킬 수 있었다. 개혁자들이 참 교회를 떠난 게 아니라 로마가 참 복음을 떠난 것이었다. 칼뱅은 이 점에 대해 이렇게 논리를 전개했다.

하나님의 말씀이 순전하게 설교되고 경청되며 그리스도께서 제정

하신 대로 성례가 시행되는 것을 볼 때마다 거기에 하나님의 교회가
존재한다는 사실을 의심해서는 안 된다.……

　……어떤 모임에 말씀 사역이 있고 그 사역을 존중한다면, 이 모
임이 성례를 시행한다면, 이 모임은 아무 의심 없이 한 교회로 평가
되고 한 교회로 여겨질 자격이 있다.[3]

　참된 교회의 표는 두 가지, 곧 복음과 성례다. 달리 말해 참 교회
는 성경을 바탕으로 복음의 말씀을 충실하게 선포하고 세례와 성찬
이라는 복음의 성례를 충실하게 시행하는 교회다. 여기에는 성경의
권위 아래 참된 은혜의 복음을 선포하지 않는 교회는 참 교회가 아
니라는 의미가 담겨 있다.

　그래서 칼뱅은 일치에 대한 아우구스티누스의 염려를 공유하
면서도 여기에 중요한 조건 하나를 덧붙인다. "주님은 교회의 교제
를 지극히 높이 존중하여 누구든 교만하게 그리스도인 공동체를 떠
나는 자는 다 배반자나 기독교 신앙을 버린 배교자로 여긴다. 단, 그
공동체가 말씀과 성례를 성실히 시행하는 것을 소중히 여긴다는 조
건 아래."[4] 가톨릭이 개혁자들을 고소한 내용이 바로 이것이다. 개혁
자들은 "교만하게" 교회를 떠난 "배교자"라는 것이다. 하지만 칼뱅
은 "말씀과 성례를 성실히 시행하는 것을 소중히" 여기는 교회를 떠
날 경우에만 배교자라고 말한다.

　로마 가톨릭교회는 이신칭의라는 복음을 노골적으로 거부했으
며, 그래서 이 교회는 이제 참 교회로 여길 수 없었다.[5] 개혁자들은

분리론자가 아니었다. 이들은 참 교회를 떠난 게 아니었다. 이들이 로마와 결별한 것은 참 교회를 **지속시키기** 위해서였다. 참 교회는 복음을 설교하기 **위해**[for] 복음을 설교함**으로써**[by] 이루어진다. 가톨릭 교회는 교황의 권위가 지배하는 곳이라면 어디든 참 교회가 존재한다고 말했다. 한편 개혁자들은 복음의 권위가 지배하는 곳이라면 어디든 참 교회가 존재한다고 말했다.

가톨릭교회는 교회 밖에는 구원이 없다고 말했다. 개혁자들도 이 주장에 동의했다. 그리스도께서 대신 죽어 주신 사람들, 그리스도의 이름에서 구원을 발견한 사람들이 바로 교회다. 구원받는다 함은 이들의 일원이 되는 것을 말한다. 그러나 개혁자들은 교회가 로마에 근거를 둔 한 제도와 동일시되어서는 안 된다고 주장했다. 교회는 복음에 의해 형성된 땅과 하늘의 보편적 모임이다. 교회의 일원이 됨으로써 구원받는 게 아니라, 구원받음으로써 교회의 일원이 된다.

칼뱅은 1541년 제네바로 오기 전 스트라스부르에서 3년을 지냈는데, 당시 그곳의 주도적 개혁자는 마르틴 부처였다. 칼뱅은 부처에게서 가시적 교회와 불가시적 교회를 구별하는 법을 배웠다. 불가시적 교회는 모든 참 그리스도인으로 이루어지고, 가시적 교회는 지상의 제도와 거기 속한 회중으로 이루어진다. 가시적 교회에는 참 신자와 거짓 신자 모두가 포함된다. 루터는 '에클레시올라 인 에클레시아'[ecclesiola in ecclesia] 곧 "교회 안에 있는 작은 교회"에 대해 말했다. 세상에는 그리스도를 머리로 모신 단 하나의 교회가 있다. 설령 여러 다른 회중으로(그리고 다른 교파로) 그 모습이 드러날지라도 말이다. 다시 말해, 불가시적 교회는 가시적 교회가 없더라도 존재하는 교회다. 역사를 보면 교회는 늘 불화해서 분열했던 것으로 보인다. 교회는 죄와 부패로 오염되어 있다. 그러나 역사가 정점에 이르면 교회의 일치가 드러날 것이다. 불가시적 교회는 만대에 걸쳐 존재해 온 교회였음을 알게 될 것이다. 한편 신자들은 불가시적 교회를 위해 그 모든 연약함에도 불구하고 가시적 교회에 헌신해야 한다.

가시적 교회와 불가시적 교회가 이렇게 구별되자, 칼뱅은 참 신자가 아닌 사람들로 이루어진 회중 속에서 사람들의 그 불명료함과 더불어 살아갈 수 있었다. 칼뱅은 바울 서신의 수신인이었던 한 교회의 예를 인용한다. 이 교회는 갖가지 문제와 추문으로 가득할 때도 있었지만 바울은 그래도 이들을 **교회로** 여겨 편지를 썼다. 그래서 칼뱅은 교회가 단지 죄로 물들었다는 이유로 그 교회를 떠나는 것에 대해 경고를 한다.[6] 칼뱅은 재세례파를 적어도 일부 염두에 두고 이 말을 했음이 틀림없다.

회집한 교회

재세례파는 취리히에 기원을 두고 있다. 시 의원의 아들인 콘라드 그레벨Conrad Grebel이 취리히의 주도적 개혁자 츠빙글리의 제자가 되었다. 원래는 그리스어를 공부할 계획이었으나 츠빙글리가 그레벨과 동무들에게 그리스어 신약성경을 소개하자 이들은 그 책의 메시지에 사로잡히고 만다. 그레벨의 급진적 변혁론은 어느새 스승인 츠빙글리의 그것을 넘어서고, 둘 사이에는 격론이 벌어진다. 두 사람은 마침내 의회 앞에서까지 논쟁을 벌이게 되고, 의회는 츠빙글리 편을 들어 준다. 그레벨에게는 세 가지 선택안이 주어졌다. 순순히 츠빙글리의 말을 듣든지, 취리히를 떠나든지, 이도저도 아니면 감옥행을 택하라는 것이다. 그레벨은 감옥을 택하지만 결국 선고는 유예된다. 덕분에 그는 중대 행위를 벌일 시간을 벌 수 있었다. 1525년 1월 21일, 열두 명의 남자가 펠릭스 만츠Felix Manz라는 사람의 집에 모였다. 전직 사제였던 게오르크 블라우록Georg Blaurock이라는 사람이 그레벨에게 세례를 받고, 이어서 블라우록이 나머지 멤버들에게 세례를 준다. 침례교 운동이 탄생한 것이다.

멜히오르 호프만Melchior Hofmann은 독일과 홀란드에 재세례파 교회를 개척한 사람으로, 제세례파 신앙 때문에 감옥에 갇혔다가 죽었다. 1530년 호프만은 『하나님의 규례』The Ordinance of God라는 제목의 세례론 책자를 집필했다.[7] 호프만은 먼저 지상명령과 만국에 복음을 선포하라는 그리스도의 명령으로 이야기를 시작한다. 그는 "언약의 참 표지인 침례를 통해 공개적으로 주 예수와 결혼해 그분과 하나가 되라"고 사람들에게 강권해야 한다고 말한다.[8] 책 전체를 통해 호프만은 세례를 결혼식에 비유하고 성찬을 결혼 잔치에 비유한다. 회심자는 "세례 언약을 통해 [예수 그리스도와] 약혼하고, 또한 죽으시고 십자가에 달리신 그분께 자기를 바치며, 그때부터 항상 지극한 열심으로 그분의 뜻에 복종하며 그분의 만족을 추구한다."[9] 세례를 통해 개인적으로나 집단적으로 그리스도의 신부가 되었으므로 이제 그리스도인은 언약을 충실히 이행하며 산다.

세례는 결혼과 비슷한 이 약속을 표현하기에, 오로지 그런 헌신 약속을 할 수 있는 사람만 받아야 한다.

> [언약의 표지는] 나이든 사람, 성숙한 사람, 이성적 사고를 할 수 있는 사람으로서 주님의 가르침과 설교를 받아들여 소화하고 이해할 수 있는 사람을 위한 것이지, 성숙하지 못하고 이해력이 부족하고 이성적 사고를 하지 못해 사도로 보냄받은 이들의 가르침을 받아들이지 못하거나 깨우치지 못하거나 이해하지 못하는 사람을 위한 것이 아니다.[10]

"성숙하지 못하고 이해력이 부족하고 이성적 사고를 하지 못한다"는 말은 호프만이 구체적으로 "미성숙한 어린아이들"을 염두에 두고 한 말이다. 신약성경에는 사도들이 어린아이에게 세례를 준 예가 없다고 호프만은 말한다. 그리고 "그런 예는 앞으로도 영원히 찾아볼 수 없을 것"이라고도 했다![11] 왜냐하면 우리는 "사도들의 말과 그리스도 예수의 설교를 받아들이고 자신의 자유 의지에 따라 그분께 자기 자신을 바치는 자들"에게 세례를 주라고 명령받기 때문이라는 것이다.[12] 호프만은 전혀 타협의 여지를 남겨 놓지 않았다.

> 유아세례는 절대 하나님에게서 오지 않았는데 적그리스도인들과 사탄의 무리들이 하나님과 그분의 모든 계명과 뜻과 바람에 반하여 제멋대로 시행한다. 진실로 이는 하나님께 영원히 가증스러운 짓이다.

화 있을지어다, 화 있을지어다. 그 모든 눈먼 지도자들에게.[13]

마르틴 루터와 장 칼뱅이 주도한 종교개혁, 후에 루터교와 개혁파와 성공회가 된 이 개혁 운동은 흔히 '관원 협력형 종교개혁'Magisterial Reformation이라고 알려져 있다. 이런 이름이 붙은 건 이들이 관료들(세속 당국자들)에게 호소해 개신교 신앙을 진작시키고 방어했기 때문이다. 이들은 제후와 귀족들을 상대로 자신들이 하는 일을 자주 설명하곤 했는데, 이는 권력을 쥔 자들을 설득해 개신교 국가나 도시를 만들기 위해서였다. 달리 표현하자면, 이들은 국가 교회 모델을 염두에 두고 계속 일해 나갔다. 국가와 교회는 여전히 서로를 지지하는 관계로 함께 묶여 있었다. 그 한 예로 츠빙글리는 가톨릭 군대에 맞서 개신교 군대를 지휘하다가 전장에서 목숨을 잃었다. 이 모델에서 신자가 어떤 가시적 교회의 일원이 되는 건 그가 그 나라에서 태어났기 때문이었다.

교회에 대한 이런 이해는 재세례파 혹은 '급진적 개혁'의 도전을 받았다. 이들을 '**재**세례파'라고 부르는 것은 사람들에게 **다시** 세례를 주었기 때문이다. 물론 이들은 자기 자신을 재세례 받은 사람으로 여기지 않았다. 이들은 유아세례는 효력이 없다고 믿었다. 그래서 자기 입으로 신앙을 고백하는 신자들에게 세례를 줄 때 이들은 이것을 재세례가 아니라 첫 번째 참 세례로 여겼다. 하지만 이 상황의 기저에 깔린 이슈는 단순히 세례가 아니었다. 이 일은 '교회를 어떻게 이해하느냐' 하는 문제와 관련 있었다.

일부 재세례파들은 광신자가 되어, 성경과 별개로 성령이 하는 말씀을 들어야 한다고 강조했다. 라이덴의 얀^{Jan of Leiden}이 이끌던 가장 유명한 재세례파 조직은 종말이 임박했다는 긴박함에 사로잡혀, 폭력으로 뮌스터 시를 점령하고 새 예루살렘을 선포했다. 불경한 자들 곧 세례 받기를 거부하는 사람들은 모두 살해당했다. 뒤이어 얀은 자기를 일컬어 새 다윗 왕이라고 하면서 일부다처제를 도입했다. 얀은 일주일에 세 번 시장 광장에 모습을 드러냈고, 백성들은 예를 갖춰 복종을 표현했다. 이 새 예루살렘은 개신교 군대와 가톨릭 군대가 이번 한 번만 함께 싸우기로 하고 이 도시를 침공했을 때 완전히 피바다가 되어 최후를 맞았다. 얀은 고문을 당한 끝에 죽었고, 시체는 철장에 담겨 시내 중심가에 높이 매달렸다. 이 철장은 뮌스터 시에 지금까지도 남아 있다.

이 극단적 태도는 반^反재세례파를 선전하는 활동에 다량의 연료를 제공했다. 관원 협력형 개혁가들은 재세례파를 모두 한통속으로 여겼고, 그래서 재세례파의 주장이라면 암암리에 광신주의에 빗대면서 거부했다. 루터는 이들을 가리켜 '슈배르머'^{Schwärmer}라고 했는데, 이는 '몽상가' 혹은 '열광자'라는 뜻이지만 무리지어 날아다니는 벌떼라는 뜻도 담고 있다. 칼뱅은 이를 조금 변형해 이들을 '광신도', '망상에 빠진 자', '골빈 자들', '얼간이', '불한당', '미친 개'라고 불렀다.[14] 오늘날까지도 재세례파들은 흔히 이런 모습으로 그려진다.

하지만 그런 광신주의는 보편과는 거리가 멀었다. 평화주의자가 더 많았으며, 평화주의는 메노나이트파에서 지금까지도 전해 내려지고 있는 유산이다. 어떤 이들은 공동재산제를 실천하기도 했다. '복음주의 재세례파'evangelical Anabaptists로도 불리는 이들은 관원의 도움을 받는 여느 개혁자들 못지않게 성경의 권위에 순종했다. 사실 이들은 자기들이 좀 더 성경에 충실하다고 생각했다. 자신들은 언제라도 성경을 바탕으로 교회의 본질을 다시 생각해 볼 자세가 되어 있다는 것이 그 이유였다.

급진적 종교개혁은 교회를 '회집한 공동체'gathered community로 보았다. 이는 전 세계에서 신앙 공동체로 모인 신자들로 구성되었다. 이 운동의 주도적 인물로 손꼽히는 사람은 메노 시몬스Menno Simons, 1496–1561로, 네덜란드 출신의 전직 사제였다. 시몬스는 밤을 틈타 은밀히 모이는 공동체에서 설교하고 마을 호수에서 회심자들에게 세례를 베풀면서 많은 세월을 분주하게 살았다. 그는 이렇게 말했다.

> 그저 자기 이름을 자랑하는 자들은 사실 그리스도의 참 회중이 아니다. 참으로 회심한 자들, 위에 계신 하나님에게서 태어난 자들, 거룩한 말씀을 들음으로써 성령의 역사로 중생한 마음을 지녔고 하나님의 자녀가 되었으며 하나님께 순종하는 길로 들어서서 평생 혹은 부름받은 순간부터 그분의 거룩한 계명 안에서 그분의 거룩한 뜻에 따라 흠 잡을 데 없이 사는 자들이 그리스도의 참 회중이다.[15]

다시 말해, 출생을 통해서보다는 새로운 탄생을 통해서 교회의 일원이 된다는 말이다. 불가시적 교회의 회원 자격과 마찬가지로 가시적 교회의 회원 자격도 믿음을 통해 얻게 된다. 가시적 교회는 신자들의 모임이다. 교회는 신자들의 총회다. 신자가 세례를 받음은 교회에 대한 이런 이해가 완성되는 것일 뿐이다.

재세례파는 관원 협력형 개혁자들이 불가시적 교회라는 개념 뒤에 숨어 있고, 그래서 타협하며 살 수 있게 된 것이라고 믿었다. 재세례파에게 교회란 신자들이 형제애로 구성한 가시적이고 구체적인 조직이었다. 이는 지상에 이루어진 그리스도의 나라, 그리스도께서 말씀을 통해 다스리는 곳이다. 그래서 세상과 교회는 뚜렷하게 구별된다. 세상은 불신앙 공동체인 반면 교회는 신앙 공동체.

세례는 제자들의 공동체 안에서 예수를 따르겠다는 철저한 약속을 나타냈다. 시몬스는 구원이 오직 믿음으로만 이루어진다고 믿었다. 하지만 살아 있는 나무가 열매를 맺듯 살아 있는 믿음은 언제나 변화된 삶이라는 열매를 맺는다. 교회는 복음으로 삶이 변화되어가는 사람들의 모임이다.

지역 교회에 대해 이런 고상한 견해를 갖고 있었다는 것은 제자됨을 아주 진지하게 받아들일 필요가 있었다는 뜻이다. 참 신자임을 입증하지 못한 사람은 교회에서 내쫓을 필요가 있었다. 이들은 자기가 참 교회의 일원이 아니라는 것을 자기 스스로 드러내 보였다. 이들이 교회에 계속 머물면 교회의 복음 증거와 교인들의 영적 행보에 위협이 되었다. 재세례파는 '캐서러'Catharer라고도 알려졌는데, 이는 '순결한 자'라는 뜻이다. 하지만 이는 칭찬이 아니었다. 요즘 말로 하자면 '순수주의자'purist라고 할 수 있겠지만, 이 말에는 비현실적이고 강박적인 이상주의라는 개념이 담겨 있다. 재세례파는 가시적 교회가 그리스도의 재림 전에는 절대 완전하지 않으리라는 것을 알고 있었다. 하지만 이들은 가능한 한 거룩해지는 게 교회의 의무라고 믿었다. 가능한 한 거룩해지는 게 개별 신자의 의무인 것처럼 말이다. 교회는 다가올 하나님 나라를 세상에 증거하며 당대 문화에 저항하는 공동체여야 한다는 것이 이들의 생각이다.

재세례파와 마찬가지로 관원 협력형 개혁자들도 참 교회(이들이 '불가시적 교회'라 부르는)는 복음으로 구원받은 사람들의 공동체라고 믿었다. 그리고 관원 협력형 개혁자들과 마찬가지로 재세례파도 지상에 존재하는 역사 속 교회는 언제나 죄로 손상될 수밖에 없음을 인정했다. 이렇게 양측 입장에는 의미심장하게 겹치는 부분이 있었다. 하지만 양측의 차이점을 가볍게 여겨서는 안 된다. 이 차이점은 재세례파가 격렬히 핍박당하는 결과를 낳았고, 그중에는 이들의 신념을 잔인하게 조롱하며 흉내내는 사람들 손에 익사를 당하는 이들도 있었다.

관원 협력형 개혁가들은 가시적 교회에 속한 모든 이들에게 세례를 베풀었다. 사실 개신교 국가에서는 누구 할 것 없이 어렸을 때 당연히 세례를 받았을 것으로 생각했다. 교회와 국가의 이런 협력 움직임은 어느 한쪽만이 아니라 양측 모두에서 볼 수 있었다. 이는 그리스도인들이 시의회 의원이 되면서 나타난 결과였다. 재세례파는 신앙을 고백하는 이들에게만 세례를 주었으며, 그 고백이 거짓임이 드러날 경우 그 사람을 가시적 교회에서 추방하곤 했다. 교회는 참 신자들로만 구성되어야 했던 것이다. 가시적 교회는 불가시적 교회를 반영하려는 모든 시도를 다 해야 했다. 교회와 국가를 양극단에 놓고 이렇게 엄격히 구별하는 태도 때문에 일부(전부는 아니고) 재세례파들은 시정市政에 어떤 식으로도 참여하기를 꺼려하게 되었다. 물론 국가가 매사에 재세례파를 핍박하는 것도 이들이 정치 문제에 참여하지 못하도록 기를 꺾는 데 일조했다. 상황이 이러했던 만큼, 재세례파는 곧 강력한 순교자 정신을 발전시켜 나갔다.

교회는 왜 여전히 중요한가

개혁자들이 교회에 대해 오늘날 우리에게는 뭐라고 말할까? 물론 뭐라고 말할지 확신할 수 없다. 하지만 이 시대의 우리가 얼마나 변덕스러운지, 얼마나 쉽게 교회를 옮겨 다니는지를 보고 깜짝 놀랄지도 모른다. 개혁자들은 가톨릭교회를 기꺼이 혹은 성급하게 떠나지 않았다. 어쨌든 그들은 교회를 떠났고, 때로는 우리도 그래야 한다. 그래도 그들은 마지못해 떠났고, 복음의 진리 그 자체가 문제가 되었을 때만 떠났다. 칼뱅은 이렇게 말했다. "교회에서 분리되어 나오는 것은 하나님과 그리스도를 부인하는 행위다.……하나님의 독생자께서 우리와 결혼 서약을 맺고자 하셨는데, 우리가 신성 모독적 불충성으로 그 서약을 어기는 것보다 더 흉악한 범죄는 상상할 수 없다."[16] 칼뱅은 교회가 우리의 어머니라는 말을 자주 했다. 어머니 교회는 복음을 설교하고 성례를 거행함으로써 우리를 낳고 키운다. 어머니 교회는 그리스도인들이 태어나며 성숙하게 자라는 곳이다.

개혁자들은 교회의 결속이 느슨한 것이나 온라인으로 교회에 출석하는 모습 또한 별로 인상적으로 여기지 않을 것이다. 어떤 이들은 이것이 교회의 급진적 표현이라고 주장하지만 말이다. 교회의 표지에는 복음적 말씀뿐만 아니라 복음적 성례도 포함된다. 그런 구체화된 행위에는 구체화된 공동체가 요구된다. 그 행위는 우리를 구체적 장소에 구체적 사람들로 결속시킨다.

루터라면 아마 그리스도인은 "언제나 의인이고 언제나 죄인"이라는 점을 우리에게 상기시킬 것이다. 우리는 "언제나 의인"이라는 사실을 합법적으로 축하한다. 그러나 때로는 우리가 "언제나 죄인"이라는 사실을 기억할 필요가 있다. 교회는 완전한 사람들로 가득한 완전한 제도가 아니다. 칼뱅이라면 아마 가시적 교회는 불가시적 교회와 동일하지 않다는 점을 우리에게 상기시킬 것이다. 역사 속 교회는 여러 가지 흠결이 있지만 그래도 여전히 위에 있는 영광스러운 교회와 연결되어 있다. 어느 곳에 있든 지역 교회에 속하여 살려면 인내와 자제와 은혜가 요구된다. 실패하고 실수할 때 서로 용서를 베푸는 모습은 우리의 선량함 못지않게 복음의 은혜를 증거하는 모습이기도 하다. 어떤 옛 노래에 아래와 같은 노랫말이 나온다.

사랑하는 성도들과 더불어
위에 거하는 일,

그것은 영원한 영광.

잘 아는 성도들과 더불어

이 땅에 사는 일,

글쎄, 그건 또 다른 문제!

칼뱅은 자신이 말하는 교회의 표지는 복음을 설교하지 않는 자들을 배제할 의도였을 뿐만 아니라 복음을 설교하는 모든 자를 다 포용할 의도이기도 했음을 우리에게 상기시킬지 모른다. "이 원칙은 [어떤 교회든] 복음을 설교하는 자들을 보유하고 있는 한, 설령 다른 부분에서 여러 가지 결함이 있더라도 결코 배격해서는 안 된다는 지점에까지 미친다."[17] 오늘날 사람들이 왜 교회를 떠나가는지, 혹은 교회들끼리 왜 협력을 거부하는지 그 전형적인 이유를 생각해 보라. 칼뱅은 계속해서 말한다. "이 얼마나 위험한, 아니 치명적인 유혹인가. 주님께서 충분히 내 교회로 구별될 만하다고 생각하시는 그런 표지와 증표를 보여주는 교회에서 발을 빼려 한다는 건!"[18] 칼뱅은 "비본질적 문제"로 분열하는 것에 대해 구체적으로 경고한다.[19]

그럼에도 개혁자들은 가톨릭교회를 떠났다. 오늘날 우리는 교리가 부단히 격변하는 시대에 살고 있다. 개별 교회는 물론 온 교파도 성경보다는 문화에 더 많은 영향을 받는다. 개혁자들에게 교회의 표지(복음적 말씀과 복음적 성례)는 교회를 떠나야 할 때가 언제인지를 알려 주는 지표였다. 또한 개혁자들은 교회의 표지를 어떤 교회에 다녀야 하는지를 결정하는 기준으로 삼으라고 권면했다. 달리 말해, 어떤 교회에 등록해야 하는지를 결정할 때 핵심 요소는 예배 스타일이나 아이들을 위한 프로그램이나 설비 혹은 지도자의 카리스마가 아니라 복음이다. 이 교회는 과연 하나님의 말씀에 충실한가?

교회의 권징이 왜 여전히 중요한가

칼뱅과 재세례파는 우리가 교회의 권징을 소홀히 여기는 모습에 아마 놀랄 것이다. 칼뱅은 말하기를 "[그리스도께서는] 교회의 권위를 지극히 존중하여 그 권위가 모독될 때 자신의 권위가 떨어진 것으로 여기신다"고 한다.[20] 복음이 교회의 영혼이라면 권징은 교회의 힘줄이라고 칼뱅은 말한다. 교회의 권징을 회피한다면 몸은 산산조각날 것이다. 하나님의 말씀이 공적으로 설교되어야 한다. 하지만 이것만으로는 충분치 않다. 교회는 "개인을 상대로 하는 훈계, 교정, 그리고 교리를 지탱시키고 교리가 쓸모없는 것이 되도록 놔두지 않는 그 외의 보조 장치를 필요로 한다."[21]

칼뱅은 교회의 권징이 온유하고 신중해야 함을 강조하지만,[22] 그런 한편 권징이 다음 세 가지 이유에서 반드시 필요하다는 점을 분명히 한다.[23] 첫째, 하나님의 이름을 욕되게 하는 일을 피하기 위해서다. "교회 자체가 그리스도의 몸이기 때문에 교회가 그런 불결하고 부패한 교인 때문에 더럽혀지면 반드시 그 머리 되신 분에게도 망신이 된다." 둘째, 다른 그리스도인들이 오염되는 것을 막기 위해서다. "나쁜 본을 보고 올바른 삶에서 이탈하는 것보다 더 쉬운 일은 없다." 셋째, 관련된 사람을 회개 상태로 이끌기 위해서다(고전

5:5, 살후 3:14를 인용하면서).

피에르 비레^{Pierre Viret, 1511–1571}는 칼뱅의 친구이자 로잔의 주도적
개혁자로서, 그 정감 있는 설교 덕분에 '종교개혁의 미소'^{the Smile of the}
^{Reformation}로 알려져 있다. 비레는 두 인물 피터와 나다니엘 사이에 오
가는 대화 형식으로 기독교 신앙을 상세히 설명하는 글을 썼다. 다음
은 피터와 나다니엘이 교회의 권징에 관해 대화를 나누는 장면이다.

> 피터 　 이리 한 마리가 양을 잡아먹었는데 우리가 그 이리에게
> 동정과 연민을 보이면서 살려 주었다가 그 이리가 다른
> 양을 또 잡아먹게 놔둔다면, 우리가 과연 자비롭게 행동한
> 거라고 생각하는가?
>
> 나다니엘 　 내가 보기에 그건 아주 잔인한 일일세. 이건 이리를 살려
> 주려고 양을 죽이는 일이고, 양에게나 보여주어야 할 자비
> 를 오용하는 행동이지.
>
> 피터 　 ……정의가 관련된 문제에서는 그런 사랑과 용서를 채택하
> 는 이들이 많지. 벌 받아 마땅한 악인에게 당연히 벌을 내
> 리는 게 아니라, 오히려 관용을 보이고 그 악인들이 의롭고
> 무고한 사람들을 짓밟고 돌아다니게 놔두면서 말일세. 교
> 회에서도 그런 일이 자주 일어난다네. 추문을 일으키는 자
> 들을 너무 관대히 대해 주고, 그들이 교회 전체에 엄청난
> 피해를 끼친다는 사실에 전혀 신경 쓰지 않는단 말이지.[24]

재세례파는 한 술 더 떴다. 칼뱅은 교회 권징의 중요성을 강조하면서도 권징을 교회의 표지로 삼기는 꺼려했다. 하지만 재세례파는 교회의 권징이 반드시 필요하다고 믿었다. 그래서 관원 협력형 개혁자들이 교회의 표지를 두 개로 확인한 반면(하나님의 말씀과 성례), 재세례파는 교회의 권징을 세 번째 표지로 삼았다. 권징은 궁극적으로 출교라는 형식을 취할 수 있었지만(이들은 이것을 '파문'이라 불렀다), 이는 우리가 흔히 '제자훈련'이라 생각하는 과정 또한 포용한다. 참 교회에는 교회가 세상의 빛이 될 수 있도록 서로가 서로를 훈련시키자는 약속이 있다.

멜히오르 호프만은 세례를 결혼식에 비유하며 "많은 신부가 하나의 회중이자 주님의 신부가 된다"고 말한다.[25] 그리고 부부 사이가 그런 것처럼, 만약 간음이 벌어지면 그에 상응하는 행동을 취해야 한다. 신부는 남편을 위해 순결을 유지해야 한다. 이것이 바로 교회 권징의 토대다. "마찬가지로 [천상의] 신랑도 사도적 사자를 통해 그 신부가 회중에서 내쳐지게 할 것이며……신부를 자신과의 교제에서 끊어내고 신부에게 떡과 포도주를 금할 것이다."[26]

재세례파는 그리스도께서 마태복음 18:15-20에서 간략하게 제시하신 세 단계 조치를 아주 진지하게 받아들였다. 예수께서는 말씀하신다. "네 형제가 죄를 범하거든 가서 너와 그 사람과만 상대하여 권고하라. 만일 들으면 네가 네 형제를 얻은 것이요." 이것이 1단계다. 하지만 이 형제가 말을 듣지 않으면 그다음에는 한두 사람을 데리고 간다. 그것이 2단계다. 3단계는 이 문제를 교회로 가지고 가는 것이다. 형제가 여전히 회개를 거부하면 이제 그를 "이방인과 세리와 같이 여기라"고 한다. 예수의 명령은 강하고 분명하다. "진실로 너희에게 이르노니 무엇이든지 너희가 땅에서 매면 하늘에서도 매일 것이요 무엇이든지 땅에서 풀면 하늘에서도 풀리리라." 이 약속을 교회 권징에 적용할 수 있었던 것은 신자들이 복음의 증인으로 함께 모인 공동체로서의 교회에 대한 책임 때문이다.

교회와 교회의 권징에 관한 이런 입장은 오늘날 사방에 만연한 개인 숭배 앞에 박살이 난다. 우리 시대가 가장 귀하게 여기는 가치는 개인의 자유다. 무엇이 참인지는 나 스스로 자유로이 결정할 수 있다. 내가 참이기를 바라는 건 무엇이든 다 참이다. 내 기분이 왕이다. 이런 상황에서 교회 권징을 행하고자 하는 시도는 다 권위주의적이고 주제넘고 교만하게 보인다. 이는 자아에 맞서는 범죄로 여겨진다. 나 자신의 자아는 당연히 전지전능하게 여겨진다.

내가 목회자로서 교인들의 생각이나 행실 혹은 감정에 이의를 제기한다고 가정해 보자. 신약성경에서는 목회자의 간섭을 주의 깊게 고려하라고 교인들에게 권한다. 교인들에게는 목회자가 혹시 성경의 권위에 반하는 말을 하지 않는지 검증해 볼 수 있는 모든 권리가(그리고 사실은 의무가) 있다. 하나님께서 우리에게 그리스도인 공동체를 주신 한 가지 이유는, 우리가 그 공동체를 배경으로 하여 제자 신분으로 살아가도록 하기 위해서다. 신약성경은 우리가 서로 힘을 북돋아 주고, 서로 꾸짖고, 서로 훈계하고, 서로 권면하라고 명한다.

그러나 우리 시대의 문화 풍토를 보면, 사람들은 어떤 종류든 이의 제기에 대해 대개 공격적으로 반응한다. 사람들이 이의 제기를 하나의 공격으로 보는 건 이의 제기가 우리 시대 문화의 핵심 신념인 개인의 자유를 부정하기 때문이다. 사람들은 상대의 말을 즉각 퇴짜 놓는다. 이는 단순히 이 간섭이 옳으냐 그르냐의 문제가 아니다. 간섭의 실제 근거, 즉 그리스도인들은 공동의 삶을 나누고 상호 책임지는 삶을 산다는 사실이 받아들여지지 않는다는 게 문제다. 대신 우리는 이 세상의 패턴을 따르고 있다.

아니, 사람들은 자기 자신을 피해자로 묘사한다. 평소에는 못 하는 게 없던 자아^{self}가, 피해자인 척 가면 뒤에 숨으라는 도전 앞에서는 얼마나 순식간에 쭈글쭈글 쪼그라드는지를 보면 참 볼 만하다. 사람들은 상대의 이야기를 논박하지 않는다. 대신 상대의 비난에 불필요하게 공격당한 힘없는 영혼인 체한다. 자신에게 필요한 건 공허한 칭찬으로 자존감을 한껏 높여 주는 사람들이지 내 잘못을 지적하는 사람이 아니라고 이들은 생각한다. 누군가가 이의를 제기하면 그것을 이제 자신이 짊어져야 할 짐으로 생각한다. 이들에게 복음은 우리를 자기 집착에서 해방시켜 줄 은혜로운 소식이라기보다는 또 하나의 요구일 뿐이다. 피해자인 척하는 태도는 자아가 그 자신에게서 빠져나와 사랑으로 하나님과 이웃 쪽으로 돌이키지 못하게 막는 또 하나의 수단이 되고 있다.

우리가 하는 말을 오해하지 말라. 우리는 가혹하고 배려 없는 트집 잡기를 옹호하는 게 아니다. 또한 권위주의적이고 상명하달식인 지시를 옹호하는 것도 아니다. 교회의 권징이 가혹하거나 율법주의적 방식으로 시행될 수 있는 것도 틀림없는 사실이다. 하지만 권징을 남용하는 사례가 성경의 명령을 무효화시키지는 않는다. 메노 시몬스는 말하기를, "인간을 향한 온유함, 예의, 정중함, 친절은 다 그리스도인다운 덕목"이므로 권징 중에 있는 사람들과도 일상적으로 안부 인사를 나누고 지내야 하며, 파문당한 이들이 도움을 필요로 할 때 "이들에게 필요한 섬김과 사랑과 자비 베풀기를 거부해서는 안 된다"고 했다.[27] 이렇게 행동하는 목적은 이들을 회복시키기 위해서다. 『교회의 권징에 관한 친절한 훈계』*A Kind Admonition on Church Discipline* 에서 시몬스는 이렇게 말했다.

> 그릇된 교리나 적절치 못한 행동으로 그리스도와의 교제에서 이미 이탈했거나 스스로 떠나간 자 외에는 그 누구도 형제간의 사귐에서 출교되거나 추방되지 않는다. 우리는 누구를 쫓아내기보다는 오히려 받아들이기를 원하고, 잘라내기보다는 치유하기를 원하며, 버리기보다는 되찾기를 원하고, 슬프게 하기보다는 위로하기를 원하고, 정죄하기보다는 구원하기를 원하기 때문이다.[28]

이는 우리 시대의 문화 풍토에서는 매우 도전적인 이상理想이다. 하지만 우리에게는 교회에 대한 복음의 이상에 영감을 받아 이 시대의 주도적 문화에 도전할 각오가 되어 있는 교회가 필요하다. 우리에게는 모든 이들이 서로 "사랑 안에서 참된 것을"(엡 4:15) 말하는 은혜 공동체를 만드는 데 전념하는 교회가 필요하다. 우리에게는 일상생활의 맥락에서 복음을 말하며 함께 성장해 가는 교회가 필요하다. 칼뱅의 말처럼 "개인적 훈계"란 하나님의 말씀이 "쓸모없는 것이 되게끔 놔두지 않는다"는 의미라고 해석하는 그런 교회가 우리에게는 필요하다.[29]

10

일상의 삶

하나님은 월요일 아침에 어떤 변화를 이루시는가

'솔리 데오 글로리아'*Soli Deo gloria* 곧 '오직 하나님께 영광'은 종교 개혁 사상을 한 마디로 요약하여 표현해 주는 문구 가운데 하나다. 종교개혁은 구원의 성취와 관련된 모든 일을 인간에게서 밀어내 하나님 발 앞에 갖다 놓았다. "내가 선한 삶을 살았기 때문에, 신앙 때문에, 혹은 영리한 추론 때문에 영생을 받았다"고 누구도 말하지 못한다. 모든 영광은 다 하나님 것이다. 이 점에서 개혁자들은 고린도전서 1:28-31에 나타난 바울의 사상을 반영하고 있었다.

> 하나님께서 세상의 천한 것들과 멸시받는 것들과 없는 것들을 택하사 있는 것들을 폐하려 하시나니 이는 아무 육체도 하나님 앞에서 자랑하지 못하게 하려 하심이라. 너희는 하나님으로부터 나서 그리스도 예수 안에 있고 예수는 하나님으로부터 나와서 우리에게 지혜와 의로움과 거룩함과 구원함이 되셨으니 기록된 바 자랑하는 자는 주 안에서 자랑하라 함과 같게 하려 함이라.

하지만 '솔리 데오 글로리아'는 개혁적 삶을 요약하는 말이 되기도 했다. 일상의 삶은 하나님을 영화롭게 하는 장이 되었다. 이렇게 일상의 삶을 강조하는 것은 개혁자들이 성경을 재발견한 데서 비롯되었다. 일상의 삶은 성경이 말하는 기독교를 반영하기 때문이다. 일상을 강조하는 것은 또한 개혁자들이 이신칭의를 재발견한 데서 비롯되기도 했다.

선행의 방향을 다시 잡다

미사는 하나님의 은총을 확보하는 희생제사요, 갈보리를 재현하는 것으로 여겨져 왔다. 미사가 하나님의 은총을 확보해 주었으므로 미사를 많이 드리면 드릴수록 이는 하나님을 더 기쁘시게 했다. 그리고 회중은 군이 미사에 참석할 필요가 없었다. 미사는 성직자가 기계적 방식으로 되풀이하면 되는 것이라 말할 수 있었다. 이 관행은 기독교 신앙의 본질이 하루하루의 삶에서 유리된 곳에서 발생한다는 개념을 강화시킨다. 그리고 이 개념은 영적인 세상과 속된 세상, 이렇게 둘로 나뉜 세상으로 이어진다.

하나님에게 중요한 활동은 어디에서 발생하는가? 가톨릭교회가 말하는 것처럼 성사를 통해 베풀어진 '은혜'가 주입됨으로써 우리가 의롭게 된다면, 교회에서 거행되는 성사들이 곧 중요한 활동일 것이다. 또한 우리가 신비주의와 명상을 통해 그리스도와의 연합을 이루는 것이라면, 수도원에서 하는 일이 중요한 일이 될 것이다. 하나님을 아는 일에 관심이 많다면 그 사람은 수도사가 되어야 할 것이다. 하나님 섬기기를 아주 좋아한다면 그 사람은 사제나 탁발수사가 되어야 할 것이다.

루터가 재발견한 이신칭의 교리는 그런 활동들을 향한 모든 추동력을 일거에 휩쓸어 없앴다. 하나님은 구원을 위해 일종의 값을 치른다는 식의 신앙적 의무를 요구하지 않으셨다. 칭의가 믿음을 통해 이루어진다면, 신앙 활동의 초점과 본질이 철저히 다른 지점으로 이동할 수밖에 없다.

루터는 『그리스도인의 자유』*The Freedom of a Christian*라는 자신의 논문에서 선행의 본질에 대해 길게 논한다.[1] 루터는 칭의로 이야기를 시작한다. 우리는 오직 믿음으로만 구원받으며, "이 믿음은 행위와 연관되어 존재할 수 없다."[2] 루터의 말은, 구원이 일부는 믿음으로 또 일부는 행위로 이루어진다고 주장할 수 없다는 뜻이다. 행위가 구원에 기여한다는 그 모든 주장은 믿음의 효력을 무효화한다. 그리스도를 믿는 믿음만이 우리를 구원한다면, 그 외의 다른 어떤 것도 우리에게 유익이 되지 못한다.

이는 한 가지 의문을 불러일으킨다. "그렇다면 성경에는 왜 그렇게 많은 행위들이 규정되어 있을까?" 한 가지 답변은, 성경의 계명은 우리의 무력함을 우리에게 드러내 보여준다는 것이다. 그 계명을 통해 인간은 "자기 눈으로 보기에 정말로 변변찮고 아무것도 아닌 존재가 된다."[3] 계명의 목적은 성경의 약속 쪽을 향하도록 우리에게 방향을 지시해 주는 것이다. 계명은 우리를 그리스도의 품으로 몰아간다.

그렇다면 이제 선행을 소홀히 해도 된다는 말인가? 이 질문에 대해 바울이 로마서 6:1-2에서 한 대답은 "그럴 수 없느니라"이다! 루터의 답변도 비슷하다. "내가 단언하건대 그렇지 않다. 악한 사람들이여, 그렇지 않다." 루터는 이렇게 설명한다.

말했다시피, 인간이 믿음으로써 그 영혼에서 내적으로 풍성하고도 충분하게 의롭다 여김받고, 내세에 이르기까지 이 믿음과 이 부요함이 날마다 자라야 한다는 사실을 제외하고는 그가 필요로 하는 모든 것을 다 소유하긴 하지만, 여전히 이 사람은 이 땅에서 이 필멸의 생 가운데 머문다. 이생에서 이 사람은 자기 몸을 제어해야 하고 사람들과 관계를 맺어야 한다. 여기서 행위가 시작된다. 이생에서 인간은 여가를 즐길 수가 없다. 금식과 밤샘과 노동, 그리고 기타 합리적 연단으로 자기 몸을 훈련시킬 책임이 있으며, 몸을 제어하지 않으면 믿음에 반항하고 속사람을 가로막는 게 몸의 본성인 만큼 몸이 그런 짓을 하지 않고 속사람과 믿음에 순종하고 따르도록 그 몸을 성령의 다스림 아래 둘 책임이 있다. 속사람은 믿음에 의해 하나님의 형상으로 창조되어, 그리스도 때문에 즐겁고 행복하며, 그리스도 안에서 수많은 유익들이 그 사람에게 수여된다. 그러므로 무엇을 얻으려는 생각 없이 즐겁게, 강요되지 않은 사랑으로 하나님을 섬기는 것이 이 사람이 해야 할 한 가지 일이다.[4]

루터가 하는 말은 이런 뜻이다. 첫째, 자기 몸을 제어해야 천국에 이를 수 있는 것은 아니지만, 그래도 우리는 "이 땅에서 이 필멸의 삶"을 살아야 하며, 겉으로 드러나는 우리의 삶이 우리의 새로운 내면 상태와 일치하여 우리 몸이 "속사람과 믿음에 순종하고 따르는" 것을 확실히 하기 위해서는 영적 연단이 중요하다. 각 사람이 얼마나 금식하고 수고해야 하느냐, 각 사람이 과연 어떤 상황에서 금식하고 수고해야 하느냐는 사람에 따라 다를 것이다. 육체의 정욕을 제어하는 게 우리의 목표이기 때문이다. 그런 자기 연단은 그 자체가 목적이 아니라 자기 제어를 위한 수단이다. "그러나 행위로 의롭게 된다고 추정하는 자는 정욕을 억제하는 것을 중시하지 않고 행위 자체만 중시하며, 훌륭한 일을 가능한 한 많이 하기만 하면 잘한 것이고 그래서 의롭게 된다고 생각한다."[5]

둘째, 천국에 이를 수 있기 위해 우리 몸을 제어해야 하는 것은 아니지만, 그리스도 안에서 우리에게 주어진 유익 때문에 이제 "기쁘게 하나님을 섬기는" 일이 우리의 큰 기쁨이다. 전에 우리가 하나님을 섬긴 것은 그렇게 해야 구원에 이를 것이라 생각했기 때문이다. 이는 자기 중심적 섬김이다. 이제 우리는 "강요되지 않는 사랑"으로 하나님을 섬긴다.

이어서 루터는 다양한 비유를 들어 자기 말의 요점을 설명한다.

· 우리는 타락 전의 아담과 하와, 즉 의를 얻기 위해서가 아니라 하나님을 기쁘게 하려고 자유로이 일했던 아담과 하와와 비슷하다. 이들은 그 의를 이미 충분히 소유하고 있었다.

- 우리는 주교가 되기 위해서가 아니라 이미 주교이기 때문에 자기 직분을 다 하는 주교와 비슷하다.
- 우리는 좋은 나무가 되기 위해서가 아니라 이미 좋은 나무이기 때문에 좋은 열매를 맺는 나무와 같다.
- 우리는 잘 지은 집과 같다. 훌륭한 집이 훌륭한 건축가를 만드는 게 아니라 훌륭한 건축가가 좋은 집을 짓는다. 우리의 행위가 우리를 선하게 만드는 게 아니다. 우리는 믿음으로써 일단 선하게 되고, 그런 다음에 선한 일을 행한다.

복음은 자신의 구원을 위해 선행을 해야 할 필요성에서 우리를 자유롭게 함으로써 타인을 위해 거리낌 없이 선을 행할 수 있게 한다.

> 인간은……자신의 의와 구원을 위해 이 중 어느 것도 필요로 하지 않는다. 그러므로 인간은 모든 행위에서 이 생각으로써 인도를 받아야 하며, 오직 이 한 가지 곧 이웃의 필요와 이익 외에는 아무것도 고려하지 않고 모든 일에서 타인을 섬기고 타인을 이롭게 하겠다는 생각만 해야 한다.[6]

우리는 하나님을 **위해** 선을 **행하는** 게 아니라 하나님**에게서** 선을 **얻는다**. 그러나 하나님에게서 얻는 이 선은 원래 다른 사람들에게로 흘려보내야 한다. 그리스도가 우리와 하나가 되심은, 그렇게 해서 "그리스도에게서 선한 것들이 흘러나와 우리에게로 흘러들어

오게" 하기 위해서였다. 마찬가지로 우리도 타인과 하나가 되어 선한 것들이 "그것을 필요로 하는 이들에게 흘러가게" 한다.[7]

가톨릭교회는 사람이 구원받기 위해 선행을 한다고 믿었다. 결국 선행은 하나님을 위해, 하나님의 인정을 받으려고 하는 일이라는 것이다. 하지만 루터는 선행이 하나님을 위해 하는 일이라는 개념을 거부했다. 따지고 보면 하나님에게는 우리의 선행이 필요 없다. 하나님은 무엇을 필요로 하는 분이 아니다. 선행은 우리 이웃을 위해 하는 일이다. 그래서 복음은 하나님을 위한 선행 곧 우리를 세상에서 유리시키는 그 선행(영적 훈련, 수도원 생활, 금욕하며 가난하게 살겠다는 서원 등)보다는 우리를 **세상으로** 밀어 넣어 사랑으로 타인을 섬기게 한다.

> 그러므로 우리는 그리스도인은 자기 안에서 사는 게 아니라 그리스도 안에서, 이웃 가운데서 산다고 결론 내린다. 그렇지 않을 경우 그 사람은 그리스도인이 아니다. 그리스도인은 믿음을 통해 그리스도 안에서, 사랑을 통해 이웃 가운데서 산다. 믿음으로써 그리스도인은 자기 자신을 넘어 하나님 안으로 들어 올려진다. 그리고 사랑으로써 그리스도인은 자기 자신 아래로 내려가 이웃에게로 들어간다.[8]

그러면 그런 선행을 하기에 가장 좋은 장소는 어디인가? 수도원이나 수녀원은 아니다. 중세의 수도원은 기껏해야 빈궁한 사람들을 위한 건강관리, 교육, 필요한 것을 공급해 주는 센터였다. 하지만 수도원은 자기 잇속 챙기는 기도와 명상만 하려는 사람이 자기만의 세상으로 들어가기 위해 찾는 은거지가 되는 경우가 너무 많았다. 곤궁한 이웃을 섬기고자 하는 사람이 수도원을 찾는 경우는 거의 없었다. 왜냐하면 곤궁한 이웃은 수도원 밖에 있었기 때문이다.

무엇이 어떤 일을 선한 행위, 하나님을 기쁘시게 하는 행위로 만들어 주는가? 중세 가톨릭은 선행의 목록까지 만들 수 있었다. 성사 등이 대표적인 선행이다. 하지만 개혁자들의 말에 따르면, 행위의 외적 형식이 어떤 일을 선행으로 만들어 주는 게 아니라 믿음으로 그 일을 해야 선행이었다. 하나님을 기쁘시게 하는 건 바로 믿음이었다.

이는 사람이 인생을 어떻게 보는가 하는 문제에 근원적 함의를 지녔다. 중세 가톨릭 세계에서 아기의 기저귀를 가는 일은 절대 선하거나 영적인 행위로 여겨질 수 없었다. 교회와 수도원에서 하는 일만 공로가 있는 행위였다. 하지만 믿음이 결정적 요소일 경우, 믿음의 행위로 하나님을 위해 한다면 어떤 일이든 하나님을 기쁘시게 할 수 있었다. 하나님을 섬길 수 있는 환경이 수도원과 골방에서 온 세상으로 갑자기 확장되었다. 일터와 가정 모두가 다 성소聖所였다.

루터는 가장 구체적인 방식으로 이런 신념을 실천에 옮겼다. 1523년, 님프셴에 있는 시토회 수녀원에 소속된 일단의 수녀들이 루터에게 연락을 보내 왔다. 이들은 종교개혁 신학에 설득당한 수녀들로, 수녀원에 갇혀 사는 삶에서 이제 탈출할 수 있도록 루터가 자신들을 도와주기를 바랐다. 루터는 수녀원에 정기적으로 청어를 배달해 주는 한 상인에게 협조를 구했다. 4월 4일, 수녀들은 빈 생선

통 사이에 몸을 숨긴 채 수녀원을 탈출했다. 그러나 수녀의 가족들은 이들을 다시 받아주려 하지 않았다. 아마 이들이 저지른 일이 당시의 교회법상으로는 여전히 범죄이기 때문이었을 것이다. 그래서 루터는 혼처를 찾아 수녀들을 한 사람 한 사람씩 결혼시켰다. 하지만 주모자 카타리나 폰 보라^{Katharina von Bora}에게는 도무지 남편감을 찾아 줄 수가 없었다. 그래서 루터는 자신의 뜻과는 다소 상반되게 그자신이 이 수녀와 결혼했다. 당시 루터의 나이 41세였고 카타리나는 26세였다.

결혼은 루터의 예정에 없던 일이었지만, 그래도 이 두 사람은 아주 잘 어울리는 한 쌍임을 입증해 보였고, 두 사람 사이에는 확고한 애정이 자라났다. 부부는 아우구스티누스회 수도원인 '은둔 수도원'^{the Black Cloister}으로 이사를 했다. 이곳에서 카타리나는 농장을 일구고, 맥주를 만들고, 병원을 운영하고, 학생들과 손님들을 대접하며여섯 자녀를 키웠다. 루터는 날마다 새벽 4시에 일어나는 아내를 가리켜 "비텐베르크의 새벽별"이라고도 했고, 농장 이름을 따서 "줄스도르프의 두목"이라고도 불렀다.

사제직을 재정의하다

이신칭의는 중재자로서의 사제가 이제 필요하지 않다는 의미였다. 모든 그리스도인은 그리스도를 통해 하나님께 직접 나아간다는것이다. 그래서 『목회에 관하여』^{Concerning the Ministry}라는 1523년 논문에서 루터는 그리스도인이라면 누구나 다 사제라고 주장했다.[9] 아니,

사제는 단 한 분, 예수 그리스도뿐이다. 하지만 그리스도 안에 있는 이라면 누구나 다 하나님께 나아갈 자격이 있는 사제다. "그분이 사제인 것처럼 우리도 사제이고, 그분이 아들인 것처럼 우리도 아들이며, 그분이 왕인 것처럼 우리도 왕이다."[10]

가톨릭교회는 성직자와 평신도 두 계급으로 나뉘어져 있었다. 루터는 이 구별을 폐지했다. 그리스도인은 세례 받을 때 그 자신이 사제가 된다. 루터는 구약 시대의 제사장은 임명된 게 아니라 날 때부터 제사장이었다는 점을 지적한다. 제사장 가문에 속한 이들만 제사장일 수 있었다는 말이다. 그리고 신약 시대에도 이는 마찬가지라고 그는 주장한다. 우리는 거듭날 때 제사장이 된다. 그러므로 "그리스도인은 모두 다 제사장이고, 제사장은 모두 다 그리스도인이다."[11] 이는 가톨릭의 성직자 계급 제도에 속한 자는 "자신이 전에 사제였음을 먼저 부인하지 않는 한 누구도 사제로 만들지 못한다. 그러므로 그 사람을 사제로 만드는 바로 그 행위 자체로 이들은 사실 그 사람을 사제직에서 쫓아낸다"는 의미다.[12]

루터는 사제의 7대 의무를 열거한다. "사제의 역할은 대개 다음과 같다. 하나님의 말씀을 가르치고 설교하며 선포하기, 세례 베풀기, 성체를 축성하거나 성체성사를 집행하기, 죄를 매고 풀기, 타인을 위해 기도하기, 제사 드리기, 모든 교리와 영을 판단하기."[13] 이어서 루터는 각 항목을 차례로 적용·설명하고 각 경우마다 이것이 모든 그리스도인이 다 이행해야 할 의무임을 보여준다. 하나님 백성들 사이의 무질서를 예방하기 위해 교회는 이런 문제에서 보통 몇 사

10 — 일상의 삶

람을 지도자로 뽑되 "비상시에는 각 사람이 최선이라 여겨지는 대로 이 의무를 행할 수 있다."[14] 이렇게 루터는 말씀과 성례에 대한 책임이 주어진 사람에게 '사제'라는 용어를 써서는 안 된다 여기고 있다. 루터는 이렇게 결론을 내린다.

> 우리의 입장은 다음과 같다. 모든 그리스도인이 다 받아서 선포해야 할 말씀 외에 다른 하나님 말씀은 없다. 그리스도인이라면 누구나 다 받을 수 있는 세례 외에 다른 세례는 없다. 그리스도인이라면 누구나 다 지킬 수 있으며 그리스도께서 친히 제정하신 것 외에 주의 만찬을 기념하는 다른 예식은 없다. 그리스도인이라면 누구나 다 매거나 풀 수 있는 죄 외에 다른 종류의 죄는 없다. 모든 그리스도인의 몸 외에 다른 희생제물은 없다. 누구도 아닌 그리스도인만이 기도할 수 있다. 누구도 아닌 그리스도인만이 교리를 판단할 수 있다. 이와 같은 일들이 사제와 왕의 직분을 이룬다.[15]

모든 신자가 다 사제라는 말은 흔히 교회에는 그 어떤 직분도 없다는 뜻으로, 또는 각 개인이 모두 제사장으로서 다른 누구에게도 책임지지 않는다는 의미로 잘못 해석된다. 그러나 루터가 생각하는 전全신자 제사장설은 절대 신자 혼자를 중심으로 하지 않는다. 이는 언제나 일치된 교회로서 신자가 함께 있는 것을 중심으로 한다. 이는 특권인 동시에 책임이고, 신분인 동시에 섬김이다. 하나님께서는 우리를 한 몸으로, 아니 루터가 좋아하는 이미지를 활용하자면 "하나의 케이크"^{one cake}로 만드셨으며, 우리의 일치는 상호 사랑으로 드러난다. 루터는 교회를 '코무니오 상토룸'^{communio sanctorum} 곧 '성도의 공동체'로 묘사한다.

가톨릭교회는 사제가 되는 것을 가리켜 "성품聖品을 받는다"고 했다. 이는 지금도 마찬가지다. 루터는 이 표현을 골라내서 뜻을 뒤집어엎었다. "하나님께서 제정하신 진짜 성직, 경건의 토대는 다음 세 가지다. 사제직, 가정, 정부."[16] 루터가 말하는 사제직이란 "목회 직 혹은 말씀 사역에 종사하는 사람"을 뜻한다. 하지만 이는 그저 사제 서품을 받는 교회 지도자가 아니다. 아버지, 어머니, 자녀, 하인, 제후, 판사, 관리, 점원 등이 다 "거룩한 일을 하고 있으며 성직의 일원이다."

제사의 위치를 다시 정하다

사제직을 재정의하는 일과 더불어 희생제사의 의미도 재정의되었다. 이들 개신교 목회자는 하나님께 어떤 제사를 드리는가? 미사는 아니었다. 그리스도의 대속적 희생제사는 종료된 일이다. 이는 이미 완료되어서, 무엇을 더할 수도 없고 확장 같은 것을 할 필요도 없다. 그러므로 개신교 목회자들은 하나님의 은혜를 확보하려고 미사 때 그리스도를 다시 바치는 게 아니라, 이제 하나님의 자비에 대한 반응으로 **자기 자신**을 바친다(롬 12:1). 우리는 그리스도의 희생 제사를 되풀이함으로써 하나님의 은총을 확보하지 않는다. 우리는 감사로 우리 삶을 바침으로써 그리스도 안에서 하나님의 은총에 반

10 — 일상의 삶

응한다. 루터는 이렇게 말한다.

> 신약성경에는 모든 이들에게 공통된 한 가지 제사, 곧 로마서 12장
> [1절]에 설명된 것 외에는 다른 제사가 없다. 여기서 바울은 그리스
> 도께서 십자가에서 우리를 위해 자기 몸을 제물로 바치신 것처럼 우
> 리 몸을 제물로 바치라고 가르친다. 바울은 찬양과 감사를 드리는 것
> 도 이 제사에 포함시킨다. 마찬가지로 베드로도 베드로전서 2장[5절]
> 에서 명하기를, 예수 그리스도를 통해 하나님께서 받으실 만한 영적
> 제사를 드리라고 한다. 즉 금이나 짐승이 아니라 우리 자신을 말이
> 다.······교회에는 오직 이 제물, 곧 우리 몸밖에 없다. 오늘날에는 하
> 나님의 말씀으로써 드려지며 완전케 된 제사 말고 다른 제사는 가능
> 하지 않으며, 말씀은(말했다시피) 우리 모두에게 공통된 것이므로 이
> 제사 역시 모든 이들에게 속한 제사여야 하기 때문이다.[17]

또한 루터는 제사의 **장소** 또한 다시 정했다. 제사는 이제 교회의
제단에서 드려지지 않는다. 사실 어떤 의미에서 교회 제단은 제사가
드려지지 않는 곳이다. 교회 제단보다 우리는 하나님께서 우리를 어
떤 환경에 처하게 하시든 그 환경에서 우리 삶을 하나님께 바친다.
모든 장소가 다 거룩한 땅이 된다. 매일의 삶이 곧 우리가 하나님께
감사의 제사를 드리는 거룩한 곳이다.

세상에서 물러나 은둔하는 삶은 하나님을 기쁘시게 하기가 더
쉽기는커녕 오히려 더 어렵다. 그런 삶을 살면 하나님께서 내게 정

해 주신 역할을 이행할 시간이 없기 때문이다.

> 당신이 한 여인의 남편인데 그 영역에서 아내와 자녀와 가정사와 재
> 산을 다스려 이 모두가 하나님께 순종하며 누구에게든 아무 손해도
> 끼치지 않게 하기 위해 별로 할 일이 없다고 생각하는가? 그렇다면
> 실로 당신에게 머리가 다섯 개고 손이 열 개라도 이 일을 하기에는
> 너무 연약할 것이며, 그래서 감히 순례를 하거나 어떤 종류든 성도의
> 일을 할 엄두를 내지 못할 것이다.[18]

직업

'소명'calling 혹은 '천직'vocation이라는 말은 중세 시대에 신앙적 명령과 성스러운 사역을 뜻하는 말로 쓰였다. 루터는 이 용어를 모든 그리스도인들이 어떤 상황에 있든 그 상황 안에서 행하는 모든 활동을 뜻하는 말로 재정의했다. 실로 수도원에서 하나님을 가장 잘 섬길 수 있다고 생각하는 이들은 타인을 섬기라는 참 '소명'을 거부하고 그 대신 자기만의 개인적 예배를 선택한다. 이 문제와 관련해 루터의 핵심 성구는 고린도전서 7:20이었다. "각 사람은 부르심을 받은 그 부르심 그대로 지내라."

― 공동 창조

주께서 가르치신 기도로 기도할 때 우리는 일용할 양식을 달라고 하나님께 구한다. 그러면 하나님은 일용할 양식을 주신다. 하지

만 하나님께서 이 기도를 들어주시는 통상적 방식은 광야에서 이스라엘 백성들에게 그러셨듯 하늘에서 만나를 내려 주시는 방식이 아니다. 보통은 농사짓는 사람, 제분업자, 빵 굽는 사람을 통해 이 기도를 들어 주신다. 매일 먹는 빵을 마트에서 산다면 이는 하나님께서 이 빵을 공급해 주신 게 아니라는 뜻인가? 하나님이 아니라 월마트에 감사를 표해야 하는가? 루터의 대답은 **하나님께서** 농부와 제분업자와 빵 굽는 사람을 **통해** 빵을 **공급해 주신다**는 것이다.

하나님의 창조 사역은 단순히 세상을 존재하게 하신 그 최초의 행위만이 아니다. 하나님께서는 자신이 만드신 세상을 유지시키는 창조주로서도 일하신다. 하나님은 세상을 유지하는 이 일을 인간의 행동을 통해서 하신다. 우리는 하나님과 함께 일하는 공동 창조자들이다. 물론 이 사실은 농부와 제분업자와 빵 굽는 사람이 하는 일에 엄청난 의미를 부여한다. 이들이 하는 일은 공동 창조 행위다. 이들은 하나님과 협력하고 있다. 하나님은 젖 짜는 여인의 직업을 통해 암소의 젖을 짠다고 루터는 말한다. 직업은 "하나님의 가면"이다. 우리 눈에 보이는 건 젖 짜는 여인이다. 하지만 그 여인 뒤에는 하나님의 일이 있다.

직업은 단순히 생계를 위해 돈을 버는 방식을 말하지 않는다. 하나님은 태초에 흙에서 사람을 만들어 내신 것과 같은 방식으로 이 세상에 사람을 거주시키기로 하실 수도 있었다. 그러나 하나님은 그렇게 하지 않으시고 대신 남자와 여자의 생식 활동을 통해 새로운 생명을 창조하기로 하셨다. 하나님은 어린아이들이 가정이라는 환경에서 양육되게 하셨다. 그래서 직업이라는 개념은 남편이나 아내, 아버지나 어머니로서의 역할까지도 포괄한다. 또한 하나님은 지상의 나라를 통해 인간의 생명을 보호하고 다스리기로 하셨다. 그래서 정치는 소명일 수 있다. 하나님은 흔히 의사를 통해 우리의 병을 고치신다. 또한 예술가를 통해 아름다운 작품을 창조하신다.

어떤 그리스도인 사업가가 한 번은 내게(팀) 이런 말을 했다.

> 기독교는 대부분 이렇게 가르칩니다. 내 일의 가치는 오직 복음을 선포하는 순간에서만 볼 수 있다고요. 왜냐하면 일 자체는 사역이 아니니까요. 일터에서 일을 통해 변화를 이뤄 내는 건 전혀 중시되지 않습니다. 대중을 섬김(교사, 간호사)으로써 삶의 질을 높여 주는 일은 가치 있게 여기지만, 부를 창조하는 일은 가치 있게 여기지 않아요. 일하는 그리스도인들 중에는 하루를 마치면서 아무런 긍정적 피드백도 얻지 못하는 이들이 많습니다. 재화財貨를 창조하는 일, 이를테면 의료 서비스를 받고 돈을 지불한다든가 하는 일에는 복음 사역만큼의 도덕적 이상이 없습니다.

이와 대조적으로 루터는 이렇게 말한다. "세속적인 일로 보이는 일이 사실은 하나님께 대한 찬양이요 하나님을 아주 기쁘시게 하는 순종을 나타낸다." 집안일은 "겉으로 보기에 뚜렷이 거룩하다 할 만한 부분이 없을 수도 있지만, 바로 그 집안 허드렛일이 수도사와 수녀가 하는 모든 일보다 더 가치 있게 여겨져야 한다."[19]

하나님을 섬기기 위해 세상을 떠나 수도원으로 들어갈 필요는 없다. 우리는 삶의 모든 일 가운데 하나님을 영화롭게 한다. 하나님 보시기에 신앙고백에는 계급이 없다. 잉글랜드의 개혁가 휴 라티머Hugh Latimer, 1487-1555는 이렇게 말했다.

> 우리 주 그리스도는 목수이셨고, 크게 수고하심으로 생계를 이어 가셨다. 그러므로 평범한 소명과 직업에 종사하면서 그분을 따르는 것을 누구도 멸시하지 못하게 하라. 그분께서는 인간의 모습을 취하심으로 우리의 본성에 복을 주셨고, 자신의 일을 통해 우리의 모든 직업과 기술에도 그에 못지않게 복을 주셨다.[20]

— 상황과 소명

루터의 교리가 지니는 한 가지 강점은, 불신자들의 행동에 가치를 부여하면서 그리스도인들에게 자극을 준다는 점이다. 루터는 두 가지의 서로 다른 표현을 써서 우리의 사회적 활동을 설명한다. 하나는 '상황'Stand이고, 또 하나는 '소명' 혹은 '천직'Beruf이다. 신자든 불신자든 모든 사람에게는 인생의 어떤 형편이 있다. 우리 모두에게는 하나님께서 우리에게 정해 주신 어떤 장소가 있다. 그 상황 안에서 행동할 때 우리는 모두 하나님께서 세상을 섭리적으로 돌보시는 일에 기여한다.

그런데 하나님의 말씀에 대한 응답으로 그리스도인은 자신의 상황을 하나님에게서 오는 소명으로 본다. 우리는 자신의 형편을 하나님을 영화롭게 하고 이웃을 섬기라는 하나님의 부르심으로 이해한다. 이렇게 일정한 형편을 소명으로 변화시키는 게 믿음이다. 믿음으로 우리는 자신의 일상적 활동을 하나님께서 주신 과업, 하나님의 영광을 위하고 공통의 선을 위해 우리가 이행해야 할 과업으로 이해한다.

많은 그리스도인들이 소명의 의미를 찾으려고 몸부림친다. 이에 대해 루터는 이렇게 말한다. "부르심을 받지 않았다는 게 어떻게 가능한가? 당신은 늘 어떤 상태 혹은 상황에 처해 있다. 당신은 언제나 한 남편이나 아내, 아들이나 딸, 혹은 종이다."[21] 루터는 "소명을 발견한다"는 말을 굳이 이해하려고 하지 않았다. 소명은 신비롭지도 않고 분별하기 어렵지도 않다. 내 삶의 현재 정황이 바로 소명이다. 지금 내가 자녀를 키우는 어머니라면 어머니 노릇이 내 소명이다. 사무실 직원이라면 사무실 직원 역할이 내 소명이다. 변화할 자유는 있지만, 하나님에게서 오는 어떤 신비한 말씀이 있어 내가 그 말씀을 발견해 주기를 기다렸다가 변화를 명령하는 것은 아니다. 내 책임은 지금의 내 상황 가운데서 이웃을 섬기는 것이다.

이제 루터가 생각하는 소명은 단순히 내 일을 잘 해내라고 하는 부르심이 아니라는 점이 분명해졌을 것이다. 오늘날 '소명'vocation이라는 말은 전문직이나 직장을 뜻하는 말로 의미가 좁아졌다. 그래서 예를 들어 우리는 '직업 훈련'vocational training이라는 말을 쓰는데, 이는 어떤 직무를 위해 훈련을 받는다는 의미로서 다른 어떤 목적을 위해 하는 훈련과는 대조된다. 하지만 루터는 이 말을 일상의 사회적 활동이나 기능을 뜻하는 말로 썼다. 그리고 이는 단순히 우리의 책임을 잘 이행하라는 부름이기만 한 게 아니라, 인간의 사회적 상호작용 전반을 통해 하나님께서 일하시는 것을 보라는 부름이기도 하다. 진 에드워즈 비스^{Gene Edward Veith}는 이렇게 논평한다.

> 그리스도인이 직업을 하나님의 가면, 인생의 모든 것, 심지어 우리
> 존재 양식의 가장 평범한 국면으로 의식하면, 이는 하나님을 영화롭
> 게 하는 계기가 된다. 누군가가 나를 위해 어떤 일을 하면, 예를 들
> 어 식당에서 음식을 가져다준다든가, 나를 따라다니며 내 뒤처리를
> 해준다든가, 내 집을 지어 준다든가, 설교를 한다든가 할 때마다 하
> 나님께서 나에게 복 주시는 도구로 쓰고 있는 그 사람에게 감사하고
> 나에게 과분한 선물을 주시는 하나님을 찬양하라. 좋은 음식을 맛보
> 고 있는가? 그 음식을 준비한 손에 대해 하나님께 영광 돌리라. 예술
> 작품, 이를테면 음악을 듣거나 소설을 읽거나 영화를 보면서 감동받
> 는가? 인간에게 그런 예술적 재능을 주신 하나님께 영광을 돌리라.[22]

직업에 대한 이해를 어떻게 현실에 적용하느냐에 따라 위험이 발생할 수 있다. 첫째, 현상이 아무리 부당하든 그 현상을 수동적으로 그냥 받아들이게 될 수 있다. 직장에서 내가 하는 일에 비해 형편없는 대우를 받고 있는데 이 일이 내 삶에 주신 하나님의 소명이라는 이유로 그냥 참고 견뎌야 하는가? 그냥 참고 견디라 명령받았다말한다면 이는 루터의 말을 오독하는 것이다. 루터가 하는 말의 요

점은, 내 역할을 바꿔서는 안 된다는 게 아니라 굳이 바꿀 **필요**가 없다는 것이다. 진정으로 하나님을 섬기고 싶다 해서 빵 굽는 일을 그만두고 수도사가 될 필요는 없다. 빵 굽는 일을 계속하면서도 하나님을 잘 섬길 수 있다. 그러나 만약 역할을 바꿀 기회가 생긴다면 그렇게 해도 된다. 그 역할이 합법적이고 정당한 역할인 한, 그리고 동일한 소명 의식을 가지고 그 새 역할에 임할 수 있는 한 말이다.

둘째, 하나님 섬기기와 직장 상사 섬기기를 혼동하게 될 수 있다. 직장에서 일을 잘 함으로써 자기 소명을 완수한다고 할 때, 이는 상사가 무엇을 지시하든 다 따른 뒤 그 행동을 정당화하는 데 이용될 수 있다. 이렇게 되면 부도덕한 행위를 해놓고도 "난 그냥 지시에 따랐을 뿐이라고요!"라는 식의 변명을 늘어놓게 될 가능성이 있다. 짐작컨대, 직장에서 훌륭한 직원일수록 그 사람은 훌륭한 그리스도인일 것이다. 이 말이 일리가 있긴 하다. 하지만 문제는 "훌륭한" 직원이라는 게 무슨 뜻인지 누가 규정하느냐는 것이다. 루터가 생각하기에 어떤 영역에서든 자기 소명을 완수한다는 것은 이웃에 대한 사랑이 있느냐 없느냐로 규정될 수 있다. 그래서 직장 상사의 권위는 언제나 공동의 선에 대한 헌신을 기준으로 상대화된다.

그러나 우리가 직면하는 가장 큰 위험은 아마 행위work에 의한 칭의가 세속 버전으로 드러나는 경우일 것이다.[23] 루터 시대 사람들은 평생 한 가지 일만 했을 가능성이 높다. 오늘날 사람들은 살아가면서 직장도 바꾸고 직업 자체도 몇 번씩 바꾼다. 이 지점에서 칭의 교리가 아주 중요하다. 정체성은 일에서 성공하는 데 있지 않고, 그리스도 안에서 은혜로 우리에게 주어진다. 하나님 없는 소명을 생각한 다면, 일 자체가 우상이 되거나 스스로 의롭다 하는[self-justification] 수단 이 된다.

사람들은 '프로테스탄트 노동 윤리'에 대해 자주 이야기한다. 종 교개혁이 일상의 삶을 강조한 데서 비롯된, 일에 대한 헌신 말이다. 오늘날 프로테스탄트 노동 윤리는 과로와 과중한 스트레스라는 현 대인들의 생활 문화의 원인으로 자주 비난받는다. 일은 선한 것이 되었고, 그래서 일은 많이 할수록 더 좋다. 그러나 종교개혁 사상에 서 일은 절대 궁극점이 아니었다. 궁극적 지향점은 하나님이었다. 우리는 하나님의 영광을 위해 일하고 하나님의 영광을 위해 안식한 다. 그래서 안식일의 쉼도 종교개혁 당시 교회들에서 중요한 테마가 되었다.

진짜 문제는 하나님이 제거된다는 점이다. 현대 세상에서 일은 그 자체가 목적이 되었다. 실로 여러 면에서 일은 하나의 신(神)이 되 어, 자아실현이라는 형태의 구원을 제시한다. 우리는 일 자체를 통 해 의미를 찾으려 하거나 자기가 가치 있는 존재라는 인식을 가지 려 한다. 로버트 뱅크스[Robert Banks]는 이렇게 결론 내린다.

> 일상에서 시간의 압박을 받으며 사는 삶은 근본적으로 시계가 발명 되었거나 보급된 결과가 아니다. 이보다 더 중요한 것은, 세계관의 변화가 하나님 중심적이고 은혜에 기반을 둔 태도보다는 인간 중심 적이고 일을 정당화하는 태도로 삶에 접근하게 만들었기 때문이다.[24]

정보 혁명이 이 현상을 가속시켰다. 정보 혁명은 일을 통한 '자기실현'의 가능성을 더 높인다. 산업 혁명 때 등장한 대다수 직종은 비교적 단조로웠다. 일자리의 가치는 그 일이 내 가족을 위해 얼마나 많은 돈을 벌어들이느냐, 그리고 이웃을 섬기는 데 얼마나 기여하느냐에 있었다. 그러나 이제 우리는 일 자체에서 성취감을 얻을 수 있는 "보람 있는" 직장을 얻으려 경쟁한다.

종교개혁은 지금도 여전히 중요하다. 이 새로운 '노동 윤리'가 두 가지 중요한 면에서 종교개혁 신학을 이탈하기 때문이다. 첫째, 새로운 노동 윤리는 자기 스스로를 의롭다 한다. 중세 가톨릭이 말하는 행위work에 의한 구원은 일work에 의한 구원으로 대체되어 왔다. 그리고 구원은 이제 자기실현이라고 정의된다. 하지만 이는 여전히 자력 구원 시도이다. 그리고 이 시도는 여전히 효과가 없으며, 이것이 바로 우리 시대 문화에서 수많은 사람들이 스트레스를 받는 원인이다. 엘리트들은 자기 일이 제공하는 성취감과 타인의 존경을 통해 일종의 구원을 발견한다. 그 외 사람들은 '구원'받기 위해 그냥 더 열심히 일한다.

둘째, 새로운 노동 윤리는 자기 잇속만 챙긴다. 일이 타인을 얼마나 섬기느냐로 판단되지 않고 일하는 사람인 나 자신에게 얼마나 이익이 되느냐에 따라 판단된다. "좋은" 직장이란 공동의 선에 기여하는 직장보다는 성취감을 줄 수 있는 직장으로 정의된다. 우리는 "보람 있는" 일에 대해 많이 이야기하는데, 여기서 '보람'이란 공동체가 아니라 그 일을 한 사람이 누리는 반대급부를 말한다. 우리 시대 문화에서 환경미화원 일은 좋거나 보람 있는 일로 여겨지지 않는다. 하지만 루터라면 환경미화원 일을 훌륭하고 보람 있는 일이라고 했을 것이다. 깨끗한 거리라는 공동의 선으로 공동체가 그 수고의 보답을 누리기 때문이다. 하나님께서는 환경미화원을 통해 거리를 깨끗케 하시며, 그래서 환경미화원은 공동 창조자이다.

─ 코람 데오

중세 가톨릭 신앙에서 하나님은 수도원에 계시고 장터에는 계시지 않는다. 하나님은 미사에만 계시고 가정에는 계시지 않는다. 성소聖所의 신성함을 강조할수록 하나님은 일상생활과 거리가 먼 분이 된다. 이는 하나님이 부재하신다는 말은 아니다. 하나님은 여전히 거기 계시면서 나의 죄를 보시고 헤아리신다. 하지만 중세 가톨릭에서 하나님은 저 멀리 계시는, 가까이 하기 어려운 실체였다. 설사 하나님께 다가간다 하더라도 성자들의 묵상을 통해서만 다가갈 수 있었다. 나는 절대 하나님께 받아들여질 수 없고, 그래서 나는 결코 하나님께 직접 다가갈 수 있다 생각하지도 않고 다가가기를 원하지도 않는다.

이신칭의란 하나님이 멀리 계시지 않는다는 의미다. 그리스도께서 우리를 하나님과의 관계 안으로 데려가시니 말이다. 이제 하나님은 가까이 계시며, 하나님은 우리를 환영하신다. 그래서 이는 내가 코람 데오Coram Deo 곧 "하나님 앞에서" 산다는 강력한 인식을 갖게 만든다. 코람 데오는 루터에게 아주 중요한 말이다. 칼뱅의 경우에도 강력한 하나님 임재 인식이 있다. 칼뱅은 네고티움 쿰 데오^{negotium} ^{cum Deo} 곧 사람이 삶의 모든 차원에서 "하나님과 볼 일이 있다"고 말한다.[25]

이 시대의 그리스도인은 여전히 교회나 선교단체를 위해서 하는 일만이 그리스도인의 진짜 일이라고 하는 인상을 준다. 또 우리는 참으로 경건해지기 위해서는 한적한 곳으로 피정^{避靜}을 갈 필요가 있다고 생각한다. '피정'이라는 말 자체가 약간 현실을 포기한다는 느낌을 준다. 이 말은 우리 마음에 여전히 수도원적 사고가 남아 있음을 시사한다. 또 우리는 교회 활동에 얼마나 열심을 보이느냐의 관점에서 그리스도께 대한 헌신을 가늠한다. 기도회에 규칙적으로 참석하고 여전도회나 성가대 혹은 주일학교 교사 등으로 섬기는 사람은 믿음 좋은 그리스도인이라고 여긴다. 직장 일이 바쁘거나 지역 사회에서 봉사하느라 이런 일에 시간을 내지 못하는 사람은 제자로서 실패하는 거라고 여긴다. 우리는 그리스도를 따르라는 부르심을 교회 프로그램에 참여하라는 부르심으로 만든다. 그러고는 우리가 왜 그렇게 길 잃은 사람들의 마음을 움직이지 못하는지, 혹은 우리 시대 문화에 영향을 끼치지 못하는지 의아해한다.

오늘날에도 여전히 우리는 특별한 데서 신앙을 찾으려 하는 경향이 있다. 우리는 특별한 장소의 특별한 모임에 가야 하나님을 만날 수 있을 것으로 기대한다. 그 특별함이라는 것이 웅장한 성당의 화려하고 꼼꼼한 전례^{典禮}든지, 혹은 혈기 넘치는 예배의 열광적 분위기든지 말이다. 루터의 소명 교리는 하나님의 일이 평범함 속에 확고히 자리 잡게 했다. 우리의 소명으로 말미암아 하나님은 일상의 평범한 활동 속에서도 계시된다.

하나님은 모든 피조물의 하나님이시다. 하나님은 주일 아침의 하나님이실 뿐만 아니라 월요일 아침의 하나님이시기도 하다. 인간은 하나님의 세상에서 하나님의 영광을 반영하도록 하나님의 형상으로 빚어졌다. 복음에서 우리는 우리의 참 인간성을 회복한다. 우리는 새롭게 되었고, 그래서 하나님의 세상에서 하나님의 영광을 다시 반영할 수 있다. 종교개혁이 일상생활의 중요성을 강조한 것은, 온 세상을 하나님의 영광이 드러나는 극장으로 보며 우리의 삶 전체를 그 영광을 반영하는 기회로 보라는 초청이다.

11

기쁨과 영광

종교개혁이 시작된 지 약 120년 후, 잉글랜드의 개혁 교회에 꼭 필요한 문서를 작성하기 위해 약 120명의 학자들이 웨스트민스터에 모였다. 이들이 작성한 『웨스트민스터 소교리문답』의 첫 번째 질문과 답변은 종교개혁 사상의 아름답고 소중한 정수다.

제1문   사람의 주된 목적은 무엇입니까?

답   사람의 주된 목적은 하나님을 영화롭게 하고 그분을 영원히 즐거워하는 것입니다.

하나님의 영광과 하나님을 즐거워하는 것. 이 둘은 나뉠 수 없는, 종교개혁의 등대 역할을 하는 쌍둥이 진리다. 개혁자들은 자신들이 분투하며 지지해 온 그 모든 교리를 통해 하나님이 영광받으시고 사람들에게 위로와 기쁨이 주어진다고 주장했다. 오직 은혜에 의한 칭의를 통해, 오직 그리스도를 믿는 믿음을 통해 하나님은 지극히 자비롭고 선한 분으로, 그리고 더할 수 없이 거룩하고 긍휼 많은 분으로 영광받으시며, 그래서 사람들은 그 하나님 안에서 위로와 기쁨을 찾을 수 있다. 그리스도와의 연합을 통해 신자들은 하나님 앞에서 확고한 입장을 체험하면서, 즐거운 마음으로 하나님을 자신의 "아빠"로 알며 하나님은 우리를 온전히 구원하며 지킬 수 있을 만큼 권능 있는 분임을 확신할 수 있다. 세상과 격리되어 사는 높고 낮은 사제들 무리 없이 신자들은 서로를 "형제"요 "자매"로 부르면서 아버지께서 누리게 하신 그런 종류의 삶을 구석구석 빠짐없이 살아나갈 수 있다.

개혁자들은 이 점에서 옳았고, 그래서 **종교개혁은 지금도 여전히 중요하다**는 것이 이 책을 쓰는 동안 우리가 시종일관 지녀온 믿음이다. 이 진리들을 통해 삶은 우리에게 기쁨을 주는 하나님 영광의 빛 아래 여전히 활기차게 꽃을 피울 수 있기 때문이다.

두려움과 주제넘은 억측

이에 대한 훌륭한 선례는 로마 가톨릭과 종교개혁 신학이 구원의 확신에 대해 얼마나 다르게 생각하는가에서 볼 수 있다. 신자는 자기가 구원받았다는 사실을 **알 수** 있는가?

종교개혁 편에서 청교도 리처드 십스는, 그런 확신이 없으면 우리는 하나님께서 우리로 하여금 살게 하신 그리스도인의 삶을 전혀 살 수 없다고 주장했다. 십스는 말하기를, 하나님은 우리가 감사하고 기뻐하며 즐거워하고 믿음 안에서 굳세기를 바라신다고 했다.

하지만 하나님과 그리스도가 영원히 우리 것임을 **확신하지 않는** 한 우리는 감사할 수도, 기뻐할 수도, 즐거워하며 믿음 안에서 강건할 수도 없을 것이다.

하나님께서 우리에게 요구하시는 의무와 성향 중에는 믿을 만한 근거에서 구원을 확신하지 않고서는 행하거나 가질 수 없는 의무와 성향이 많다. 예를 들어 어떤 것들이 그런가? 하나님께서는 모든 일에 감사하라고 우리에게 명하신다. 그런데 하나님이 내 하나님이시고 그리스도가 나의 그리스도인지 **알지 못한다면** 어떻게 범사에 감사할 수 있겠는가?……하나님께서는 우리에게 기뻐하라고 명하신다. "항상 기뻐하라. 내가 다시 말하노니 기뻐하라"(빌 4:4). 그런데 자기 이름이 하늘에 기록된 것을 **모르면서** 자기 이름이 거기 기록되었다고 기뻐할 수 있는가?……

아! 하나님이 **내** 하나님이요 아버지인지 아닌지 의심스러운데 어떻게 기쁘게 하나님을 섬길 수 있겠는가?……하나님은 **의욕으로 충만하며 주님 안에서 강고한** 그런 성향이 우리 안에 있기를 요구하신다. 그리고 하나님의 목적을 위해 담대하게 하나님의 원수와 우리의 원수들에게 대적하기를 요구하신다. 우리의 부패와 사탄의 유혹에 저항할 때 어떻게 용기를 가질 수 있는가? 우리가 그리스도와 하나님과 어떤 특별한 관계가 없다면 세상에서 어떻게 담대하게 핍박과 십자가를 감당할 수 있겠는가?[1]

하지만 십스가 그리스도인의 특권이라 단언한 바로 그 확신을 로마 가톨릭에서는 주제넘은 억측이라고 정죄했다. 1431년 재판에서 잔다르크가 뒤집어쓴 혐의 중 하나가 바로 그것이었다. 판사들은 이렇게 선언했다.

> 지상에서의 이 여정 중에는 그 어떤 순례자도 자기가 영광을 받을 자격이 있는지 아니면 벌을 받아 마땅한지 알 수 없으니 이는 주권적 심판자만이 알 수 있는 것인데, 이 여인은 자신이 이미……영광에 참예한 자이기라도 한 양 낙원으로 영접되었음을 확신한다 말하니, 그 말을 입에 담은 순간 이 여인은 죄를 지었다.[2]

이 재판은 그 당시 체제의 논리 안에서는 전적으로 일리가 있었다. 우리가 (우리를 능력 있게 하시는 하나님의 은혜로) 천국에 들어갈 자격을 스스로 갖추게 되었기에 천국에 들어갈 수 있다면, 자신이 과연 천국에 들어갈 수 있을지 당연히 누구도 확신할 수 없다. 그런 식으로 추론하면 내가 천국을 확신한다는 말은 곧 내가 전혀 무죄한 사람임을 확신하는 것과 마찬가지다.

그런 생각이 로마 가톨릭 신앙에서는 **이치에 맞았지만**, 그런 한편 이는 기쁨이 아니라 두려움을 낳았다. 하나님 앞에서 스스로 공로를 쌓아야 한다고 생각하자 사람들은 심판을 예상하며 두려움에 떨 수밖에 없었다. 최후의 심판을 묘사한 중세 시대의 프레스코화를 보면 이 시대의 우리도 그 두려움을 실감할 수 있다. 가톨릭의 미사 때마다 죽은 자를 위해 노래되었을 「진노의 날」*Dies Irae*이라는 성가의 가사를 들어 봐도 그 두려움을 느낄 수 있다.

> 진노의 날, 세상을 녹여 타오르는 숯불로 만들어 버릴 그날……비참한 자, 나는 그날 무슨 말을 할까? 어떤 보호자에게 나 간절히 빌까? 아무 걱정 없는 의인은 거의 없을 그날. 무시무시한 위엄의 왕께서……그날 나를 잃지 않으시리.……내 기도는 부족하나 주 하나님은 나를 친절히 대하시리, 꺼지지 않는 불에 나 타지 않도록.

젊은 시절 루터가 죽음을 생각하며 두려움에 몸을 떤 이유, (하나님을 즐거워하는 게 아니라) 하나님이 **싫다**고 말했던 이유가 바로 이것이다. 루터는 감사하고 즐거워하고 기뻐하며 믿음 안에서 강건할 수 **없었다**. 그는 자신을 대적하는 심판자로서의 하나님만 믿었기 때문이다. 비텐베르크 시 교회에 들어갈 때마다 지나쳐야 했던 머리 위 조각물을 보면서 그의 이런 하나님 인식은 점점 더 강화되었다.

> 예배당을 에워싸고 있는 묘지 출입구 위 돌 구조물에 새겨진 부조에서 루터는 살구나무 모양 후광을 두른 그리스도가 세상의 심판자로서 무지개 위에 앉아 계신 모습을 보았다. 심히 화가 나서 이마에 핏줄이 크게 도드라진 모습이 위협적이었다.[3]

하지만 루터가 그리스도 안에서 죄인이 값없이 의롭다 선포된다는 사실을 발견하면서 그 모든 것이 달라졌다. 이제는 그날에 대한 확신이 루터 자신에게 달려 있지 않았다. 모든 것은 그리스도와 그분의 충분한 의에 달려 있었다. 그러자 그 무서운 심판 날은 루터에게 이제 "가장 행복한 마지막 날", 나의 친구 예수의 날로 불릴 터였다.[4]

종교개혁 신학을 견지하는 이들에게 이 발견이 어떤 위로를 안겨 주었는지는 『하이델베르크 교리문답』의 질문과 답변, 그 주목할 만한 표현에 완벽하게 포착되어 있다.

> 제52문   그리스도께서 산 자와 죽은 자를 심판하러 오실 것이라는
>   사실은 당신에게 어떤 **위로**를 줍니까?
> 답   온갖 슬픔과 핍박 중에서 나는 머리를 들어 전에 나를 위해
>   하나님의 심판대 앞에 자기를 드리셨고 나에게서 모든 저
>   주를 거둬 가신 바로 그분이 하늘에서 심판자로 오실 것을
>   간절히 기다립니다.[5]

몸부림치고 있는 신자를 위한 그리스도의 위로. **이것**이 바로 종교개혁의 신학이다.

연옥

죽은 후에 어떤 일이 일어나느냐는 종교개혁의 지엽적 이슈가 결코 아니었다. 루터가 벌인 최초의 논쟁, 95개조 논제를 교회 문에

못 박아 걸었던 1517년 10월 그날 일도 연옥과 관련 있었다. 연옥은 그 누구도 완전히 구원받을 만큼 의로운 상태로 죽을 수 없으리라는 문제를 완화시켜 주었다. 연옥은 흔히 천국과 지옥 중간에 있는 방문지로 여겨졌다(지금도 여전히 그렇다). 천국만큼 좋은 곳과는 거리가 멀지만 그렇다고 해서 지옥만큼 나쁜 곳도 아니었다. 연옥은 원래 구원받은 자만을 위한 곳이었다. 연옥은 그리스도인의 영혼이 죽은 후에 가서 모든 죄를 천천히 씻김받는 곳이었다. 연옥에서 시간이 흐르면 죄인들이 점점 깨끗해져 마침내 천국에 가기에 적합한 상태가 된다고 했다.

연옥 교리는 중세 후기에 최고로 융성했고, 연옥에 대한 두려움은 거대한 연옥 관련 산업을 대량 탄생시켰다. 연옥에 있는 영혼들을 위해 기도와 미사가 드려졌고, 그 영혼들을 위한 특별한 '예배당'이 설립되었으며, 운 좋은(돈 많은) 영혼들을 위해 그 예배당에서 기도하고 미사를 드리는 일에 전념하는 사제들이 등장했다. 물론 면죄부도 있었다. 교회는 면죄부를 얻는(혹은 구입하는) 이들에게 공로상awards of merit을 건넸다. 이 면죄부는 하나님 앞에서 개별 인간의 개인적 공로를 "끝까지 가득 채워" 줄 수 있었고, 그래서 연옥을 신속히 통과하게 해주거나 심지어 연옥을 아예 건너뛰게 해줄 수도 있었다 ['전대사'full indulgence를 구입할 경우]. 피가 얼어붙을 만큼 공포스러운 종교 마케팅으로 루터를 자극해 행동을 취하게 만든 자도 면죄부 장사꾼 요한 테첼이었다.

이 중 어느 것도 현대 로마 가톨릭에서 사실상 사라지지 않았다.

『가톨릭교회 교리서』는 여전히 연옥과 면죄부에 대한 믿음을 단언한다. 교황 베네딕트 16세^Benedict XVI^는 종말의 일들에 관한 책을 썼는데, 연옥에 대해 생각하는 데 할애한 지면이 천국과 지옥 이야기를 합친 분량보다 더 많았다.[6] 왜 아니겠는가? 칭의를 의가 커져 가는 과정으로 생각한다면(로마 가톨릭에서처럼), 연옥과 면죄부도 이해가 간다. 우리에게 주어진 그리스도의 의가 없다고 할 때, 이 짧은 생이 허락하는 것보다 시간이 훨씬 더 많지 않다면 사람이 달리 어떻게 천국에 충분히 갈 수 있을 만큼 의로워질 수 있겠는가?

하지만 개혁자들에게 연옥은 곧 로마 가톨릭의 그 모든 잘못된 구원관을 상징하는 것이 되었다. 칼뱅은 다음과 같이 타협의 여지 없이 분명하게 주장했다.

> 연옥은 사탄이 꾸며낸 치명적 허구로, 그리스도의 십자가를 무효로 만들고 하나님의 자비에 참을 수 없는 모욕을 가하며, 우리의 믿음을 전복시키고 파괴한다. 저들이 말하는 이 연옥은 죄값이 죽음 후 사자死者의 영혼에 의해 치러진다는 말 아니면 무슨 뜻이란 말인가? 그러므로 그 속죄 개념이 무너지면 연옥 그 자체가 곧장 뿌리 뽑힌다. 하지만 앞서의 강설에서 볼 때 그리스도의 보혈이 신자의 죄에 대한 유일한 죄값이요, 유일한 속죄요, 유일하게 죄를 정화시켜 준다는 사실이 완벽하리만큼 명확하다면, 연옥은 그저 그리스도께 대한 지독한 신성모독일 뿐이라는 것 말고 더 할 말이 무엇이겠는가?[7]

칼뱅의 논리는 간단하다. 연옥은 자비롭고 더할 나위 없이 충분한 구주이신 그리스도에게서 그 영광을 벗겨낸다. 또한 우리 안에 있는 그 모든 담대한 기쁨을 소멸시킨다. 아무 기쁨도, 아무 영광도 없게 한다. 연옥은 기쁨과 영광이라는 그 두 가지 목표를 지극히 열렬히 아꼈던 종교개혁 사상과는 완전히 결을 달리했다.

개신교 연옥?

개신교는 종교개혁 아주 초기부터 줄곧 연옥 개념을 거의 만장일치로 반대해 왔는데, 지금은 상황이 달라지고 있다. 현대 복음주의가 소중히 여기는 사람 중 하나인 C. S. 루이스는 『천국과 지옥의 이혼』*The Great Divorce*, 『개인 기도』*Letters to Malcolm*에서 모종의 연옥을 지지했다. 평소와 다름없이 매력 있는 필치로. 루이스를 비롯해 몇몇 사람들 덕분에 많은 이들이 연옥설에 대해 다시 생각해 보게 되었으며, 이 주장은 여러 사람들의 흥미를 끌 뿐만 아니라 그만큼 많은 것을 드러내 보여주고 있다.

제리 월스*Jerry Walls*는 개신교가 연옥설을 받아들였음을 보여주는 가장 면밀한 사례를 수집했는데, 그의 주장은 한 번 귀 기울여 들어 볼 만하다.[8] 월스는 연옥을 반대하는 칼뱅의 고전적 주장에 사실상 **동의**하지만, 칼뱅처럼 연옥을 저주하는 입장과 상충되지 않으면서도 연옥에 대해 생각해 볼 수 있는 또 하나의 길이 있음을 시사한다. 즉 연옥은 그리스도의 피가 미처 짊어지지 못한 어떤 죄가 남아 있을 때 이 죗값을 치르는 곳으로 생각할 것이 **아니라**, 이미 죄 사함을 받은 이들이 완전히 거룩해지고 그리하여 천국에 들어가기 적합한 상태가 되기 위해 가는 곳으로 생각할 수도 있다는 것이다. 다시 말해 연옥은 벌을 받는 곳이 아니라 거룩함에 대한 안목을 키워 주는 곳, 이곳을 졸업한 이들이 천국에 들어가서 위화감 느끼는 일 없이 천국을 완전히 향유할 수 있게 해주는 일종의 학교 같은 곳으로 봐야 한다는 말이다. 그리스도인은 연옥에서 죄 사함을 더 받는 게 아니라(이들의 죄 사함은 이미 완료되었다) 천국의 거룩한 분위기에 적응하게 된다는 것이다.

자세한 설명을 위해 월스와 루이스 두 사람 모두 「제론티우스의 꿈」The Dream of Gerontius이라는 존 헨리 뉴먼의 시를 인용하는데, 이 시는 죽음에서 심판을 거쳐 연옥으로 가는 한 영혼의 여정을 그리고 있다. 여정의 끝에 이르러 이 영혼은 하나님의 보좌로 다가간다(이 순간의 페이소스를 제대로 음미하기 위해서는 에드워드 엘가가 이 시를 동일한 제목의 음악으로 표현한 오라토리오 작품을 들어볼 만하다). 이 부분에서 오케스트라 전체가 하나님의 무시무시한 거룩함을 큰소리로 펑펑 울려대고, 잔뜩 긴장한 가련한 영혼은 눈을 뜨지 못할 만큼 밝은 하나님 임재의 빛을 감당하지 못해 자신을 연옥으로 보내 달라고 울부짖는다.

> 나를 빼내어 주소서, 그리고 깊디깊은 곳
> 그곳에 내가 있게 하소서.
> 고독한 야경꾼들이 그곳에서 나를 지켜 주고

나를 위해 큰소리로 진술해 줄 것을 소망하리니.

거기서, 고통 속에서 꼼짝하지 않고 행복하리,

홀로이나 고독하지는 않게.

거기서 나 노래하리, 내 슬프고도 영원한 긴장을

아침이 올 때까지.

거기서 나 노래하리, 그리고 어루만지리 괴로움에 시달린 내 가슴,

맥박치고, 파리해지며, 쇠약해지기를 멈출 수 없는 내 가슴

유일한 평안 소유하게 될 때까지.

거기서 나 노래하리, 부재하시는 나의 주님 나의 사랑을

나를 빼내 주소서.

그러면 곧 나 일어나 올라가

영원한 날의 진리 가운데 계신 그분 뵈오리.[9]

    루이스와 윌스는 칼뱅의 저주 공세에서 한 발짝 옆으로 물러난 것일 수 있으나, 거기에는 이 문제에 대한 종교개혁의 사상과 완전히 조화되지 않는 뭔가가 남아 있다. 사실 이들의 말은 연옥이 우리의 속죄를 확보하는 일에서 십자가의 사역을 완결 짓는다는 의미는 아니다. 여기에는 우리가 지금까지 보아 왔다시피 종교개혁이 제기하는 몇 가지 다른 근본적 의문들과 관계된 문제가 있다. 하나님은 우리에게 무엇을 주시는가? 하나님 자신을 주시는가, 아니면 '은혜'라 일컫는 다른 무언가를 주시는가? 우리의 새 생명이란 무엇인가? 하나님을 아는 것이 우리의 새 생명인가, 아니면 하나님께서 주시는

능력으로 다른 뭔가를 할 수 있게 되는 것이 우리의 새 생명인가? 「제론티우스의 꿈」에서 그 영혼은 생각한다(분명 우리도 동의할 것이라는 의도로). 거룩함과 변화는 하나님의 임재에서 **멀리 떨어져 있을** 때 가장 잘 이뤄질 것이라고. 주님에게서 "부재"하며 "홀로" 자기를 달래는 그 영혼은 그래야 최고의 성숙을 이룰 것이라고 믿는다. 부재는 분명 자기 마음을 더 부드럽게 만들 거라고. 심지어 천국에서까지.

이 영혼의 논리는 우리가 지금까지 살펴본 내용과 완전히 상충된다. 우리는 **하나님과의 교통을 통해, 하나님을 즐거워함으로써** 기쁨을 발견하고 우리 자신이 변화된다고 알고 있다. 성화는 하나님이 저 멀리 떨어져 계신 채 자동으로 일어나게 하는 일이 아니다. 우리는 "주의 영광을 보매" 우리가 "그와 같은 형상으로 변화하여 영광에서 영광에" 이른다는 것을 안다(고후 3:18). 마침내 주께서 나타나실 때 "우리가 그와 같을 줄을 아는 것은 그의 참모습 그대로 **볼 것이기 때문**"이다(요일 3:2).

그 영혼은 "고통 속에서 **행복**"하다고 주장하지만, 그 외침을 내리누르고 있는 분위기는 괴로움에 시달리며 아파하는 "**슬프고도 영원한 긴장**"이다. 연옥을 누가 어떻게 말하든, 그 연옥이 사람의 영혼을 내려놓는 지점이 바로 거기다. 연옥에 대한 믿음은 슬픔과 불안을 안겨 준다. 반면 종교개혁 사상은 늘 하나님의 영광에서 발견되는 기쁨을 본다. 참 행복은 우리를 정결하게 하고 치유하는 밝음 **속으로**(이 밝음에서 멀리 떨어지는 게 아니라) 밀고 들어가는 데서 발견된다.

S. D. G.

개혁자들이 특별히 오직 믿음을 통해서만 주어지는 칭의라는
메시지를 통해 확인한 것은, 하나님이 넘칠 만큼 행복해하시는 하나
님, 자신의 행복을 함께 나누기를 기뻐하시는 하나님으로 계시된다
는 점이다. 하나님은 인색하거나 실리만 따지는 분이 아니라, 인자
를 기뻐하시는 하나님이시다(로마서 4:20에 따르면, 그것이 바로 의존
적 믿음이 하나님께 영광이 되는 이유다). 어떤 식으로든 우리 자신에게
공로를 돌림으로써 하나님의 영광을 탈취한다면, 이는 결국 그토록
경이로운 하나님 안에서 우리가 누릴 수 있는 기쁨을 탈취하는 행
위일 뿐이다.

칼뱅은 하나님의 영광은 단지 칭의와 십자가와 그리스도의 얼
굴에서만 볼 수 있는 게 아니라고 믿었다. 그는 온 세상이 다 하나님
의 영광을 드러내는 극장이라고 주장했다.[10] 창조 세계 그 어디에서
든 우리는 그 무엇도 섞이지 않은 창조주의 그 과분한 너그러움을
볼 수 있다.

> 이제 하나님께서 음식을 무슨 목적으로 창조하셨는지 생각해 보면,
> 필요를 위해 이를 공급하실 생각이었을 뿐만 아니라 먹고 기뻐하며
> 기분이 좋아지게 하려는 의도이셨음을 알게 될 것이다.……풀밭, 나
> 무, 열매는 그 다양한 쓰임새와 별도로 보기에도 아름답고 기분 좋
> 은 향기도 있다[비교. 창 2:9]. 그렇지 않았다면 선지자는 이런 것들을
> "사람의 마음을 기쁘게 하는 포도주와 사람의 얼굴을 윤택하게 하는

기름"(시 104:15)과 더불어 하나님께서 우리에게 베푸시는 여러 가지 유익 중 하나로 보지 않았을 것이다.……주께서는 우리 눈에 보이는 그 큰 아름다움, 우리 코 끝에 감도는 달콤한 향기로 꽃을 감싸셨는데, 우리 눈이 그 아름다움에 혹은 우리의 후각이 그 향기의 달콤함에 감동받는 게 과연 불법일까?……간단히 말해, 하나님은 많은 것들이 필수 용도와 별개로 우리 마음을 끌어당기게 만들지 않으셨는가?[11]

요한 세바스티안 바흐Johann Sebastian Bach가 자신의 작품에 만족했을 때 그 악보에 "S. D. G."soli Deo gloria 곧 "오직 하나님께 영광"이라고 기록한 이유가 바로 그것이다. 바흐는 자신의 작품 전체를 통해 하나님의 아름다움과 영광이 울려 퍼지고, 그리하여 하나님과 사람 모두를 즐겁게 할 수 있기를 바랐다. 바흐는 하나님의 영광이 창조 세상 전역에 무상으로 울려 퍼져, 그 영광을 알아보고 감사하는 곳이라면 어디에든 기쁨을 안겨 준다고 믿었다. 이는 우리 삶의 목적이 될 만한, 널리 장려할 만한 가치다.

실제로 칼뱅은 그것이 행복의 비결이요 삶의 비결이라고 말했다.

최고 선에 대해 철학자들이 무슨 말을 하든, 그들의 말은 냉랭하고 무익할 뿐이다. 그들은 인간을 자기 자신에 한정시키기 때문이다. 하지만 우리는 우리 자신 밖으로 나가 행복을 찾을 필요가 있다. 인간의 최고 선은 다름 아니라 하나님과의 연합이다.[12]

오늘날의 모든 조류에 반하여 우리는 행복이 자기 자신에게서 발견되지 않는다는 말을 듣는다. 자신의 아름다움을 음미하거나 그 아름다움을 자신에게 설득하는 데에서는 행복이 찾아지지 않는다. 깊고 영속적이고 만족스러운 행복은 더할 수 없이 영광스러우신 하나님 안에서 발견된다. 이 모든 말은 사실상 아래 문답 내용을 달리 표현한 것일 뿐이다.

> 문   사람의 주된 목적은 무엇입니까?
>
> 답   사람의 주된 목적은 하나님을 영화롭게 하고 그분을 영원히 즐거워하는 것입니다.

기쁨과 영광은 여전히 중요하다

아름다움·선함·진리·기쁨·인간의 번영이 우리에게 더 이상 아무 의미가 없다면 모를까. 그렇지 않고서야 종교개혁은 여전히 중요할 수밖에 없다. 우리는 하나님을 즐거워해야 할 존재로 지음받았지만, 개혁자들이 분투하며 지켰던 위대한 진리, 하나님을 영화로운 분이요 우리가 즐겁게 향유할 만한 분으로 그리고 있는 그 진리가 아니라면, 우리는 하나님을 즐거워하지 않을 것이다. 하나님을 덜 알면 우리 존재는 더 빈약하고 더 슬플 것이다. 하나님을 더 알면 우리는 더 충만하고 더 행복할 것이다. 이제 이쯤해서 마지막 한 마디는 장 칼뱅에게 맡겨야 할 것이다. 종교개혁이 여전히 중요한 이유는 아래와 같다.

만인이 영광 돌리고 찬미해야 할 분이 계시다고 주장하는 것만으로는 충분치 않을 것이다. 그분이 모든 선의 근원이시며 그분 아닌 다른 곳에서는 아무것도 구하지 말아야 한다는 사실 또한 우리가 확신하지 않는다면……인간은 모든 것을 하나님께 빚지고 있음을, 아버지와 같은 그분의 돌보심으로 양육받고 있음을, 그분은 인간이 누리는 모든 선의 조성자이심을, 하나님을 벗어나서는 그 무엇도 구해서는 안 됨을 알고 인정하기 전에는 인간은 절대 그분을 기꺼이 섬기지 않을 것이다. 그렇다. 인간은 자신의 완전한 행복이 그분 안에 있음을 확실히 하기 전에는 결코 진정으로, 성실하게 자신을 그분께 바칠 수 없을 것이다.[13]

주

* 약어 설명

Calvin, *Commentary*   *Calvin's Commentaries* (New Testament). Edited by D. W. Torrance and T. F. Torrance. 12 vols. Edinburgh: Saint Andrew Press, 1959-1972. (『칼빈 주석』규장)

Calvin, *Institutes*   *Institutes of the Christian Religion*. Edited by John T. McNeill. Translated by Ford Lewis Battles. 2 vols. The Library of Christian Classics 20.21. Philadelphia: Westminster; London: SCM, 1961. (『기독교 강요』크리스찬다이제스트)

Luther's Works   *Luther's Works: American Edition*. Edited by Jaroslav Pelikan and Helmet T. Lehmann, 55 vols. Philadelphia: Fortress; St. Louis, MO: Concordia, 1955-1987. (『루터 전집』컨콜디아사)

들어가는 말

1. Philip Melanchthon, *The Life and Acts of Martin Luther* (1549), accessed February 24, 2016, http://www.iclnet.org/pub/resources/text/wittenberg/melan/lifea-01.txt.
2. Martin Luther, "The Diet of Worms: Luther's Final Answer", Henry Bettenson and Chris Maunder, *Documents of the Christian Church*, 4th ed. (Oxford: Oxford University Press, 2011), 214에서 인용.
3. William Tyndale, *The Works of William Tyndale*, 2 vols. (Cambridge: Parker Society, 1848; repr., Edinburgh: Banner of Truth, 2010), 1:xix.

4. Ifor ap Glyn, "Pagans and Pilgrims: Britain's Holiest Places", episode 1, BBC4, first broadcast March 7, 2013.

5. Mark A. Noll and Carolyn Nystrom, *Is the Reformation Over? An Evangelical Assessmentof Contemporary Roman Catholicism* (Grand Rapids, MI: Baker, 2005), 231. (『종교개혁은 끝났는가?』 CLC)

6. 같은 책, 232.

7. 같은 책, 230.

1. 칭의

1. Philip Melanchthon, *The Life and Acts of Martin Luther* (1549), accessed October 15, 2015, http://www.iclnet.org/pub/resources/text/wittenberg/melan/lifea-01.txt.

2. *Luther's Works*, 33:191, Timothy George, *Theology of the Reformers* (Nashville: Broadman; Leicester: Apollos, 1988), 65에서 인용.

3. "Martin Luther Discovers the True Meaning of Righteousness", "Preface to the Complete Edition of Luther's Latin Works" (1545), trans. Andrew Thornton from "Vorrede zu Band I der Opera Latina der Wittenberger Ausgabe, 1545", in vol. 4 of *Luthers Werke in Auswahl*, ed. Otto Clemen, 6th ed. (Berlin: de Gruyter, 1967), 421-28에서 발췌함.

4. Martin Luther, "Preface to the Letter of St. Paul to the Romans", trans. Brother Andrew Thornton OSB, accessed October 9, 2015, www.ccel.org/ccel/luther/prefacetoromans (emphasis added), www.yale.edu/adhoc/etexts/luther_preface.html. 에서도 볼 수 있음.

5. *D. Martin Luthers Werke: Kritische Gesamtausgabe* (Weimar: Böhlau, 1833–), 39:210, Paul Althaus, *The Theology of Martin Luther* (Philadelphia: Fortress, 1966), 142에서 인용.

6. *D. Martin Luthers Werke*, 7:231, George, *Theology of the Reformers*, 71에서 인용.

7. *D. Martin Luthers Werke*, 39:523, George, Theology of the Reformers, 71에서 인용.

8. P. S. Allen and H. M. Allen, eds., *Opus Epistolarum Des. Erasmi Roterodami* (Oxford: Oxford University Press, 1928), 7:366, 1528년 3월 20일 Willibald Pirckheimer 에게 보낸 편지 (no. 1977), George, *Theology of the Reformers*, 72에서 인용.

9. Calvin, *Institutes*, 3.11.1, 3.15.7.

10. 더글러스 무(Douglas J. Moo)는, *The Epistle to the Romans*(Grand Rapids, MI: Eerdmans, 1996), 242에서 말하기를, 후에 루터파에서 이 슬로건을 만들었으며 루터는 "이 조항이 서면 교회가 서고 이 조항이 쓰러지면 교회도 쓰러진다"고 말했다고 한다(Martin Luther, exposition of Ps. 130:4). (『NIV 적용주석 로마서』 솔로몬)

2. 성경

1. *D. Martin Luthers Werke: Kritische Gesamtausgabe*(Weimar: Böhlau, 1833-), 2:279, Roland Bainton, *Here I Stand: Martin Luther*(Oxford: Lion, 1978), 115-16에서 인용. (『마르틴 루터의 생애』 생명의말씀사)

2. *D. Martin Luthers Werke*, 2:404, Bainton, *Here I Stand*, 116-19에서 인용.

3. *D. Martin Luthers Werke, Briefwechsel*, 254, Bainton, *Here I Stand*, 120에서 인용.

4. *Catechism of the Catholic Church*(London: Geoffrey Chapman, 1994), October 6, 2015, http://www.vatican.va/archive/ccc/index.htm.에서 검색.

5. Alister McGrath, *Reformation Thought: An Introduction*(Oxford: Blackwell, 1988), 95. (『종교개혁사상』 CLC)

6. *Luther's Works*, 51:76-77.

7. Sess. 4(emphasis added), February 25, 2016, http://www.americancatholictruth society.com/docs/TRENT/trent4.htm.에서 검색.

8. McGrath, *Reformation Thought*, 98.

9. Calvin, *Institutes*, 4.8.8.

10. McGrath, *Reformation Thought*, 105에서 인용.

11. Luther, *Concerning the Ministry*(1523), in *Luther's Works*, 40:41.

12. Huldrych Zwingli, "Of the Clarity and Certainty of the Word of God", in *Zwingli and Bullinger*, ed. G. W. Bromiley, Library of Christian Classics 24(Louisville: Westminster John Knox, 1953), 49-95. 어느 페이지를 인용했는지는 본문에서 괄호로 표시했다. (『츠빙글리와 불링거』 두란노아카데미)

13. Luther, "Against the Heavenly Prophets in the Manner of Images and Sacraments" (1525), in *Luther's Works*, 40:213.

14. John Calvin, "Short Treatise on the Supper of Our Lord", in *Selected Works of John Calvin: Tracts and Letters*, ed. and trans. Henry Beveridge, vol. 2(Edinburgh: Calvin Translation Society, 1849; repr., Grand Rapids, MI: Baker, 1983), 166.

15. *John Calvin's Sermons on 2 Samuel: Chapters 1-13*, trans. Douglas Kelly (Edinburgh: Banner of Truth, 1992), 302.

16. Luther, "Sermons on the Gospel of St. John", in *Luther's Works*, 22:526-27.

17. Calvin, *Commentary*, on Isa. 11:4.

18. Calvin, *Commentary*, on John 10:4.

19. John Calvin, sermon on Eph. 4:11-12, in *Sermons on the Epistle to the Ephesians* (Edinburgh: Banner of Truth, 1973), 368.

20. John Calvin, sermon on Gal. 1:1-5, in *Sermons on Galatians by John Calvin* (Audubon, NJ: Old Paths, 1995), 601-2.

21. John Calvin, sermon on Gal. 3:1-3, in *Sermons on Galatians by John Calvin*, 321.

22. John Calvin, "Summary of Doctrine concerning the Ministry of the Word and the Sacraments", in *Calvin: Theological Treatises*, ed. J. K. S. Reid, Library of Christian Classics 22 (Philadelphia: Westminster, 1954), 171-77. (『칼뱅: 신학 논문들』 두란노아카데미)

23. 같은 책, 173 (art. 5).

24. *Luther's Works*, 39:183.

25. Calvin, *Commentary*, on Ezek. 2:2. *Commentary*, on Acts 14:27도 보라.

26. Calvin, *Institutes*, 1.9.3.

27. Calvin, *Commentary*, on 2 Cor. 13:5.

28. Calvin, *Commentary*, on Acts 16:31-32. *Commentary*, on 1 Cor. 3:6도 보라.

29. Martin Luther, sermon of July 21, 1532, in Jaroslav Pelikan, "Luther the Expositor", in *Luther's Works*, companion volume (St. Louis: Concordia, 1959), 64n66, J. Mark Beach, "The Real Presence of Christ in the Preaching of the Gospel: Luther and Calvin on the Nature of Preaching", *Mid-America Journal of Theology* 10 (1999): 81에서 인용.

30. Calvin, *Commentary*, on Eph. 4:12.

31. Martin Luther, "Sermons on the Gospel of St. John", in *Luther's Works*, 23:97-98.

32. 같은 책.

33. Martin Luther, *The Babylonian Captivity of the Church*, in *Luther's Works*, 36:116.

34. Calvin, *Commentary*, on Luke 10:16(필자 강조).

35. Luther, "Sermons on the Gospel of St. John", in *Luther's Works*, 22:526-27.

36. 같은 책.

3. 죄

1. Aristotle, *The Nicomachean Ethics*, trans. and intro. D. Ross, rev. J. L. Ackrill and J. O. Urmson(Oxford: Oxford University Press, 1998), 29.

2. *Luther's Works*, 31:12(필자 강조).

3. *Luther's Works*, 31:14-15.

4. *Luther's Works* 33:294.

5. *Luther's Works*, 33:64.

6. *Luther's Works*, 34:336-37.

7. *Luther's Works*, 31:14-15.

8. *Luther's Works*, 44:56(필자 강조).

9. Desiderius Erasmus, *The Enchiridion*, trans. Raymond Himelick(Bloomington: Indiana University Press, 1965), 124.

10. 『웨스트민스터 소교리문답』(1647)은 한 세기에 걸쳐 진행된 종교개혁 신학의 정수를 산뜻하게 한 마디로 다듬어 이렇게 묻는다. "문: 사람의 주된 목적은 무엇입니까? 답: 사람의 주된 목적은 하나님을 영화롭게 하고 그분을 영원히 즐거워하는 것입니다."

11. *Luther's Works* 35:368.

12. *Luther's Works* 44:30, 38-39.

13. *Luther's Works*, 17:383.

14. *Luther's Works*, 31:350.

4. 은혜

1. *Luther's Works*, 11:396-97.

2. *Luther's Works*, 11:396-97(필자 강조).

3. *D. Martin Luthers Werke: Kritische Gesamtausgabe*, 127 vols.(Weimar: Böhlau, 1883-2009), 38:143, Alister E. McGrath, *Reformation Thought: An Introduction* (Oxford: Blackwell, 1988), 72에서 인용.

4. Thesis 25, Heidelberg Disputation, in *Luther's Works*, 31:55.

5. Thesis 26, *Luther's Works*, 31:56(emphasis added).

6. Thesis 28, *Luther's Works*, 31:57.

7. *Luther's Works*, 31:352.

8. *Luther's Works*, 31:351.

9. *Luther's Works*, 31:352.

10. George Spenlein에게, *Luther: Letters of Spiritual Counsel*, ed. T. G. Tappert, Library of Christian Classics 18(Vancouver: Regent College, 2003), 110에서(필자 강조).

11. *Luther's Works*, 26:130(필자 강조).

12. *Luther's Works*, 26:282(필자 강조).

13. Dietrich Bonhoeffer, *The Cost of Discipleship*(London: SCM, 1948), 35-36(필자 강조). (『나를 따르라』 복 있는 사람)

14. *Luther's Works*, 31:298(필자 강조).

15. *Luther's Works*, 34:337.

16. William Tyndale, "A Pathway into the Holy Scripture", in *The Works of William Tyndale*, 2 vols.(Cambridge: Parker Society, 1848; repr., Edinburgh: Banner of Truth, 2010), 1:8.

17. John Bunyan, *Grace Abounding*(Oxford: Oxford University Press, 1998), 66. (『죄인 괴수에게 넘치는 은혜』 규장)

5. 십자가 신학

1. Luther, *Early Theological Works*, ed. James Atkinson(London: SCM, 1962), 290-92. (『루터: 초기신학 저술들』 두란노아카데미)

2. Alister McGrath, Iustitia Dei: *A History of the Christian Doctrine of Justification: From 1500 to the Present Day*(Cambridge: Cambridge University Press, 1986), 7-8.

3. Brian G. Hedges, *Christ Formed in You: The Power of the Gospel for Personal Change*(Wapwallopen, PA: Shepherd, 2010), 223.

4. *D. Martin Luthers Werke: Kritische Gesamtausgabe*(Weimar: Böhlau, 1833-), 9:65, Timothy George, *Theology of the Reformers*(Nashville: Broadman; Leicester: Apollos, 1988), 57에서 인용.

5. 같은 책, 58.

6. Alister McGrath, *Luther's Theology of the Cross*(Oxford: Blackwell, 1985), 148–52 를 따랐고, 맥그래스는 W. von Loewenich, *Luthers Theologia Crucis*(Munich: Luther-Verlag, 1954)를 따랐다. (『루터의 십자가 신학』 컨콜디아사)

7. Calvin, *Commentary*, on Gal. 6:14.

8. Emil Brunner, *The Mediator*(London: Lutterworth, 1934), 435.

6. 그리스도와의 연합

1. Bernard of Clairvaux, sermon 3.5, in *On the Song of Songs*(Kalamazoo, MI: Cistercian, 1979), 154–55(필자 강조).

2. Richard Sibbes, "Bowels Opened", in *The Complete Works of Richard Sibbes*, ed. Alexander B. Grosart, 7 vols.(Edinburgh: James Nichol, 1862–1864), 2:174(필자 강조).

3. Calvin, *Institutes*, 3.2.32.

4. Calvin, *Institutes*, 3.1.1.

5. Calvin, *Institutes*, 3.15.6.

6. Calvin, *Commentary*, on 1 Cor. 1:9. "온 복음 사역의 끝은 하나님, 곧 더할 나위없는 행복의 원천이신 분께서 죄로 인해 불화하고 그리하여 파멸된 우리에게 그리스도를 전해 주사 그분으로부터 영생을 누릴 수 있게 하시는 것이요, 한마디로 말해 하늘의 모든 보화가 우리에게 적용되되 다름 아니라 그리스도 자체가 우리 것이 되게 하시는 것이다"(J. K. S. Reid, ed., *Calvin: Theological Treatises*, Library of Christian Classics 22 [Philadelphia: Westminster, 1954], 171).

7. N. T. Wright, *What St Paul Really Said*(Oxford: Lion, 1997), 98.

8. Calvin, *Institutes*, 3.11.10. 칼뱅은 다른 곳에서는 또 이렇게 설명한다. "알다시피 우리의 의는 우리 안에 있지 않고 그리스도 안에 있고, 우리가 이 의를 소유하는 것은 오로지 우리가 그리스도를 함께 나누는 사람들이기 때문이다"(*Institutes*, 3.11.23).

9. *Luther's Works*, 26:168.

10. C. H. Spurgeon, *The Metropolitan Tabernacle Pulpit Sermons*, vol. 35(London: Passmore & Alabaster, 1889), 547.

11. Calvin, *Institutes*, 2.12.2.

12. Calvin, *Institutes* 2.12.2.

13. John Calvin and Jacopo Sadoleto, *A Reformation Debate*, ed. John C. Olin(1966; repr., Fordham University Press, 2000), 62.

14. Calvin, *Commentary*, on John 6:26.

15. *Luther's Works*, 31:298(필자 강조).

16. *Luther's Works*, 24:226.

17. Calvin, *Commentary*, on Eph. 1:23.

18. "The Heidelberg Catechism", in *The School of Faith: The Catechisms of the Reformed Church*, ed. Thomas F. Torrance(London: James Clarke, 1959), 68.

7. 성령

1. 이 부분에 대해 좀 더 도움을 받으려면 Steven Ozment, *The Age of Reform, 1250-1550: An Intellectual and Religious History of Late Medieval and Reformation Europe*(New Haven, CT: Yale University Press, 1980), chaps. 2-3을 보라.

2. The Small Catechism, in *The Book of Concord: The Confessions of the Evangelical Lutheran Church*, trans. and ed. T. G. Tappert(Philadelphia: Fortress, 1959), 345.

3. *Luther's Works*, 44:30, 38-39.

4. William Tyndale, "A Prologue upon the Epistle of St Paul to the Romans", in *The Works of William Tyndale*, 2 vols.(Cambridge: Parker Society, 1848; repr., Edinburgh: Banner of Truth, 2010), 1:489. Tyndale, "The Parable of the Wicked Mammon", 1:52 도 보라.

5. Tyndale, "Prologue upon the Epistle to the Romans", 1:109.

6. Tyndale, "Parable of the Wicked Mammon", 1:48.

7. William Tyndale, "A Pathway into the Holy Scripture", in *Works of William Tyndale*, 1:19.

8. Tyndale, "Prologue upon the Epistle to the Romans", 1:499.

9. *Luther's Large Catechism*, trans. F. Samuel Janzow(St. Louis, MO: Concordia, 1978), 77(필자 강조). (『마르틴 루터 대교리문답』 복 있는 사람)

10. Richard Sibbes, *The Complete Works of Richard Sibbes*, ed. Alexander B. Grosart, 7 vols.(Edinburgh: James Nichol, 1862-1864; repr., Carlisle, PA: Banner of Truth, 1973-1982), 4:215(필자 강조).

11. 같은 책, 4.214-15.

12. *Ecumenical Creeds and Reformed Confessions*(Grand Rapids, MI: CRC, 1988), 54.

13. Jonathan Edwards, "Treatise on Grace", in *The Works of Jonathan Edwards*, vol.

21, *Writings on the Trinity, Grace, and Faith*, ed. Sang Hyun Lee(New Haven, CT: Yale University Press, 2003), 191.

14. Calvin, *Institutes*, 3.1.1(필자 강조).

15. Calvin, *Institutes*, 3.1.3.

16. Calvin, *Commentary*, on Rom. 8:17(필자 강조).

17. Calvin, *Institutes*, 3.1.4.

18. Calvin, *Institutes*, 3.2.7(필자 강조).

19. Calvin, *Institutes*, 3.2.36.

20. Calvin, *Institutes*, 1.7.4-5.

8. 성례

1. *Luther's Works*, 37:370-71.

2. Huldrych Zwingli, "Of Baptism", Alister McGrath, *Reformation Thought: An Introduction*(Oxford: Blackwell, 1988), 124에서 인용.

3. Timothy George, *Theology of the Reformers*(Nashville: Broadman; Leicester: Apollos, 1988), 150에서 인용.

4. *D. Martin Luthers Werke*, 26:383, trans. in H. G. Haile, *Luther: An Experiment in Biography*(New York: Doubleday, 1980), 126-27, George, *Theology of the Reformers*, 151-52에서 인용.

5. Calvin, *Institutes*, 4.17.30.

6. Calvin, *Institutes*, 4.17.29.

7. Calvin, *Institutes*, 4.17.29.

8. Calvin, *Institutes*, 4.17.18, 4.17.23.

9. Calvin, *Institutes*, 4.17.26.

10. John Calvin, *Commentary*, on 1 Cor. 11:24.

11. Calvin, *Institutes*, 4.17.10.

12. Calvin, *Institutes*, 4.17.10.

13. Calvin, *Institutes*, 4.17.18.

14. Calvin, *Institutes*, 4.17.12.

15. Calvin, *Institutes*, 4.17.31.

16. Calvin, *Institutes*, 4.14.17.

17. Marcus Peter Johnson, *One with Christ: An Evangelical Theology of Salvation* (Wheaton, IL: Crossway, 2013), 234–35.

18. 같은 책, 218–19.

9. 교회

1. Martin Luther, *Smalcald Articles*, T. G. Tappert, *The Book of Concord* (Philadelphia: Fortress, 1949), 315에서 인용.

2. *Luther's Works*, 41:231–32.

3. Calvin, *Institutes*, 4.1.9.

4. Calvin, *Institutes*, 4.1.10.

5. Calvin, *Institutes*, 4.2.

6. Calvin, *Institutes*, 4.1.14–15.

7. Melchior Hofmann, "The Ordinance of God" (1530), in *Spiritual and Anabaptist Writers*, ed. George H. Williams and Angel M. Mergal, Library of Christian Classics 25 (London: SCM; Philadelphia: Westminster, 1957), 182–203. (『성령주의와 아나뱁티스트 종교개혁자들』 두란노아카데미)

8. 같은 책, 186–87.

9. 같은 책, 187.

10. 같은 책, 192.

11. 같은 책.

12. 같은 책, 193.

13. 같은 책, 196.

14. John Calvin, *Treatises against the Anabaptists and against the Libertines*, ed. Benjamin W. Farley (Grand Rapids, MI: Baker, 1982), 30, Timothy George, *Theology of the Reformers* (Nashville: Broadman; Leicester: Apollos, 1988), 252에서 인용.

15. Menno Simons, *The Complete Writings of Menno Simons*, ed. John C. Wenger (Scottdale, PA: Herald, 1956), 300.

16. Calvin, *Institutes*, 4.1.10.

17. Calvin, *Institutes*, 4.1.12.

18. Calvin, *Institutes*, 4.1.11.

19. Calvin, *Institutes*, 4.1.12.

20. Calvin, *Institutes*, 4.1.10.

21. Calvin, *Institutes*, 4.12.1.

22. Calvin, *Institutes*, 4.12.8-11.

23. Calvin, *Institutes*, 4.12.5.

24. Pierre Viret, *Instruction Chrétienne en la doctrine de la loi et de l'Évangile*, vol. 1 (Geneva, 1564; repr., Lausanne: L'Age d'Homme, 2004), 91, October 6, 2015, www. pierreviret.org/theology-ecclesiology.php.

25. Hofmann, "Ordinance of God", 196.

26. 같은 책.

27. Menno Simons, "A Clear Account of Excommunication"(1550), in Wenger, *Complete Writings of Menno Simons*, 479, 480.

28. Menno Simons, "A Kind Admonition on Church Discipline"(1541), in Wenger, *Complete Writings of Menno Simons*, 413.

29. Calvin, *Institutes*, 4.12.1.

10. 일상의 삶

1. Martin Luther, "The Freedom of a Christian", in *Selected Writings of Martin Luther*, vol. 2, 1520-1523, ed. Theodore G. Tappert(Minneapolis: Fortress, 2007).

2. 같은 책, 22.

3. 같은 책, 24.

4. 같은 책, 34-35.

5. 같은 책, 35-36.

6. 같은 책, 41.

7. 같은 책, 47.

8. 같은 책, 47.

9. *Luther's Works*, vol. 40.

10. *Luther's Works*, 40:20.

11. *Luther's Works*, 40:19.

12. *Luther's Works*, 40:20.

13. *Luther's Works*, 40:21.

14. *Luther's Works*, 40:34.

15. *Luther's Works*, 40:34-35.

16. From Luther's Confession of March 1528, Gene Edward Veith, "Our Calling and God's Glory", *Modern Reformation* 16, no. 6(2007): 22-28에서 인용. October 6, 2015에 검색, http://www.modernreformation.org/default.php?page=articledisplay &var2=881.

17. Luther's Works, 40:28-29.

18. Martin Luther, "Sermon on John 21:19-24", in *The Precious and Sacred Writings of Martin Luther*, ed. John Lenker, vol. 10(Minneapolis: Lutherans in All Lands, 1905), 242, Marc Kolden, "Luther on Vocation", *Word & World* 3, no. 4(1983): 386에서 인용.

19. Alister McGrath, *Roots That Refresh: A Celebration of Reformation Spirituality* (London: Hodder & Stoughton, 1991), 141에서 인용. (『종교개혁 시대의 영성』 좋은씨앗)

20. 같은 책, 143에서 인용.

21. Luther, "Sermon on John 21:19-24", 242, Kolden, "Luther on Vocation", 386에서 인용.

22. Veith, "Our Calling and God's Glory", 22-28.

23. Tim Chester, *The Busy Christian's Guide to Busyness*, 2nd ed.(Leicester:Inter-Varsity Press, 2008), Chester, *Gospel-Centred Work*(London: Good Book, 2013)을 보라.

24. Robert Banks, *The Tyranny of Time*(Leicester: Inter-Varsity Press, 1983), 126. (『시간의 횡포』 요단출판사)

25. Calvin, *Institutes*, 1.17.2, 3.3.16, 3.7.2.

11. 기쁨과 영광

1. Richard Sibbes, "A Heavenly Conference", in *The Complete Works of Richard Sibbes*, ed. Alexander B. Grosart, 7 vols.(Edinburgh: James Nichol, 1862-1864), 6:479-80(필자 강조).

2. *The Trial of Jeanne d'Arc*, trans. W. P. Barrett(New York: Gotham House, 1932), 320-21.

3. Oswald Bayer, "Justification: Basis and Boundary of Theology", in *By Faith Alone: Essays in Honor of Gerhard O. Forde*, ed. Joseph A. Burgess and Marc Kolden (Grand Rapids, MI: Eerdmans, 2004), 78.

4. *D. Martin Luthers Werke*: *Kritische Gesamtausgabe*, 127 vols. (Weimar: Böhlau, 1883-2009), 53:401, Paul Althaus, *The Theology of Martin Luther*(Philadelphia: Fortress, 1966), 420-21에서 인용.

5. Heidelberg Catechism, question 52(필자 강조).

6. Joseph Ratzinger, *Eschatology*: *Death and Eternal Life*, 2nd ed., trans. Michael Waldstein(Washington, DC: Catholic University of America Press, 1988).

7. Calvin, Institutes, 3.5.6.

8. Jerry L. Walls, *Purgatory*: *The Logic of Total Transformation*(New York: Oxford University Press, 2012).

9. John Henry Newman, *The Dream of Gerontius*(Staten Island, NY: St Pauls/Alba House, 2001), 68.

10. Calvin, *Commentary*, on John 13:31.

11. Calvin, *Institutes*, 3.10.2.

12. Calvin, *Commentary*, on Heb. 4:10(필자 강조).

13. Calvin, *Institutes*, 1.2.1.

찾아보기

찾아보기